PORTUGUÉS

VOCABULARIO

ESPAÑOL-
PORTUGUÉS

Las palabras más útiles
Para expandir su vocabulario y refinar
sus habilidades lingüísticas

7000 palabras

Vocabulario Español-Portugués Brasilero - 7000 palabras más usadas
por Andrey Taranov

Los vocabularios de T&P Books buscan ayudar en el aprendizaje, la memorización y la revisión de palabras de idiomas extranjeros. El diccionario se divide por temas, cubriendo toda la esfera de las actividades cotidianas, de negocios, ciencias, cultura, etc.

El proceso de aprendizaje de palabras utilizando los diccionarios temáticos de T&P Books le proporcionará a usted las siguientes ventajas:

- La información del idioma secundario está organizada claramente y predetermina el éxito para las etapas subsiguientes en la memorización de palabras.
- Las palabras derivadas de la misma raíz se agrupan, lo cual permite la memorización de grupos de palabras en vez de palabras aisladas.
- Las unidades pequeñas de palabras facilitan el proceso de reconocimiento de enlaces de asociación que se necesitan para la cohesión del vocabulario.
- De este modo, se puede estimar el número de palabras aprendidas y así también el nivel de conocimiento del idioma.

T&P Books Publishing
www.tpbooks.com

ISBN: 978-1-78767-457-8

Este libro está disponible en formato electrónico o de E-Book también.
Visite www.tpbooks.com o las librerías electrónicas más destacadas en la Red.

VOCABULARIO PORTUGUÉS BRASILERO
palabras más usadas

Los vocabularios de T&P Books buscan ayudar al aprendiz a aprender, memorizar y repasar palabras de idiomas extranjeros. Los vocabularios contienen más de 7000 palabras comúnmente usadas y organizadas de manera temática.

- El vocabulario contiene las palabras corrientes más usadas.
- Se recomienda como ayuda adicional a cualquier curso de idiomas.
- Capta las necesidades de aprendices de nivel principiante y avanzado.
- Es conveniente para uso cotidiano, prácticas de revisión y actividades de auto-evaluación.
- Facilita la evaluación del vocabulario.

Aspectos claves del vocabulario

- Las palabras se organizan según el significado, no según el orden alfabético.
- Las palabras se presentan en tres columnas para facilitar los procesos de repaso y auto-evaluación.
- Los grupos de palabras se dividen en pequeñas secciones para facilitar el proceso de aprendizaje.
- El vocabulario ofrece una transcripción sencilla y conveniente de cada palabra extranjera.

El vocabulario contiene 198 temas que incluyen lo siguiente:

Conceptos básicos, números, colores, meses, estaciones, unidades de medidas, ropa y accesorios, comida y nutrición, restaurantes, familia nuclear, familia extendida, características de personalidad, sentimientos, emociones, enfermedades, la ciudad y el pueblo, exploración del paisaje, compras, finanzas, la casa, el hogar, la oficina, el trabajo en oficina, importación y exportación, promociones, búsqueda de trabajo, deportes, educación, computación, la red, herramientas, la naturaleza, los países, las nacionalidades y más …

TABLA DE CONTENIDO

GUÍA DE PRONUNCIACIÓN

T&P alfabeto fonético	Ejemplo portugués	Ejemplo español

Las vocales

[a]	baixo ['baɪʃu]	radio
[e]	erro ['eʀu]	verano
[ɛ]	leve ['lɛvə]	mes
[i]	lancil [lã'sil]	ilegal
[o], [ɔ]	boca, orar ['bokɐ], [ɔ'rar]	bolsa
[u]	urgente [ur'ʒẽtə]	mundo
[ã]	toranja [tu'rãʒɐ]	[a] nasal
[ẽ]	gente ['ʒẽtə]	[e] nasal
[ĩ]	seringa [sə'rĩgɐ]	[i] nasal
[õ]	ponto ['põtu]	[o] nasal
[ũ]	umbigo [ũ'bigu]	[u] nasal

Las consonantes

[b]	banco ['bãku]	en barco
[d]	duche ['duʃə]	desierto
[dʒ]	abade [a'badʒi]	jazz
[f]	facto ['faktu]	golf
[g]	gorila [gu'rilɐ]	jugada
[j]	feira ['fejrɐ]	asiento
[k]	claro ['klaru]	charco
[l]	Londres ['lõdrəʃ]	lira
[ʎ]	molho ['moʎu]	lágrima
[m]	montanha [mõ'tɐɲɐ]	nombre
[n]	novela [nu'vɛlɐ]	número
[ɲ]	senhora [sə'ɲorɐ]	leña
[ŋ]	marketing ['markətiŋ]	rincón
[p]	prata ['pratɐ]	precio
[s]	safira [sə'firɐ]	salva
[ʃ]	texto ['tɛʃtu]	shopping
[t]	teto ['tɛtu]	torre
[tʃ]	doente [do'ẽtʃi]	mapache
[v]	alvo ['alvu]	travieso
[z]	vizinha [vi'ziɲɐ]	desde
[ʒ]	juntos ['ʒũtuʃ]	adyacente
[w]	sequoia [sə'kwɔjɐ]	acuerdo

ABREVIATURAS
usadas en el vocabulario

Abreviatura en español

adj	-	adjetivo
adv	-	adverbio
anim.	-	animado
conj	-	conjunción
etc.	-	etcétera
f	-	sustantivo femenino
f pl	-	femenino plural
fam.	-	uso familiar
fem.	-	femenino
form.	-	uso formal
inanim.	-	inanimado
innum.	-	innumerable
m	-	sustantivo masculino
m pl	-	masculino plural
m, f	-	masculino, femenino
masc.	-	masculino
mat	-	matemáticas
mil.	-	militar
num.	-	numerable
p.ej.	-	por ejemplo
pl	-	plural
pron	-	pronombre
sg	-	singular
v aux	-	verbo auxiliar
vi	-	verbo intransitivo
vi, vt	-	verbo intransitivo, verbo transitivo
vr	-	verbo reflexivo
vt	-	verbo transitivo

Abreviatura en portugués

f	-	sustantivo femenino
f pl	-	femenino plural
m	-	sustantivo masculino
m pl	-	masculino plural
m, f	-	masculino, femenino
pl	-	plural
v aux	-	verbo auxiliar

vi	-	verbo intransitivo
vi, vt	-	verbo intransitivo, verbo transitivo
vr	-	verbo reflexivo
vt	-	verbo transitivo

CONCEPTOS BÁSICOS

Conceptos básicos. Unidad 1

1. Los pronombres

yo	eu	['ew]
tú	você	[vɔ'se]
él	ele	['ɛli]
ella	ela	['ɛla]
nosotros, -as	nós	[nɔs]
vosotros, -as	vocês	[vɔ'ses]
ellos	eles	['ɛlis]
ellas	elas	['ɛlas]

2. Saludos. Salutaciones. Despedidas

¡Hola! (fam.)	Oi!	[ɔj]
¡Hola! (form.)	Olá!	[o'la]
¡Buenos días!	Bom dia!	[bõ 'dʒia]
¡Buenas tardes!	Boa tarde!	['boa 'tardʒi]
¡Buenas noches!	Boa noite!	['boa 'nojtʃi]
decir hola	cumprimentar (vt)	[kũprimẽ'tar]
¡Hola! (a un amigo)	Oi!	[ɔj]
saludo (m)	saudação (f)	[sawda'sãw]
saludar (vt)	saudar (vt)	[saw'dar]
¿Cómo estáis?	Como você está?	['kɔmu vo'se is'ta]
¿Cómo estás?	Como vai?	['kɔmu 'vaj]
¿Qué hay de nuevo?	E aí, novidades?	[a a'i novi'dadʒis]
¡Chau! ¡Adiós!	Tchau!	['tʃaw]
¡Hasta pronto!	Até breve!	[a'tɛ 'brɛvi]
¡Adiós!	Adeus!	[a'dews]
despedirse (vr)	despedir-se (vr)	[dʒispe'dʒirsi]
¡Hasta luego!	Até mais!	[a'tɛ majs]
¡Gracias!	Obrigado! -a!	[obri'gadu, -a]
¡Muchas gracias!	Muito obrigado! -a!	['mwĩtu obri'gadu, -a]
De nada	De nada	[de 'nada]
No hay de qué	Não tem de quê	['nãw tẽ de ke]
De nada	Não foi nada!	['nãw foj 'nada]
¡Disculpa!	Desculpa!	[dʒis'kuwpa]
¡Disculpe!	Desculpe!	[dʒis'kuwpe]

disculpar (vt)	desculpar (vt)	[dʒiskuw'par]
disculparse (vr)	desculpar-se (vr)	[dʒiskuw'parsi]
Mis disculpas	Me desculpe	[mi dʒis'kuwpe]
¡Perdóneme!	Desculpe!	[dʒis'kuwpe]
perdonar (vt)	perdoar (vt)	[per'dwar]
¡No pasa nada!	Não faz mal	['nãw fajʒ maw]
por favor	por favor	[por fa'vor]

¡No se le olvide!	Não se esqueça!	['nãw si is'kesa]
¡Ciertamente!	Com certeza!	[kõ ser'teza]
¡Claro que no!	Claro que não!	['klaru ki 'nãw]
¡De acuerdo!	Está bem! De acordo!	[is'ta bẽj], [de a'kordu]
¡Basta!	Chega!	['ʃega]

3. Números cardinales. Unidad 1

cero	zero	['zɛru]
uno	um	[ũ]
dos	dois	['dojs]
tres	três	[tres]
cuatro	quatro	['kwatru]

cinco	cinco	['sĩku]
seis	seis	[sejs]
siete	sete	['sɛtʃi]
ocho	oito	['ojtu]
nueve	nove	['nɔvi]

diez	dez	[dɛz]
once	onze	['õzi]
doce	doze	['dozi]
trece	treze	['trezi]
catorce	catorze	[ka'torzi]

quince	quinze	['kĩzi]
dieciséis	dezesseis	[deze'sejs]
diecisiete	dezessete	[dezi'setʃi]
dieciocho	dezoito	[dʒi'zojtu]
diecinueve	dezenove	[deze'nɔvi]

veinte	vinte	['vĩtʃi]
veintiuno	vinte e um	['vĩtʃi i ũ]
veintidós	vinte e dois	['vĩtʃi i 'dojs]
veintitrés	vinte e três	['vĩtʃi i 'tres]

treinta	trinta	['trĩta]
treinta y uno	trinta e um	['trĩta i ũ]
treinta y dos	trinta e dois	['trĩta i 'dojs]
treinta y tres	trinta e três	['trĩta i 'tres]

cuarenta	quarenta	[kwa'rẽta]
cuarenta y uno	quarenta e um	[kwa'rẽta i 'ũ]
cuarenta y dos	quarenta e dois	[kwa'rẽta i 'dojs]
cuarenta y tres	quarenta e três	[kwa'rẽta i 'tres]

cincuenta	**cinquenta**	[sĩ'kwẽta]
cincuenta y uno	**cinquenta e um**	[sĩ'kwẽta i ũ]
cincuenta y dos	**cinquenta e dois**	[sĩ'kwẽta i 'dojs]
cincuenta y tres	**cinquenta e três**	[sĩ'kwẽta i 'tres]
sesenta	**sessenta**	[se'sẽta]
sesenta y uno	**sessenta e um**	[se'sẽta i ũ]
sesenta y dos	**sessenta e dois**	[se'sẽta i 'dojs]
sesenta y tres	**sessenta e três**	[se'sẽta i 'tres]
setenta	**setenta**	[se'tẽta]
setenta y uno	**setenta e um**	[se'tẽta i ũ]
setenta y dos	**setenta e dois**	[se'tẽta i 'dojs]
setenta y tres	**setenta e três**	[se'tẽta i 'tres]
ochenta	**oitenta**	[oj'tẽta]
ochenta y uno	**oitenta e um**	[oj'tẽta i 'ũ]
ochenta y dos	**oitenta e dois**	[oj'tẽta i 'dojs]
ochenta y tres	**oitenta e três**	[oj'tẽta i 'tres]
noventa	**noventa**	[no'vẽta]
noventa y uno	**noventa e um**	[no'vẽta i 'ũ]
noventa y dos	**noventa e dois**	[no'vẽta i 'dojs]
noventa y tres	**noventa e três**	[no'vẽta i 'tres]

4. Números cardinales. Unidad 2

cien	**cem**	[sẽ]
doscientos	**duzentos**	[du'zẽtus]
trescientos	**trezentos**	[tre'zẽtus]
cuatrocientos	**quatrocentos**	[kwatro'sẽtus]
quinientos	**quinhentos**	[ki'ɲẽtus]
seiscientos	**seiscentos**	[sej'sẽtus]
setecientos	**setecentos**	[sete'sẽtus]
ochocientos	**oitocentos**	[ojtu'sẽtus]
novecientos	**novecentos**	[nove'sẽtus]
mil	**mil**	[miw]
dos mil	**dois mil**	['dojs miw]
tres mil	**três mil**	['tres miw]
diez mil	**dez mil**	['dɛz miw]
cien mil	**cem mil**	[sẽ miw]
millón (m)	**um milhão**	[ũ mi'ʎãw]
mil millones	**um bilhão**	[ũ bi'ʎãw]

5. Números. Fracciones

fracción (f)	**fração** (f)	[fra'sãw]
un medio	**um meio**	[ũ 'meju]
un tercio	**um terço**	[ũ 'tersu]
un cuarto	**um quarto**	[ũ 'kwartu]

un octavo	um oitavo	[ũ oj'tavu]
un décimo	um décimo	[ũ 'dɛsimu]
dos tercios	dois terços	['dojs 'tersus]
tres cuartos	três quartos	[tres 'kwartus]

6. Números. Operaciones básicas

sustracción (f)	subtração (f)	[subtra'sãw]
sustraer (vt)	subtrair (vi, vt)	[subtra'ir]
división (f)	divisão (f)	[dʒivi'zãw]
dividir (vt)	dividir (vt)	[dʒivi'dʒir]
adición (f)	adição (f)	[adʒi'sãw]
sumar (totalizar)	somar (vt)	[so'mar]
adicionar (vt)	adicionar (vt)	[adʒisjo'nar]
multiplicación (f)	multiplicação (f)	[muwtʃiplika'sãw]
multiplicar (vt)	multiplicar (vt)	[muwtʃipli'kar]

7. Números. Miscelánea

cifra (f)	algarismo, dígito (m)	[awga'rizmu], ['dʒiʒitu]
número (m) (~ cardinal)	número (m)	['numeru]
numeral (m)	numeral (m)	[nume'raw]
menos (m)	sinal (m) de menos	[si'naw de 'menus]
más (m)	mais (m)	[majs]
fórmula (f)	fórmula (f)	['fɔrmula]
cálculo (m)	cálculo (m)	['kawkulu]
contar (vt)	contar (vt)	[kõ'tar]
calcular (vt)	calcular (vt)	[kawku'lar]
comparar (vt)	comparar (vt)	[kõpa'rar]
¿Cuánto? (innum.)	Quanto?	['kwãtu]
¿Cuánto? (num.)	Quantos? -as?	['kwãtus, -as]
suma (f)	soma (f)	['sɔma]
resultado (m)	resultado (m)	[hezuw'tadu]
resto (m)	resto (m)	['hɛstu]
algunos, algunas ...	alguns, algumas ...	[aw'gũs], [aw'gumas]
poco (num.)	poucos, poucas	['pokus], ['pokas]
poco (innum.)	um pouco ...	[ũ 'poku]
resto (m)	resto (m)	['hɛstu]
uno y medio	um e meio	[ũ i 'meju]
docena (f)	dúzia (f)	['duzja]
en dos	ao meio	[aw 'meju]
en partes iguales	em partes iguais	[ẽ 'partʃis i'gwais]
mitad (f)	metade (f)	[me'tadʒi]
vez (f)	vez (f)	[vez]

8. Los verbos más importantes. Unidad 1

abrir (vt)	**abrir** (vt)	[a'brir]
acabar, terminar (vt)	**acabar, terminar** (vt)	[aka'bar], [termi'nar]
aconsejar (vt)	**aconselhar** (vt)	[akõse'ʎar]
adivinar (vt)	**adivinhar** (vt)	[adʒivi'ɲar]
advertir (vt)	**advertir** (vt)	[adʒiver'tʃir]
alabarse, jactarse (vr)	**gabar-se** (vr)	[ga'barsi]
almorzar (vi)	**almoçar** (vi)	[awmo'sar]
alquilar (~ una casa)	**alugar** (vt)	[alu'gar]
amenazar (vt)	**ameaçar** (vt)	[amea'sar]
arrepentirse (vr)	**arrepender-se** (vr)	[ahepẽ'dersi]
ayudar (vt)	**ajudar** (vt)	[aʒu'dar]
bañarse (vr)	**ir nadar**	[ir na'dar]
bromear (vi)	**brincar** (vi)	[brĩ'kar]
buscar (vt)	**buscar** (vt)	[bus'kar]
caer (vi)	**cair** (vi)	[ka'ir]
callarse (vr)	**ficar em silêncio**	[fi'kar ẽ si'lẽsju]
cambiar (vt)	**mudar** (vt)	[mu'dar]
castigar, punir (vt)	**punir** (vt)	[pu'nir]
cavar (vt)	**cavar** (vt)	[ka'var]
cazar (vi, vt)	**caçar** (vi)	[ka'sar]
cenar (vi)	**jantar** (vi)	[ʒã'tar]
cesar (vt)	**cessar** (vt)	[se'sar]
coger (vt)	**pegar** (vt)	[pe'gar]
comenzar (vt)	**começar** (vt)	[kome'sar]
comparar (vt)	**comparar** (vt)	[kõpa'rar]
comprender (vt)	**entender** (vt)	[ẽtẽ'der]
confiar (vt)	**confiar** (vt)	[kõ'fjar]
confundir (vt)	**confundir** (vt)	[kõfũ'dʒir]
conocer (~ a alguien)	**conhecer** (vt)	[koɲe'ser]
contar (vt) (enumerar)	**contar** (vt)	[kõ'tar]
contar con …	**contar com …**	[kõ'tar kõ]
continuar (vt)	**continuar** (vt)	[kõtʃi'nwar]
controlar (vt)	**controlar** (vt)	[kõtro'lar]
correr (vi)	**correr** (vi)	[ko'her]
costar (vt)	**custar** (vt)	[kus'tar]
crear (vt)	**criar** (vt)	[krjar]

9. Los verbos más importantes. Unidad 2

dar (vt)	**dar** (vt)	[dar]
dar una pista	**dar uma dica**	[dar 'uma 'dʒika]
decir (vt)	**dizer** (vt)	[dʒi'zer]
decorar (para la fiesta)	**decorar** (vt)	[deko'rar]
defender (vt)	**defender** (vt)	[defẽ'der]
dejar caer	**deixar cair** (vt)	[dej'ʃar ka'ir]

desayunar (vi)	**tomar café da manhã**	[to'mar ka'fɛ da ma'ɲã]
descender (vi)	**descer** (vi)	[de'ser]

dirigir (administrar)	**dirigir** (vt)	[dʒiri'ʒir]
disculpar (vt)	**desculpar** (vt)	[dʒiskuw'par]
disculparse (vr)	**desculpar-se** (vr)	[dʒiskuw'parsi]
discutir (vt)	**discutir** (vt)	[dʒisku'tʃir]
dudar (vt)	**duvidar** (vt)	[duvi'dar]

encontrar (hallar)	**encontrar** (vt)	[ẽkõ'trar]
engañar (vi, vt)	**enganar** (vt)	[ẽga'nar]
entrar (vi)	**entrar** (vi)	[ẽ'trar]
enviar (vt)	**enviar** (vt)	[ẽ'vjar]

equivocarse (vr)	**errar** (vi)	[e'har]
escoger (vt)	**escolher** (vt)	[isko'ʎer]
esconder (vt)	**esconder** (vt)	[iskõ'der]
escribir (vt)	**escrever** (vt)	[iskre'ver]
esperar (aguardar)	**esperar** (vt)	[ispe'rar]

esperar (tener esperanza)	**esperar** (vi, vt)	[ispe'rar]
estar (vi)	**estar** (vi)	[is'tar]
estar de acuerdo	**concordar** (vi)	[kõkor'dar]
estudiar (vt)	**estudar** (vt)	[istu'dar]

exigir (vt)	**exigir** (vt)	[ezi'ʒir]
existir (vi)	**existir** (vi)	[ezis'tʃir]
explicar (vt)	**explicar** (vt)	[ispli'kar]
faltar (a las clases)	**faltar a ...**	[faw'tar a]
firmar (~ el contrato)	**assinar** (vt)	[asi'nar]

girar (~ a la izquierda)	**virar** (vi)	[vi'rar]
gritar (vi)	**gritar** (vi)	[gri'tar]
guardar (conservar)	**guardar** (vt)	[gwar'dar]
gustar (vi)	**gostar** (vt)	[gos'tar]
hablar (vi, vt)	**falar** (vi)	[fa'lar]

hacer (vt)	**fazer** (vt)	[fa'zer]
informar (vt)	**informar** (vt)	[ĩfor'mar]
insistir (vi)	**insistir** (vi)	[ĩsis'tʃir]
insultar (vt)	**insultar** (vt)	[ĩsuw'tar]

interesarse (vr)	**interessar-se** (vr)	[ĩtere'sarsi]
invitar (vt)	**convidar** (vt)	[kõvi'dar]
ir (a pie)	**ir** (vi)	[ir]
jugar (divertirse)	**brincar, jogar** (vi, vt)	[brĩ'kar], [ʒo'gar]

10. Los verbos más importantes. Unidad 3

leer (vi, vt)	**ler** (vt)	[ler]
liberar (ciudad, etc.)	**libertar, liberar** (vt)	[liber'tar], [libe'rar]
llamar (por ayuda)	**chamar** (vt)	[ʃa'mar]
llegar (vi)	**chegar** (vi)	[ʃe'gar]
llorar (vi)	**chorar** (vi)	[ʃo'rar]

matar (vt)	**matar** (vt)	[ma'tar]
mencionar (vt)	**mencionar** (vt)	[mẽsjo'nar]
mostrar (vt)	**mostrar** (vt)	[mos'trar]
nadar (vi)	**nadar** (vi)	[na'dar]
negarse (vr)	**negar-se** (vt)	[ne'garsi]
objetar (vt)	**objetar** (vt)	[obʒe'tar]
observar (vt)	**observar** (vt)	[obser'var]
oír (vt)	**ouvir** (vt)	[o'vir]
olvidar (vt)	**esquecer** (vt)	[iske'ser]
orar (vi)	**rezar, orar** (vi)	[he'zar], [o'rar]
ordenar (mil.)	**ordenar** (vt)	[orde'nar]
pagar (vi, vt)	**pagar** (vt)	[pa'gar]
pararse (vr)	**parar** (vi)	[pa'rar]
participar (vi)	**participar** (vi)	[partʃisi'par]
pedir (ayuda, etc.)	**pedir** (vt)	[pe'dʒir]
pedir (en restaurante)	**pedir** (vt)	[pe'dʒir]
pensar (vi, vt)	**pensar** (vi, vt)	[pẽ'sar]
percibir (ver)	**perceber** (vt)	[perse'ber]
perdonar (vt)	**perdoar** (vt)	[per'dwar]
permitir (vt)	**permitir** (vt)	[permi'tʃir]
pertenecer a …	**pertencer** (vt)	[pertẽ'ser]
planear (vt)	**planejar** (vt)	[plane'ʒar]
poder (v aux)	**poder** (vi)	[po'der]
poseer (vt)	**possuir** (vt)	[po'swir]
preferir (vt)	**preferir** (vt)	[prefe'rir]
preguntar (vt)	**perguntar** (vt)	[pergũ'tar]
preparar (la cena)	**preparar** (vt)	[prepa'rar]
prever (vt)	**prever** (vt)	[pre'ver]
probar, tentar (vt)	**tentar** (vt)	[tẽ'tar]
prometer (vt)	**prometer** (vt)	[prome'ter]
pronunciar (vt)	**pronunciar** (vt)	[pronũ'sjar]
proponer (vt)	**propor** (vt)	[pro'por]
quebrar (vt)	**quebrar** (vt)	[ke'brar]
quejarse (vr)	**queixar-se** (vr)	[kej'ʃarsi]
querer (amar)	**amar** (vt)	[a'mar]
querer (desear)	**querer** (vt)	[ke'rer]

11. Los verbos más importantes. Unidad 4

recomendar (vt)	**recomendar** (vt)	[hekomẽ'dar]
regañar, reprender (vt)	**ralhar, repreender** (vt)	[ha'ʎar], [heprjẽ'der]
reírse (vr)	**rir** (vi)	[hir]
repetir (vt)	**repetir** (vt)	[hepe'tʃir]
reservar (~ una mesa)	**reservar** (vt)	[hezer'var]
responder (vi, vt)	**responder** (vt)	[hespõ'der]
robar (vt)	**roubar** (vt)	[ho'bar]
saber (~ algo mas)	**saber** (vt)	[sa'ber]

salir (vi)	sair (vi)	[sa'ir]
salvar (vt)	salvar (vt)	[saw'var]
seguir ...	seguir ...	[se'gir]
sentarse (vr)	sentar-se (vr)	[sẽ'tarsi]
ser (vi)	ser (vi)	[ser]
ser necesario	ser necessário	[ser nese'sarju]
significar (vt)	significar (vt)	[signifi'kar]
sonreír (vi)	sorrir (vi)	[so'hir]
sorprenderse (vr)	surpreender-se (vr)	[surprjẽ'dersi]
subestimar (vt)	subestimar (vt)	[subestʃi'mar]
tener (vt)	ter (vt)	[ter]
tener hambre	ter fome	[ter 'fɔmi]
tener miedo	ter medo	[ter 'medu]
tener prisa	apressar-se (vr)	[apre'sarsi]
tener sed	ter sede	[ter 'sedʒi]
tirar, disparar (vi)	disparar, atirar (vi)	[dʒispa'rar], [atʃi'rar]
tocar (con las manos)	tocar (vt)	[to'kar]
tomar (vt)	pegar (vt)	[pe'gar]
tomar nota	anotar (vt)	[ano'tar]
trabajar (vi)	trabalhar (vi)	[traba'ʎar]
traducir (vt)	traduzir (vt)	[tradu'zir]
unir (vt)	unir (vt)	[u'nir]
vender (vt)	vender (vt)	[vẽ'der]
ver (vt)	ver (vt)	[ver]
volar (pájaro, avión)	voar (vi)	[vo'ar]

12. Los colores

color (m)	cor (f)	[kɔr]
matiz (m)	tom (m)	[tõ]
tono (m)	tonalidade (m)	[tonali'dadʒi]
arco (m) iris	arco-íris (m)	['arku 'íris]
blanco (adj)	branco	['brãku]
negro (adj)	preto	['pretu]
gris (adj)	cinza	['sĩza]
verde (adj)	verde	['verdʒi]
amarillo (adj)	amarelo	[ama'rɛlu]
rojo (adj)	vermelho	[ver'meʎu]
azul (adj)	azul	[a'zuw]
azul claro (adj)	azul claro	[a'zuw 'klaru]
rosa (adj)	rosa	['hɔza]
naranja (adj)	laranja	[la'rãʒa]
violeta (adj)	violeta	[vjo'leta]
marrón (adj)	marrom	[ma'hõ]
dorado (adj)	dourado	[do'radu]
argentado (adj)	prateado	[pra'tʃjadu]

beige (adj)	bege	['bɛʒi]
crema (adj)	creme	['krɛmi]
turquesa (adj)	turquesa	[tur'keza]
rojo cereza (adj)	vermelho cereja	[ver'meʎu se'reʒa]
lila (adj)	lilás	[li'las]
carmesí (adj)	carmim	[kah'mĩ]

claro (adj)	claro	['klaru]
oscuro (adj)	escuro	[is'kuru]
vivo (adj)	vivo	['vivu]

de color (lápiz ~)	de cor	[de kɔr]
en colores (película ~)	a cores	[a 'kores]
blanco y negro (adj)	preto e branco	['pretu i 'brãku]
unicolor (adj)	de uma só cor	[de 'uma sɔ kɔr]
multicolor (adj)	multicolor	[muwtʃiko'lor]

13. Las preguntas

¿Quién?	Quem?	[kẽj]
¿Qué?	O que?	[u ki]
¿Dónde?	Onde?	['õdʒi]
¿Adónde?	Para onde?	['para 'õdʒi]
¿De dónde?	De onde?	[de 'õdʒi]
¿Cuándo?	Quando?	['kwãdu]
¿Para qué?	Para quê?	['para ke]
¿Por qué?	Por quê?	[por 'ke]

¿Por qué razón?	Para quê?	['para ke]
¿Cómo?	Como?	['kɔmu]
¿Qué ...? (~ color)	Qual?	[kwaw]
¿Cuál?	Qual?	[kwaw]

¿A quién?	A quem?	[a kẽj]
¿De quién? (~ hablan ...)	De quem?	[de kẽj]
¿De qué?	Do quê?	[du ke]
¿Con quién?	Com quem?	[kõ kẽj]

¿Cuánto? (innum.)	Quanto?	['kwãtu]
¿Cuánto? (num.)	Quantos? -as?	['kwãtus, -as]
¿De quién? (~ es este ...)	De quem?	[de kẽj]

14. Las palabras útiles. Los adverbios. Unidad 1

¿Dónde?	Onde?	['õdʒi]
aquí (adv)	aqui	[a'ki]
allí (adv)	lá, ali	[la], [a'li]

en alguna parte	em algum lugar	[ẽ aw'gũ lu'gar]
en ninguna parte	em lugar nenhum	[ẽ lu'gar ne'ɲũ]
junto a ...	perto de ...	['pɛrtu de]
junto a la ventana	perto da janela	['pɛrtu da ʒa'nɛla]

¿A dónde?	Para onde?	['para 'ōdʒi]
aquí (venga ~)	aqui	[a'ki]
allí (vendré ~)	para lá	['para la]
de aquí (adv)	daqui	[da'ki]
de allí (adv)	de lá, dali	[de la], [da'li]

cerca (no lejos)	perto	['pɛrtu]
lejos (adv)	longe	['lōʒi]

cerca de ...	perto de ...	['pɛrtu de]
al lado (de ...)	à mão, perto	[a mãw], ['pɛrtu]
no lejos (adv)	não fica longe	['nãw 'fika 'lōʒi]

izquierdo (adj)	esquerdo	[is'kerdu]
a la izquierda (situado ~)	à esquerda	[a is'kerda]
a la izquierda (girar ~)	para a esquerda	['para a is'kerda]

derecho (adj)	direito	[dʒi'rejtu]
a la derecha (situado ~)	à direita	[a dʒi'rejta]
a la derecha (girar)	para a direita	['para a dʒi'rejta]

delante (yo voy ~)	em frente	[ē 'frētʃi]
delantero (adj)	da frente	[da 'frētʃi]
adelante (movimiento)	adiante	[a'dʒjātʃi]

detrás de ...	atrás de ...	[a'trajs de]
desde atrás	de trás	[de trajs]
atrás (da un paso ~)	para trás	['para trajs]

centro (m), medio (m)	meio (m), metade (f)	['meju], [me'tadʒi]
en medio (adv)	no meio	[nu 'meju]

de lado (adv)	do lado	[du 'ladu]
en todas partes	em todo lugar	[ē 'todu lu'gar]
alrededor (adv)	por todos os lados	[por 'todus os 'ladus]

de dentro (adv)	de dentro	[de 'dētru]
a alguna parte	para algum lugar	['para aw'gũ lu'gar]
todo derecho (adv)	diretamente	[dʒireta'mētʃi]
atrás (muévelo para ~)	de volta	[de 'vɔwta]

de alguna parte (adv)	de algum lugar	[de aw'gũ lu'gar]
no se sabe de dónde	de algum lugar	[de aw'gũ lu'gar]

primero (adv)	em primeiro lugar	[ē pri'mejru lu'gar]
segundo (adv)	em segundo lugar	[ē se'gũdu lu'gar]
tercero (adv)	em terceiro lugar	[ē ter'sejru lu'gar]

de súbito (adv)	de repente	[de he'pētʃi]
al principio (adv)	no início	[nu i'nisju]
por primera vez	pela primeira vez	['pɛla pri'mejra 'vez]
mucho tiempo antes ...	muito antes de ...	['mwĩtu 'ãtʃis de]
de nuevo (adv)	de novo	[de 'novu]
para siempre (adv)	para sempre	['para 'sēpri]
jamás, nunca (adv)	nunca	['nũka]
de nuevo (adv)	de novo	[de 'novu]

ahora (adv)	agora	[a'gɔra]
frecuentemente (adv)	frequentemente	[frekwẽtʃi'mẽtʃi]
entonces (adv)	então	[ẽ'tãw]
urgentemente (adv)	urgentemente	[urʒẽte'mẽtʃi]
usualmente (adv)	normalmente	[nɔrmaw'mẽtʃi]

a propósito, …	a propósito, …	[a pro'pɔzitu]
es probable	é possível	[ɛ po'sivew]
probablemente (adv)	provavelmente	[provavɛw'mẽtʃi]
tal vez	talvez	[taw'vez]
además …	além disso, …	[a'lẽj 'dʒisu]
por eso …	por isso …	[por 'isu]
a pesar de …	apesar de …	[ape'zar de]
gracias a …	graças a …	['grasas a]

qué (pron)	que	[ki]
que (conj)	que	[ki]
algo (~ le ha pasado)	algo	[awgu]
algo (~ así)	alguma coisa	[aw'guma 'kojza]
nada (f)	nada	['nada]

quien	quem	[kẽj]
alguien (viene ~)	alguém	[aw'gẽj]
alguien (¿ha llamado ~?)	alguém	[aw'gẽj]

nadie	ninguém	[nĩ'gẽj]
a ninguna parte	para lugar nenhum	['para lu'gar ne'ɲũ]
de nadie	de ninguém	[de nĩ'gẽj]
de alguien	de alguém	[de aw'gẽj]

tan, tanto (adv)	tão	[tãw]
también (~ habla francés)	também	[tã'bẽj]
también (p.ej. Yo ~)	também	[tã'bẽj]

15. Las palabras útiles. Los adverbios. Unidad 2

¿Por qué?	Por quê?	[por 'ke]
no se sabe porqué	por alguma razão	[por aw'guma ha'zãw]
porque …	porque …	[por'ke]
por cualquier razón (adv)	por qualquer razão	[por kwaw'ker ha'zãw]

y (p.ej. uno y medio)	e	[i]
o (p.ej. té o café)	ou	['o]
pero (p.ej. me gusta, ~)	mas	[mas]
para (p.ej. es para ti)	para	['para]

demasiado (adv)	muito, demais	['mwĩtu], [dʒi'majs]
sólo, solamente (adv)	só, somente	[sɔ], [sɔ'mẽtʃi]
exactamente (adv)	exatamente	[ɛzata'mẽtʃi]
unos …,	cerca de …	['serka de]
cerca de … (~ 10 kg)		

| aproximadamente | aproximadamente | [aprosimada'mẽti] |
| aproximado (adj) | aproximado | [aprosi'madu] |

| casi (adv) | quase | ['kwazi] |
| resto (m) | resto (m) | ['hɛstu] |

el otro (adj)	o outro	[u 'otru]
otro (p.ej. el otro día)	outro	['otru]
cada (adj)	cada	['kada]
cualquier (adj)	qualquer	[kwaw'ker]
mucho (innum.)	muito	['mwĩtu]
mucho (num.)	muitos, muitas	['mwĩtos], ['mwĩtas]
muchos (mucha gente)	muitas pessoas	['mwĩtas pe'soas]
todos	todos	['todus]

a cambio de ...	em troca de ...	[ẽ 'trɔka de]
en cambio (adv)	em troca	[ẽ 'trɔka]
a mano (hecho ~)	à mão	[a mãw]
poco probable	pouco provável	['poku pro'vavew]

probablemente	provavelmente	[provavɛw'mẽtʃi]
a propósito (adv)	de propósito	[de pro'pɔzitu]
por accidente (adv)	por acidente	[por asi'dẽtʃi]

muy (adv)	muito	['mwĩtu]
por ejemplo (adv)	por exemplo	[por e'zẽplu]
entre (~ nosotros)	entre	['ẽtri]
entre (~ otras cosas)	entre, no meio de ...	['ẽtri], [nu 'meju de]
tanto (~ gente)	tanto	['tãtu]
especialmente (adv)	especialmente	[ispesjal'mẽte]

Conceptos básicos. Unidad 2

16. Los opuestos

rico (adj)	rico	['hiku]
pobre (adj)	pobre	['pɔbri]
enfermo (adj)	doente	[do'ẽtʃi]
sano (adj)	bem	[bẽj]
grande (adj)	grande	['grãdʒi]
pequeño (adj)	pequeno	[pe'kenu]
rápidamente (adv)	rapidamente	[hapida'mẽtʃi]
lentamente (adv)	lentamente	[lẽta'mẽtʃi]
rápido (adj)	rápido	['hapidu]
lento (adj)	lento	['lẽtu]
alegre (adj)	alegre, feliz	[a'lɛgri], [fe'liz]
triste (adj)	triste	['tristʃi]
juntos (adv)	juntos	['ʒũtus]
separadamente	separadamente	[separada'mẽtʃi]
en voz alta	em voz alta	[ẽ vɔz 'awta]
en silencio	para si	['para si]
alto (adj)	alto	['awtu]
bajo (adj)	baixo	['baɪʃu]
profundo (adj)	profundo	[pro'fũdu]
poco profundo (adj)	raso	['hazu]
sí	sim	[sĩ]
no	não	[nãw]
lejano (adj)	distante	[dʒis'tãtʃi]
cercano (adj)	próximo	['prɔsimu]
lejos (adv)	longe	['lõʒi]
cerco (adv)	perto	['pɛrtu]
largo (adj)	longo	['lõgu]
corto (adj)	curto	['kurtu]
bueno (de buen corazón)	bom, bondoso	[bõ], [bõ'dozu]
malvado (adj)	mal	[maw]

casado (adj)	**casado**	[ka'zadu]
soltero (adj)	**solteiro**	[sow'tejru]
prohibir (vt)	**proibir** (vt)	[proi'bir]
permitir (vt)	**permitir** (vt)	[permi'tʃir]
fin (m)	**fim** (m)	[fĩ]
principio (m)	**início** (m)	[i'nisju]
izquierdo (adj)	**esquerdo**	[is'kerdu]
derecho (adj)	**direito**	[dʒi'rejtu]
primero (adj)	**primeiro**	[pri'mejru]
último (adj)	**último**	['uwtʃimu]
crimen (m)	**crime** (m)	['krimi]
castigo (m)	**castigo** (m)	[kas'tʃigu]
ordenar (vt)	**ordenar** (vt)	[orde'nar]
obedecer (vi, vt)	**obedecer** (vt)	[obede'ser]
recto (adj)	**reto**	['hɛtu]
curvo (adj)	**curvo**	['kurvu]
paraíso (m)	**paraíso** (m)	[para'izu]
infierno (m)	**inferno** (m)	[ĩ'fɛrnu]
nacer (vi)	**nascer** (vi)	[na'ser]
morir (vi)	**morrer** (vi)	[mo'her]
fuerte (adj)	**forte**	['fortʃi]
débil (adj)	**fraco, débil**	['fraku], ['debiw]
viejo (adj)	**velho, idoso**	['vɛʎu], [i'dozu]
joven (adj)	**jovem**	['ʒovẽ]
viejo (adj)	**velho**	['vɛʎu]
nuevo (adj)	**novo**	['novu]
duro (adj)	**duro**	['duru]
blando (adj)	**macio**	[ma'siu]
tibio (adj)	**quente**	['kẽtʃi]
frío (adj)	**frio**	['friu]
gordo (adj)	**gordo**	['gordu]
delgado (adj)	**magro**	['magru]
estrecho (adj)	**estreito**	[is'trejtu]
ancho (adj)	**largo**	['largu]
bueno (adj)	**bom**	[bõ]
malo (adj)	**mau**	[maw]
valiente (adj)	**valente, corajoso**	[va'lẽtʃi], [kora'ʒozu]
cobarde (adj)	**covarde**	[ko'vardʒi]

17. Los días de la semana

lunes (m)	segunda-feira (f)	[se'gŭda-'fejra]
martes (m)	terça-feira (f)	['tersa 'fejra]
miércoles (m)	quarta-feira (f)	['kwarta-'fejra]
jueves (m)	quinta-feira (f)	['kĩta-'fejra]
viernes (m)	sexta-feira (f)	['sesta-'fejra]
sábado (m)	sábado (m)	['sabadu]
domingo (m)	domingo (m)	[do'mĩgu]
hoy (adv)	hoje	['oʒi]
mañana (adv)	amanhã	[ama'ɲã]
pasado mañana	depois de amanhã	[de'pojs de ama'ɲã]
ayer (adv)	ontem	['õtẽ]
anteayer (adv)	anteontem	[ãtʃi'õtẽ]
día (m)	dia (m)	['dʒia]
día (m) de trabajo	dia (m) de trabalho	['dʒia de tra'baʎu]
día (m) de fiesta	feriado (m)	[fe'rjadu]
día (m) de descanso	dia (m) de folga	['dʒia de 'fɔwga]
fin (m) de semana	fim (m) de semana	[fĩ de se'mana]
todo el día	o dia todo	[u 'dʒia 'todu]
al día siguiente	no dia seguinte	[nu 'dʒia se'gĩtʃi]
dos días atrás	há dois dias	[a 'dojs 'dʒias]
en vísperas (adv)	na véspera	[na 'vɛspera]
diario (adj)	diário	['dʒjarju]
cada día (adv)	todos os dias	['todus us 'dʒias]
semana (f)	semana (f)	[se'mana]
semana (f) pasada	na semana passada	[na se'mana pa'sada]
semana (f) que viene	semana que vem	[se'mana ke vẽj]
semanal (adj)	semanal	[sema'naw]
cada semana (adv)	toda semana	['tɔda se'mana]
2 veces por semana	duas vezes por semana	['duas 'vezis por se'mana]
todos los martes	toda terça-feira	['tɔda tersa 'fejra]

18. Las horas. El día y la noche

mañana (f)	manhã (f)	[ma'ɲã]
por la mañana	de manhã	[de ma'ɲã]
mediodía (m)	meio-dia (m)	['meju 'dʒia]
por la tarde	à tarde	[a 'tardʒi]
noche (f)	tardinha (f)	[tar'dʒiɲa]
por la noche	à tardinha	[a tar'dʒiɲa]
noche (f) (p.ej. 2:00 a.m.)	noite (f)	['nojtʃi]
por la noche	à noite	[a 'nojtʃi]
medianoche (f)	meia-noite (f)	['meja 'nojtʃi]
segundo (m)	segundo (m)	[se'gŭdu]
minuto (m)	minuto (m)	[mi'nutu]
hora (f)	hora (f)	['ɔra]

media hora (f)	meia hora (f)	['meja 'ɔra]
cuarto (m) de hora	quarto (m) de hora	['kwartu de 'ɔra]
quince minutos	quinze minutos	['kĩzi mi'nutus]
veinticuatro horas	vinte e quatro horas	['vĩtʃi i 'kwatru 'ɔras]

salida (f) del sol	nascer (m) do sol	[na'ser du sow]
amanecer (m)	amanhecer (m)	[amaɲe'ser]
madrugada (f)	madrugada (f)	[madru'gada]
puesta (f) del sol	pôr-do-sol (m)	[por du 'sɔw]

de madrugada	de madrugada	[de madru'gada]
esta mañana	esta manhã	['ɛsta ma'ɲã]
mañana por la mañana	amanhã de manhã	[ama'ɲã de ma'ɲã]

esta tarde	esta tarde	['ɛsta 'tardʒi]
por la tarde	à tarde	[a 'tardʒi]
mañana por la tarde	amanhã à tarde	[ama'ɲã a 'tardʒi]

| esta noche (p.ej. 8:00 p.m.) | esta noite, hoje à noite | ['ɛsta 'nojtʃi], ['oʒi a 'nojtʃi] |
| mañana por la noche | amanhã à noite | [ama'ɲã a 'nojtʃi] |

a las tres en punto	às três horas em ponto	[as tres 'ɔras ẽ 'põtu]
a eso de las cuatro	por volta das quatro	[por 'vɔwta das 'kwatru]
para las doce	às doze	[as 'dozi]

dentro de veinte minutos	em vinte minutos	[ẽ 'vĩtʃi mi'nutus]
dentro de una hora	em uma hora	[ẽ 'uma 'ɔra]
a tiempo (adv)	a tempo	[a 'tẽpu]

… menos cuarto	… um quarto para	[… ũ 'kwartu 'para]
durante una hora	dentro de uma hora	['dẽtru de 'uma 'ɔra]
cada quince minutos	a cada quinze minutos	[a 'kada 'kĩzi mi'nutus]
día y noche	as vinte e quatro horas	[as 'vĩtʃi i 'kwatru 'ɔras]

19. Los meses. Las estaciones

enero (m)	janeiro (m)	[ʒa'nejru]
febrero (m)	fevereiro (m)	[feve'rejru]
marzo (m)	março (m)	['marsu]
abril (m)	abril (m)	[a'briw]
mayo (m)	maio (m)	['maju]
junio (m)	junho (m)	['ʒuɲu]

julio (m)	julho (m)	['ʒuʎu]
agosto (m)	agosto (m)	[a'gostu]
septiembre (m)	setembro (m)	[se'tẽbru]
octubre (m)	outubro (m)	[o'tubru]
noviembre (m)	novembro (m)	[no'vẽbru]
diciembre (m)	dezembro (m)	[de'zẽbru]

primavera (f)	primavera (f)	[prima'vɛra]
en primavera	na primavera	[na prima'vɛra]
de primavera (adj)	primaveril	[primave'riw]
verano (m)	verão (m)	[ve'rãw]

| en verano | no verão | [nu ve'rãw] |
| de verano (adj) | de verão | [de ve'rãw] |

otoño (m)	outono (m)	[o'tɔnu]
en otoño	no outono	[nu o'tɔnu]
de otoño (adj)	outonal	[oto'naw]

invierno (m)	inverno (m)	[ĩ'vɛrnu]
en invierno	no inverno	[nu ĩ'vɛrnu]
de invierno (adj)	de inverno	[de ĩ'vɛrnu]
mes (m)	mês (m)	[mes]
este mes	este mês	['estʃi mes]
al mes siguiente	mês que vem	['mes ki vẽj]
el mes pasado	no mês passado	[no mes pa'sadu]

hace un mes	um mês atrás	[ũ 'mes a'trajs]
dentro de un mes	em um mês	[ẽ ũ mes]
dentro de dos meses	em dois meses	[ẽ dojs 'mezis]
todo el mes	todo o mês	['todu u mes]
todo un mes	um mês inteiro	[ũ mes ĩ'tejru]

mensual (adj)	mensal	[mẽ'saw]
mensualmente (adv)	mensalmente	[mẽsaw'mẽtʃi]
cada mes	todo mês	['todu 'mes]
dos veces por mes	duas vezes por mês	['duas 'vezis por mes]

año (m)	ano (m)	['anu]
este año	este ano	['estʃi 'anu]
el próximo año	ano que vem	['anu ki vẽj]
el año pasado	no ano passado	[nu 'anu pa'sadu]
hace un año	há um ano	[a ũ 'anu]
dentro de un año	em um ano	[ẽ ũ 'anu]
dentro de dos años	dentro de dois anos	['dẽtru de 'dojs 'anus]
todo el año	todo o ano	['todu u 'anu]
todo un año	um ano inteiro	[ũ 'anu ĩ'tejru]

cada año	cada ano	['kada 'anu]
anual (adj)	anual	[a'nwaw]
anualmente (adv)	anualmente	[anwaw'mẽte]
cuatro veces por año	quatro vezes por ano	['kwatru 'vezis por 'anu]

fecha (f) (la ~ de hoy es ...)	data (f)	['data]
fecha (f) (~ de entrega)	data (f)	['data]
calendario (m)	calendário (m)	[kalẽ'darju]

medio año (m)	meio ano	['meju 'anu]
seis meses	seis meses	[sejs 'mezis]
estación (f)	estação (f)	[ista'sãw]
siglo (m)	século (m)	['sɛkulu]

20. La hora. Miscelánea

| tiempo (m) | tempo (m) | ['tẽpu] |
| momento (m) | momento (m) | [mo'mẽtu] |

instante (m)	instante (m)	[ĩs'tãtʃi]
instantáneo (adj)	instantâneo	[ĩstã'tanju]
lapso (m) de tiempo	lapso (m) de tempo	['lapsu de 'tẽpu]
vida (f)	vida (f)	['vida]
eternidad (f)	eternidade (f)	[eterni'dadʒi]

época (f)	época (f)	['ɛpoka]
era (f)	era (f)	['ɛra]
ciclo (m)	ciclo (m)	['siklu]
periodo (m)	período (m)	[pe'riodu]
plazo (m) (~ de tres meses)	prazo (m)	['prazu]

futuro (m)	futuro (m)	[fu'turu]
futuro (adj)	futuro	[fu'turu]
la próxima vez	da próxima vez	[da 'prɔsima vez]
pasado (m)	passado (m)	[pa'sadu]
pasado (adj)	passado	[pa'sadu]
la última vez	na última vez	[na 'uwtʃima 'vez]
más tarde (adv)	mais tarde	[majs 'tardʒi]
después	depois	[de'pojs]
actualmente (adv)	atualmente	[atwaw'mẽtʃi]
ahora (adv)	agora	[a'gɔra]
inmediatamente	imediatamente	[imedʒata'mẽtʃi]
pronto (adv)	em breve	[ẽ 'brɛvi]
de antemano (adv)	de antemão	[de ante'mãw]

hace mucho tiempo	há muito tempo	[a 'mwĩtu 'tẽpu]
hace poco (adv)	recentemente	[hesẽtʃi'mẽtʃi]
destino (m)	destino (m)	[des'tʃinu]
recuerdos (m pl)	recordações (f pl)	[hekorda'sõjs]
archivo (m)	arquivo (m)	[ar'kivu]
durante ...	durante ...	[du'rãtʃi]
mucho tiempo (adv)	durante muito tempo	[du'rãtʃi 'mwĩtu 'tẽpu]
poco tiempo (adv)	pouco tempo	['poku 'tẽpu]
temprano (adv)	cedo	['sedu]
tarde (adv)	tarde	['tardʒi]

para siempre (adv)	para sempre	['para 'sẽpri]
comenzar (vt)	começar (vt)	[kome'sar]
aplazar (vt)	adiar (vt)	[a'dʒjar]

simultáneamente	ao mesmo tempo	['aw 'mezmu 'tẽpu]
permanentemente	permanentemente	[permanẽtʃi'mẽtʃi]
constante (ruido, etc.)	constante	[kõs'tãtʃi]
temporal (adj)	temporário	[tẽpo'rarju]

a veces (adv)	às vezes	[as 'vezis]
raramente (adv)	raras vezes, raramente	['harus 'vezis]' [hara'mẽtʃi]
frecuentemente	frequentemente	[frekwẽtʃi'mẽtʃi]

21. Las líneas y las formas

cuadrado (m)	quadrado (m)	[kwa'dradu]
cuadrado (adj)	quadrado	[kwa'dradu]

círculo (m)	círculo (m)	['sirkulu]
redondo (adj)	redondo	[he'dõdu]
triángulo (m)	triângulo (m)	['trjãgulu]
triangular (adj)	triangular	[trjãgu'lar]

óvalo (m)	oval (f)	[o'vaw]
oval (adj)	oval	[o'vaw]
rectángulo (m)	retângulo (m)	[he'tãgulu]
rectangular (adj)	retangular	[hetãgu'lar]

pirámide (f)	pirâmide (f)	[pi'ramidʒi]
rombo (m)	losango (m)	[lo'zãgu]
trapecio (m)	trapézio (m)	[tra'pɛzju]
cubo (m)	cubo (m)	['kubu]
prisma (m)	prisma (m)	['prizma]

circunferencia (f)	circunferência (f)	[sirkũfe'rẽsja]
esfera (f)	esfera (f)	[is'fɛra]
globo (m)	globo (m)	['globu]
diámetro (m)	diâmetro (m)	['dʒjametru]
radio (m)	raio (m)	['haju]
perímetro (m)	perímetro (m)	[pe'rimetru]
centro (m)	centro (m)	['sẽtru]

horizontal (adj)	horizontal	[orizõ'taw]
vertical (adj)	vertical	[vertʃi'kaw]
paralela (f)	paralela (f)	[para'lɛla]
paralelo (adj)	paralelo	[para'lɛlu]

línea (f)	linha (f)	['liɲa]
trazo (m)	traço (m)	['trasu]
recta (f)	reta (f)	['hɛta]
curva (f)	curva (f)	['kurva]
fino (la ~a línea)	fino	['finu]
contorno (m)	contorno (m)	[kõ'tornu]

intersección (f)	interseção (f)	[ĩterse'sãw]
ángulo (m) recto	ângulo (m) reto	[ãgulo 'hɛtu]
segmento (m)	segmento (m)	[sɛ'gmẽtu]
sector (m)	setor (m)	[sɛ'tor]
lado (m)	lado (m)	['ladu]
ángulo (m)	ângulo (m)	[ãgulu]

22. Las unidades de medida

peso (m)	peso (m)	['pezu]
longitud (f)	comprimento (m)	[kõpri'mẽtu]
anchura (f)	largura (f)	[lar'gura]
altura (f)	altura (f)	[aw'tura]
profundidad (f)	profundidade (f)	[profũdʒi'dadʒi]
volumen (m)	volume (m)	[vo'lumi]
área (f)	área (f)	['arja]
gramo (m)	grama (m)	['grama]
miligramo (m)	miligrama (m)	[mili'grama]

kilogramo (m)	quilograma (m)	[kilo'grama]
tonelada (f)	tonelada (f)	[tune'lada]
libra (f)	libra (f)	['libra]
onza (f)	onça (f)	['õsa]

metro (m)	metro (m)	['mɛtru]
milímetro (m)	milímetro (m)	[mi'limetru]
centímetro (m)	centímetro (m)	[sẽ'tʃimetru]
kilómetro (m)	quilômetro (m)	[ki'lometru]
milla (f)	milha (f)	['miʎa]

pulgada (f)	polegada (f)	[pole'gada]
pie (m)	pé (m)	[pɛ]
yarda (f)	jarda (f)	['ʒarda]

metro (m) cuadrado	metro (m) quadrado	['mɛtru kwa'dradu]
hectárea (f)	hectare (m)	[ek'tari]

litro (m)	litro (m)	['litru]
grado (m)	grau (m)	[graw]
voltio (m)	volt (m)	['vɔwtʃi]
amperio (m)	ampère (m)	[ã'pɛri]
caballo (m) de fuerza	cavalo (m) de potência	[ka'valu de po'tẽsja]

cantidad (f)	quantidade (f)	[kwãtʃi'daʤi]
un poco de ...	um pouco de ...	[ũ 'poku de]
mitad (f)	metade (f)	[me'taʤi]
docena (f)	dúzia (f)	['duzja]
pieza (f)	peça (f)	['pɛsa]

dimensión (f)	tamanho (m), dimensão (f)	[ta'maɲu], [ʤimẽ'sãw]
escala (f) (del mapa)	escala (f)	[is'kala]

mínimo (adj)	mínimo	['minimu]
el más pequeño (adj)	menor, mais pequeno	[me'nɔr], [majs pe'kenu]
medio (adj)	médio	['mɛʤju]
máximo (adj)	máximo	['masimu]
el más grande (adj)	maior, mais grande	[ma'jɔr], [majs 'grãʤi]

23. Contenedores

tarro (m) de vidrio	pote (m) de vidro	['pɔtʃi de 'vidru]
lata (f)	lata (f)	['lata]
cubo (m)	balde (m)	['bawʤi]
barril (m)	barril (m)	[ba'hiw]

palangana (f)	bacia (f)	[ba'sia]
tanque (m)	tanque (m)	['tãki]
petaca (f) (de alcohol)	cantil (m) de bolso	[kã'tʃiw ʤi 'bowsu]
bidón (m) de gasolina	galão (m) de gasolina	[ga'lãw de gazo'lina]
cisterna (f)	cisterna (f)	[sis'tɛrna]

taza (f) (mug de cerámica)	caneca (f)	[ka'nɛka]
taza (f) (~ de café)	xícara (f)	['ʃikara]

platillo (m)	pires (m)	['piris]
vaso (m) (~ de agua)	copo (m)	['kɔpu]
copa (f) (~ de vino)	taça (f) de vinho	['tasa de 'viɲu]
olla (f)	panela (f)	[pa'nɛla]
botella (f)	garrafa (f)	[ga'hafa]
cuello (m) de botella	gargalo (m)	[gar'galu]
garrafa (f)	jarra (f)	['ʒaha]
jarro (m) (~ de agua)	jarro (m)	['ʒahu]
recipiente (m)	recipiente (m)	[hesi'pjẽtʃi]
tarro (m)	pote (m)	['pɔtʃi]
florero (m)	vaso (m)	['vazu]
frasco (m) (~ de perfume)	frasco (m)	['frasku]
frasquito (m)	frasquinho (m)	[fras'kiɲu]
tubo (m)	tubo (m)	['tubu]
saco (m) (~ de azúcar)	saco (m)	['saku]
bolsa (f) (~ plástica)	sacola (f)	[sa'kɔla]
paquete (m) (~ de cigarrillos)	maço (m)	['masu]
caja (f)	caixa (f)	['kaɪʃa]
cajón (m) (~ de madera)	caixote (m)	[kaj'ʃotʃi]
cesta (f)	cesto (m)	['sestu]

24. Materiales

material (m)	material (m)	[mate'rjaw]
madera (f)	madeira (f)	[ma'dejra]
de madera (adj)	de madeira	[de ma'dejra]
vidrio (m)	vidro (m)	['vidru]
de vidrio (adj)	de vidro	[de 'vidru]
piedra (f)	pedra (f)	['pɛdra]
de piedra (adj)	de pedra	[de 'pɛdra]
plástico (m)	plástico (m)	['plastʃiku]
de plástico (adj)	plástico	['plastʃiku]
goma (f)	borracha (f)	[bo'haʃa]
de goma (adj)	de borracha	[de bo'haʃa]
tela (f)	tecido, pano (m)	[te'sidu], ['panu]
de tela (adj)	de tecido	[de te'sidu]
papel (m)	papel (m)	[pa'pɛw]
de papel (adj)	de papel	[de pa'pɛw]
cartón (m)	papelão (m)	[pape'lãw]
de cartón (adj)	de papelão	[de pape'lãw]
polietileno (m)	polietileno (m)	[poljetʃi'lɛnu]
celofán (m)	celofane (m)	[selo'fani]

| linóleo (m) | linóleo (m) | [li'nɔlju] |
| contrachapado (m) | madeira (f) compensada | [ma'dejra kõpẽ'sada] |

porcelana (f)	porcelana (f)	[porse'lana]
de porcelana (adj)	de porcelana	[de porse'lana]
arcilla (f), barro (m)	argila (f), barro (m)	[ar'ʒila], ['bahu]
de barro (adj)	de barro	[de 'bahu]
cerámica (f)	cerâmica (f)	[se'ramika]
de cerámica (adj)	de cerâmica	[de se'ramika]

25. Los metales

metal (m)	metal (m)	[me'taw]
metálico (adj)	metálico	[me'taliku]
aleación (f)	liga (f)	['liga]

oro (m)	ouro (m)	['oru]
de oro (adj)	de ouro	[de 'oru]
plata (f)	prata (f)	['prata]
de plata (adj)	de prata	[de 'prata]

hierro (m)	ferro (m)	['fɛhu]
de hierro (adj)	de ferro	[de 'fɛhu]
acero (m)	aço (m)	['asu]
de acero (adj)	de aço	[de 'asu]
cobre (m)	cobre (m)	['kɔbri]
de cobre (adj)	de cobre	[de 'kɔbri]

aluminio (m)	alumínio (m)	[alu'minju]
de aluminio (adj)	de alumínio	[de alu'minju]
bronce (m)	bronze (m)	['brõzi]
de bronce (adj)	de bronze	[de 'brõzi]

latón (m)	latão (m)	[la'tãw]
níquel (m)	níquel (m)	['nikew]
platino (m)	platina (f)	[pla'tʃina]
mercurio (m)	mercúrio (m)	[mer'kurju]
estaño (m)	estanho (m)	[is'taɲu]
plomo (m)	chumbo (m)	['ʃũbu]
zinc (m)	zinco (m)	['zĩku]

EL SER HUMANO

El ser humano. El cuerpo

26. El ser humano. Conceptos básicos

ser (m) humano	**ser** (m) **humano**	[ser u'manu]
hombre (m) (varón)	**homem** (m)	['ɔmẽ]
mujer (f)	**mulher** (f)	[mu'ʎer]
niño -a (m, f)	**criança** (f)	['krjãsa]
niña (f)	**menina** (f)	[me'nina]
niño (m)	**menino** (m)	[me'ninu]
adolescente (m)	**adolescente** (m)	[adole'sẽtʃi]
viejo, anciano (m)	**velho** (m)	['vɛʎu]
vieja, anciana (f)	**velha** (f)	['vɛʎa]

27. La anatomía humana

organismo (m)	**organismo** (m)	[orga'nizmu]
corazón (m)	**coração** (m)	[kora'sãw]
sangre (f)	**sangue** (m)	['sãgi]
arteria (f)	**artéria** (f)	[ar'tɛrja]
vena (f)	**veia** (f)	['veja]
cerebro (m)	**cérebro** (m)	['sɛrebru]
nervio (m)	**nervo** (m)	['nervu]
nervios (m pl)	**nervos** (m pl)	['nervus]
vértebra (f)	**vértebra** (f)	['vɛrtebra]
columna (f) vertebral	**coluna** (f) **vertebral**	[ko'luna verte'braw]
estómago (m)	**estômago** (m)	[is'tomagu]
intestinos (m pl)	**intestinos** (m pl)	[ĩtes'tʃinus]
intestino (m)	**intestino** (m)	[ĩtes'tʃinu]
hígado (m)	**fígado** (m)	['figadu]
riñón (m)	**rim** (m)	[hĩ]
hueso (m)	**osso** (m)	['osu]
esqueleto (m)	**esqueleto** (m)	[iske'letu]
costilla (f)	**costela** (f)	[kos'tɛla]
cráneo (m)	**crânio** (m)	['kranju]
músculo (m)	**músculo** (m)	['muskulu]
bíceps (m)	**bíceps** (m)	['biseps]
tríceps (m)	**tríceps** (m)	['triseps]
tendón (m)	**tendão** (m)	[tẽ'dãw]
articulación (f)	**articulação** (f)	[artʃikula'sãw]

pulmones (m pl)	pulmões (m pl)	[puw'mãws]
genitales (m pl)	órgãos (m pl) genitais	['ɔrgãws ʒeni'tajs]
piel (f)	pele (f)	['pɛli]

28. La cabeza

cabeza (f)	cabeça (f)	[ka'besa]
cara (f)	rosto, cara (f)	['hostu], ['kara]
nariz (f)	nariz (m)	[na'riz]
boca (f)	boca (f)	['boka]

ojo (m)	olho (m)	['oʎu]
ojos (m pl)	olhos (m pl)	['oʎus]
pupila (f)	pupila (f)	[pu'pila]
ceja (f)	sobrancelha (f)	[sobrã'seʎa]
pestaña (f)	cílio (f)	['silju]
párpado (m)	pálpebra (f)	['pawpebra]

lengua (f)	língua (f)	['lĩgwa]
diente (m)	dente (m)	['dẽtʃi]
labios (m pl)	lábios (m pl)	['labjus]
pómulos (m pl)	maçãs (f pl) do rosto	[ma'sãs du 'hostu]
encía (f)	gengiva (f)	[ʒẽ'ʒiva]
paladar (m)	palato (m)	[pa'latu]

ventanas (f pl)	narinas (f pl)	[na'rinas]
mentón (m)	queixo (m)	['kejʃu]
mandíbula (f)	mandíbula (f)	[mã'dʒibula]
mejilla (f)	bochecha (f)	[bo'ʃeʃa]

frente (f)	testa (f)	['tɛsta]
sien (f)	têmpora (f)	['tẽpora]
oreja (f)	orelha (f)	[o'reʎa]
nuca (f)	costas (f pl) da cabeça	['kɔstas da ka'besa]
cuello (m)	pescoço (m)	[pes'kosu]
garganta (f)	garganta (f)	[gar'gãta]

pelo, cabello (m)	cabelo (m)	[ka'belu]
peinado (m)	penteado (m)	[pẽ'tʃjadu]
corte (m) de pelo	corte (m) de cabelo	['kɔrtʃi de ka'belu]
peluca (f)	peruca (f)	[pe'ruka]

bigote (m)	bigode (m)	[bi'gɔdʒi]
barba (f)	barba (f)	['barba]
tener (~ la barba)	ter (vt)	[ter]
trenza (f)	trança (f)	['trãsa]
patillas (f pl)	suíças (f pl)	['swisas]

pelirrojo (adj)	ruivo	['hwivu]
gris, canoso (adj)	grisalho	[gri'zaʎu]
calvo (adj)	careca	[ka'rɛka]
calva (f)	calva (f)	['kawvu]
cola (f) de caballo	rabo-de-cavalo (m)	['habu-de-ka'valu]
flequillo (m)	franja (f)	['frãʒa]

29. El cuerpo

mano (f)	**mão** (f)	[mãw]
brazo (m)	**braço** (m)	['brasu]

dedo (m)	**dedo** (m)	['dedu]
dedo (m) del pie	**dedo** (m) **do pé**	['dedu du pɛ]
dedo (m) pulgar	**polegar** (m)	[pole'gar]
dedo (m) meñique	**dedo** (m) **mindinho**	['dedu mĩ'dʒiɲu]
uña (f)	**unha** (f)	['uɲa]

puño (m)	**punho** (m)	['puɲu]
palma (f)	**palma** (f)	['pawma]
muñeca (f)	**pulso** (m)	['puwsu]
antebrazo (m)	**antebraço** (m)	[ãtʃi'brasu]
codo (m)	**cotovelo** (m)	[koto'velu]
hombro (m)	**ombro** (m)	['õbru]

pierna (f)	**perna** (f)	['pɛrna]
planta (f)	**pé** (m)	[pɛ]
rodilla (f)	**joelho** (m)	[ʒo'eʎu]
pantorrilla (f)	**panturrilha** (f)	[pãtu'hiʎa]
cadera (f)	**quadril** (m)	[kwa'driw]
talón (m)	**calcanhar** (m)	[kawka'ɲar]

cuerpo (m)	**corpo** (m)	['korpu]
vientre (m)	**barriga** (f), **ventre** (m)	[ba'higa], ['vẽtri]
pecho (m)	**peito** (m)	['pejtu]
seno (m)	**seio** (m)	['seju]
lado (m), costado (m)	**lado** (m)	['ladu]
espalda (f)	**costas** (f pl)	['kɔstas]
zona (f) lumbar	**região** (f) **lombar**	[he'ʒjãw lõ'bar]
cintura (f), talle (m)	**cintura** (f)	[sĩ'tura]

ombligo (m)	**umbigo** (m)	[ũ'bigu]
nalgas (f pl)	**nádegas** (f pl)	['nadegas]
trasero (m)	**traseiro** (m)	[tra'zejru]

lunar (m)	**sinal** (m), **pinta** (f)	[si'naw], ['pĩta]
marca (f) de nacimiento	**sinal** (m) **de nascença**	[si'naw de na'sẽsa]
tatuaje (m)	**tatuagem** (f)	[ta'twaʒẽ]
cicatriz (f)	**cicatriz** (f)	[sika'triz]

La ropa y los accesorios

30. La ropa exterior. Los abrigos

ropa (f)	roupa (f)	['hopa]
ropa (f) de calle	roupa (f) exterior	['hopa iste'rjor]
ropa (f) de invierno	roupa (f) de inverno	['hopa de ĩ'vɛrnu]
abrigo (m)	sobretudo (m)	[sobri'tudu]
abrigo (m) de piel	casaco (m) de pele	[kaz'aku de 'pɛli]
abrigo (m) corto de piel	jaqueta (f) de pele	[ʒa'keta de 'pɛli]
chaqueta (f) plumón	casaco (m) acolchoado	[ka'zaku akow'ʃwadu]
cazadora (f)	casaco (m), jaqueta (f)	[kaz'aku], [ʒa'keta]
impermeable (m)	impermeável (m)	[ĩper'mjavew]
impermeable (adj)	a prova d'água	[a 'prɔva 'dagwa]

31. Ropa de hombre y mujer

camisa (f)	camisa (f)	[ka'miza]
pantalones (m pl)	calça (f)	['kawsa]
jeans, vaqueros (m pl)	jeans (m)	['dʒins]
chaqueta (f), saco (m)	paletó, terno (m)	[pale'tɔ], ['tɛrnu]
traje (m)	terno (m)	['tɛrnu]
vestido (m)	vestido (m)	[ves'tʃidu]
falda (f)	saia (f)	['saja]
blusa (f)	blusa (f)	['bluza]
rebeca (f),	casaco (m) de malha	[ka'zaku de 'maʎa]
chaqueta (f) de punto		
chaqueta (f)	casaco, blazer (m)	[ka'zaku], ['blejzer]
camiseta (f) (T-shirt)	camiseta (f)	[kami'zɛta]
pantalones (m pl) cortos	short (m)	['ʃortʃi]
traje (m) deportivo	training (m)	['trejnĩŋ]
bata (f) de baño	roupão (m) de banho	[ho'pãw de 'baɲu]
pijama (m)	pijama (m)	[pi'ʒama]
suéter (m)	suéter (m)	['swɛter]
pulóver (m)	pulôver (m)	[pu'lover]
chaleco (m)	colete (m)	[ko'letʃi]
frac (m)	fraque (m)	['fraki]
esmoquin (m)	smoking (m)	[iz'mokĩs]
uniforme (m)	uniforme (m)	[uni'fɔrmi]
ropa (f) de trabajo	roupa (f) de trabalho	['hopa de tra'baʎu]
mono (m)	macacão (m)	[maka'kãws]
bata (f) (p. ej. ~ blanca)	jaleco (m), bata (f)	[ʒa'lɛku], ['bata]

32. La ropa. La ropa interior

ropa (f) interior	roupa (f) íntima	['hopa 'ĩtʃima]
bóxer (m)	cueca boxer (f)	['kwɛka 'bɔkser]
bragas (f pl)	calcinha (f)	[kaw'siɲa]
camiseta (f) interior	camiseta (f)	[kami'zɛta]
calcetines (m pl)	meias (f pl)	['mejas]
camisón (m)	camisola (f)	[kami'zɔla]
sostén (m)	sutiã (m)	[su'tʃjã]
calcetines (m pl) altos	meias longas (f pl)	['mejas 'lõgas]
pantimedias (f pl)	meias-calças (f pl)	['mejas 'kalsas]
medias (f pl)	meias (f pl)	['mejas]
traje (m) de baño	maiô (m)	[ma'jo]

33. Gorras

gorro (m)	chapéu (m), touca (f)	[ʃa'pɛw], ['toka]
sombrero (m) de fieltro	chapéu (m) de feltro	[ʃa'pɛw de 'fewtru]
gorra (f) de béisbol	boné (m) de beisebol	[bo'nɛ de bejsi'bɔw]
gorra (f) plana	boina (f)	['bojna]
boina (f)	boina (f) francesa	['bojna frã'seza]
capuchón (m)	capuz (m)	[ka'puz]
panamá (m)	chapéu panamá (m)	[ʃa'pɛw pana'ma]
gorro (m) de punto	touca (f)	['toka]
pañuelo (m)	lenço (m)	['lẽsu]
sombrero (m) de mujer	chapéu (m) feminino	[ʃa'pɛw femi'ninu]
casco (m) (~ protector)	capacete (m)	[kapa'setʃi]
gorro (m) de campaña	bibico (m)	[bi'biko]
casco (m) (~ de moto)	capacete (m)	[kapa'setʃi]
bombín (m)	chapéu-coco (m)	[ʃa'pɛw 'koku]
sombrero (m) de copa	cartola (f)	[kar'tɔla]

34. El calzado

calzado (m)	calçado (m)	[kaw'sadu]
botas (f pl)	botinas (f pl), sapatos (m pl)	[bo'tʃinas], [sapa'tõjs]
zapatos (m pl) (~ de tacón bajo)	sapatos (m pl)	[sa'patus]
botas (f pl) altas	botas (f pl)	['bɔtas]
zapatillas (f pl)	pantufas (f pl)	[pã'tufas]
tenis (m pl)	tênis (m pl)	['tenis]
zapatillas (f pl) de lona	tênis (m pl)	['tenis]
sandalias (f pl)	sandálias (f pl)	[sã'dalias]
zapatero (m)	sapateiro (m)	[sapa'tejru]
tacón (m)	salto (m)	['sawtu]

par (m)	**par** (m)	[par]
cordón (m)	**cadarço** (m)	[ka'darsu]
encordonar (vt)	**amarrar os cadarços**	[ama'har us ka'darsus]
calzador (m)	**calçadeira** (f)	[kawsa'dejra]
betún (m)	**graxa** (f) **para calçado**	['graʃa 'para kaw'sadu]

35. Los textiles. Las telas

algodón (m)	**algodão** (m)	[awgo'dãw]
de algodón (adj)	**de algodão**	[de awgo'dãw]
lino (m)	**linho** (m)	['liɲu]
de lino (adj)	**de linho**	[de 'liɲu]

seda (f)	**seda** (f)	['seda]
de seda (adj)	**de seda**	[de 'seda]
lana (f)	**lã** (f)	[lã]
de lana (adj)	**de lã**	[de lã]

terciopelo (m)	**veludo** (m)	[ve'ludu]
gamuza (f)	**camurça** (f)	[ka'mursa]
pana (f)	**veludo** (m) **cotelê**	[ve'ludu kɔte'le]

nilón (m)	**nylon** (m)	['najlɔn]
de nilón (adj)	**de nylon**	[de 'najlɔn]
poliéster (m)	**poliéster** (m)	[po'ljɛster]
de poliéster (adj)	**de poliéster**	[de po'ljɛster]

piel (f) (cuero)	**couro** (m)	['koru]
de piel (de cuero)	**de couro**	[de 'koru]
piel (f) (~ de zorro, etc.)	**pele** (f)	['pɛli]
de piel (abrigo ~)	**de pele**	[de 'pɛli]

36. Accesorios personales

guantes (m pl)	**luva** (f)	['luva]
manoplas (f pl)	**mitenes** (f pl)	[mi'tɛnes]
bufanda (f)	**cachecol** (m)	[kaʃe'kɔw]

gafas (f pl)	**óculos** (m pl)	['ɔkulus]
montura (f)	**armação** (f)	[arma'sãw]
paraguas (m)	**guarda-chuva** (m)	['gwarda 'ʃuva]
bastón (m)	**bengala** (f)	[bẽ'gala]
cepillo (m) de pelo	**escova** (f) **para o cabelo**	[is'kova 'para u ka'belu]
abanico (m)	**leque** (m)	['lɛki]

corbata (f)	**gravata** (f)	[gra'vata]
pajarita (f)	**gravata-borboleta** (f)	[gra'vata borbo'leta]
tirantes (m pl)	**suspensórios** (m pl)	[suspẽ'sɔrjus]
moquero (m)	**lenço** (m)	['lẽsu]

peine (m)	**pente** (m)	['pẽtʃi]
pasador (m) de pelo	**fivela** (f) **para cabelo**	[fi'vɛla 'para ka'belu]

horquilla (f)	grampo (m)	['grãpu]
hebilla (f)	fivela (f)	[fi'vɛla]

cinturón (m)	cinto (m)	['sĩtu]
correa (f) (de bolso)	alça (f) de ombro	['awsa de 'õbru]

bolsa (f)	bolsa (f)	['bowsa]
bolso (m)	bolsa, carteira (f)	['bowsa], [kar'tejra]
mochila (f)	mochila (f)	[mo'ʃila]

37. La ropa. Miscelánea

moda (f)	moda (f)	['mɔda]
de moda (adj)	na moda	[na 'mɔda]
diseñador (m) de moda	estilista (m)	[istʃi'lista]

cuello (m)	colarinho (m)	[kola'riɲu]
bolsillo (m)	bolso (m)	['bowsu]
de bolsillo (adj)	de bolso	[de 'bowsu]
manga (f)	manga (f)	['mãga]
presilla (f)	ganchinho (m)	[gã'ʃiɲu]
bragueta (f)	bragueta (f)	[bra'gwetʃi]

cremallera (f)	zíper (m)	['ziper]
cierre (m)	colchete (m)	[kow'ʃetʃi]
botón (m)	botão (m)	[bo'tãw]
ojal (m)	botoeira (f)	[bo'twejra]
saltar (un botón)	soltar-se (vr)	[sow'tarsi]

coser (vi, vt)	costurar (vi)	[kostu'rar]
bordar (vt)	bordar (vt)	[bor'dar]
bordado (m)	bordado (m)	[bor'dadu]
aguja (f)	agulha (f)	[a'guʎa]
hilo (m)	fio, linha (f)	['fiu], ['liɲa]
costura (f)	costura (f)	[kos'tura]

ensuciarse (vr)	sujar-se (vr)	[su'ʒarsi]
mancha (f)	mancha (f)	['mãʃa]
arrugarse (vr)	amarrotar-se (vr)	[amaho'tarse]
rasgar (vt)	rasgar (vt)	[haz'gar]
polilla (f)	traça (f)	['trasa]

38. Productos personales. Cosméticos

pasta (f) de dientes	pasta (f) de dente	['pasta de 'dẽtʃi]
cepillo (m) de dientes	escova (f) de dente	[is'kova de 'dẽtʃi]
limpiarse los dientes	escovar os dentes	[isko'var us 'dẽtʃis]

maquinilla (f) de afeitar	gilete (f)	[ʒi'lɛtʃi]
crema (f) de afeitar	creme (m) de barbear	['krɛmi de bar'bjar]
afeitarse (vr)	barbear-se (vr)	[bar'bjarsi]
jabón (m)	sabonete (m)	[sabo'netʃi]

champú (m)	xampu (m)	[ʃã'pu]
tijeras (f pl)	tesoura (f)	[te'zora]
lima (f) de uñas	lixa (f) de unhas	['liʃa de 'uɲas]
cortaúñas (m pl)	corta-unhas (m)	['kɔrta 'uɲas]
pinzas (f pl)	pinça (f)	['pĩsa]

cosméticos (m pl)	cosméticos (m pl)	[koz'mɛtʃikus]
mascarilla (f)	máscara (f)	['maskara]
manicura (f)	manicure (f)	[mani'kuri]
hacer la manicura	fazer as unhas	[fa'zer as 'uɲas]
pedicura (f)	pedicure (f)	[pedi'kure]

bolsa (f) de maquillaje	bolsa (f) de maquiagem	['bowsa de ma'kjaʒẽ]
polvos (m pl)	pó (m)	[pɔ]
polvera (f)	pó (m) compacto	[pɔ kõ'paktu]
colorete (m), rubor (m)	blush (m)	[blaʃ]

perfume (m)	perfume (m)	[per'fumi]
agua (f) de tocador	água-de-colônia (f)	['agwa de ko'lonja]
loción (f)	loção (f)	[lo'sãw]
agua (f) de Colonia	colônia (f)	[ko'lonja]

sombra (f) de ojos	sombra (f) de olhos	['sõbra de 'oʎus]
lápiz (m) de ojos	delineador (m)	[delinja'dor]
rímel (m)	máscara (f), rímel (m)	['maskara], ['himew]

pintalabios (m)	batom (m)	['batõ]
esmalte (m) de uñas	esmalte (m)	[iz'mawtʃi]
fijador (m) para el pelo	laquê (m), spray fixador (m)	[la'ke], [is'prej fiksa'dor]
desodorante (m)	desodorante (m)	[dʒizodo'rãtʃi]

crema (f)	creme (m)	['krɛmi]
crema (f) de belleza	creme (m) de rosto	['krɛmi de 'hostu]
crema (f) de manos	creme (m) de mãos	['krɛmi de 'mãws]
crema (f) antiarrugas	creme (m) antirrugas	['krɛmi ãtʃi'hugas]
crema (f) de día	creme (m) de dia	['krɛmi de 'dʒia]
crema (f) de noche	creme (m) de noite	['krɛmi de 'nojtʃi]
de día (adj)	de dia	[de 'dʒia]
de noche (adj)	da noite	[da 'nojtʃi]

tampón (m)	absorvente (m) interno	[absor'vẽtʃi ĩ'tɛrnu]
papel (m) higiénico	papel (m) higiênico	[pa'pɛw i'ʒjeniku]
secador (m) de pelo	secador (m) de cabelo	[seka'dor de ka'belu]

39. Las joyas

joyas (f pl)	joias (f pl)	['ʒɔjas]
precioso (adj)	precioso	[pre'sjozu]
contraste (m)	marca (f) de contraste	['marka de kõ'trastʃi]

anillo (m)	anel (m)	[a'nɛw]
anillo (m) de boda	aliança (f)	[a'ljãsa]
pulsera (f)	pulseira (f)	[puw'sejra]
pendientes (m pl)	brincos (m pl)	['brĩkus]

collar (m) (~ de perlas)	colar (m)	[ko'lar]
corona (f)	coroa (f)	[ko'roa]
collar (m) de abalorios	colar (m) de contas	[ko'lar de 'kõtas]

diamante (m)	diamante (m)	[dʒja'mãtʃi]
esmeralda (f)	esmeralda (f)	[izme'rawda]
rubí (m)	rubi (m)	[hu'bi]
zafiro (m)	safira (f)	[sa'fira]
perla (f)	pérola (f)	['pɛrola]
ámbar (m)	âmbar (m)	[ãbar]

40. Los relojes

reloj (m)	relógio (m) de pulso	[he'lɔʒu de 'puwsu]
esfera (f)	mostrador (m)	[mostra'dor]
aguja (f)	ponteiro (m)	[põ'tejru]
pulsera (f)	bracelete (f) em aço	[brase'letʃi ẽ 'asu]
correa (f) (del reloj)	bracelete (f) em couro	[brase'letʃi ẽ 'koru]

pila (f)	pilha (f)	['piʎa]
descargarse (vr)	acabar (vi)	[aka'bar]
cambiar la pila	trocar a pilha	[tro'kar a 'piʎa]
adelantarse (vr)	estar adiantado	[is'tar adʒjã'tadu]
retrasarse (vr)	estar atrasado	[is'tar atra'zadu]

reloj (m) de pared	relógio (m) de parede	[he'lɔʒu de pa'redʒi]
reloj (m) de arena	ampulheta (f)	[ãpu'ʎeta]
reloj (m) de sol	relógio (m) de sol	[he'lɔʒu de sɔw]
despertador (m)	despertador (m)	[dʒisperta'dor]
relojero (m)	relojoeiro (m)	[helo'ʒwejru]
reparar (vt)	reparar (vt)	[hepa'rar]

La comida y la nutrición

carne (f)	carne (f)	['karni]
gallina (f)	galinha (f)	[ga'liɲa]
pollo (m)	frango (m)	['frãgu]
pato (m)	pato (m)	['patu]
ganso (m)	ganso (m)	['gãsu]
caza (f) menor	caça (f)	['kasa]
pava (f)	peru (m)	[pe'ru]
carne (f) de cerdo	carne (f) de porco	['karni de 'porku]
carne (f) de ternera	carne (f) de vitela	['karni de vi'tɛla]
carne (f) de carnero	carne (f) de carneiro	['karni de kar'nejru]
carne (f) de vaca	carne (f) de vaca	['karni de 'vaka]
conejo (m)	carne (f) de coelho	['karni de ko'eʎu]
salchichón (m)	linguiça (f), salsichão (m)	[lĩ'gwisa], [sawsi'ʃãw]
salchicha (f)	salsicha (f)	[saw'siʃa]
beicon (m)	bacon (m)	['bejkõ]
jamón (m)	presunto (m)	[pre'zũtu]
jamón (m) fresco	pernil (m) de porco	[per'niw de 'porku]
paté (m)	patê (m)	[pa'te]
hígado (m)	fígado (m)	['figadu]
carne (f) picada	guisado (m)	[gi'zadu]
lengua (f)	língua (f)	['lĩgwa]
huevo (m)	ovo (m)	['ovu]
huevos (m pl)	ovos (m pl)	['ɔvus]
clara (f)	clara (f) de ovo	['klara de 'ovu]
yema (f)	gema (f) de ovo	['ʒɛma de 'ovu]
pescado (m)	peixe (m)	['pejʃi]
mariscos (m pl)	mariscos (m pl)	[ma'riskus]
crustáceos (m pl)	crustáceos (m pl)	[krus'tasjus]
caviar (m)	caviar (m)	[ka'vjar]
cangrejo (m) de mar	caranguejo (m)	[karã'geʒu]
camarón (m)	camarão (m)	[kama'rãw]
ostra (f)	ostra (f)	['ostra]
langosta (f)	lagosta (f)	[la'gosta]
pulpo (m)	polvo (m)	['powvu]
calamar (m)	lula (f)	['lula]
esturión (m)	esturjão (m)	[istur'ʒãw]
salmón (m)	salmão (m)	[saw'mãw]
fletán (m)	halibute (m)	[ali'butʃi]
bacalao (m)	bacalhau (m)	[baka'ʎaw]

caballa (f)	cavala, sarda (f)	[ka'vala], ['sarda]
atún (m)	atum (m)	[a'tũ]
anguila (f)	enguia (f)	[ẽ'gia]
trucha (f)	truta (f)	['truta]
sardina (f)	sardinha (f)	[sar'dʒiɲa]
lucio (m)	lúcio (m)	['lusju]
arenque (m)	arenque (m)	[a'rẽki]
pan (m)	pão (m)	[pãw]
queso (m)	queijo (m)	['kejʒu]
azúcar (m)	açúcar (m)	[a'sukar]
sal (f)	sal (m)	[saw]
arroz (m)	arroz (m)	[a'hoz]
macarrones (m pl)	massas (f pl)	['masas]
tallarines (m pl)	talharim, miojo (m)	[taʎa'rĩ], [mi'oʒu]
mantequilla (f)	manteiga (f)	[mã'tejga]
aceite (m) vegetal	óleo (m) vegetal	['ɔlju veʒe'taw]
aceite (m) de girasol	óleo (m) de girassol	['ɔlju de ʒira'sɔw]
margarina (f)	margarina (f)	[marga'rina]
olivas, aceitunas (f pl)	azeitonas (f pl)	[azej'tɔnas]
aceite (m) de oliva	azeite (m)	[a'zejtʃi]
leche (f)	leite (m)	['lejtʃi]
leche (f) condensada	leite (m) condensado	['lejtʃi kõdẽ'sadu]
yogur (m)	iogurte (m)	[jo'gurtʃi]
nata (f) agria	creme azedo (m)	['krɛmi a'zedu]
nata (f) líquida	creme (m) de leite	['krɛmi de 'lejtʃi]
mayonesa (f)	maionese (f)	[majo'nɛzi]
crema (f) de mantequilla	creme (m)	['krɛmi]
cereales (m pl) integrales	grãos (m pl) de cereais	['grãws de se'rjajs]
harina (f)	farinha (f)	[fa'riɲa]
conservas (f pl)	enlatados (m pl)	[ẽla'tadus]
copos (m pl) de maíz	flocos (m pl) de milho	['flɔkus de 'miʎu]
miel (f)	mel (m)	[mɛw]
confitura (f)	geleia (m)	[ʒe'lɛja]
chicle (m)	chiclete (m)	[ʃi'klɛtʃi]

42. Las bebidas

agua (f)	água (f)	['agwa]
agua (f) potable	água (f) potável	['agwa pu'tavɛw]
agua (f) mineral	água (f) mineral	['agwa mine'raw]
sin gas	sem gás	[sẽ gajs]
gaseoso (adj)	gaseificada	[gazejfi'kadu]
con gas	com gás	[kõ gajs]
hielo (m)	gelo (m)	['ʒelu]

con hielo	com gelo	[kõ 'ʒelu]
sin alcohol	não alcoólico	[nãw aw'kɔliku]
bebida (f) sin alcohol	refrigerante (m)	[hefriʒe'rãtʃi]
refresco (m)	refresco (m)	[he'fresku]
limonada (f)	limonada (f)	[limo'nada]

bebidas (f pl) alcohólicas	bebidas (f pl) alcoólicas	[be'bidas aw'kɔlikas]
vino (m)	vinho (m)	['viɲu]
vino (m) blanco	vinho (m) branco	['viɲu 'brãku]
vino (m) tinto	vinho (m) tinto	['viɲu 'tʃĩtu]

licor (m)	licor (m)	[li'kor]
champaña (f)	champanhe (m)	[ʃã'paɲi]
vermú (m)	vermute (m)	[ver'mutʃi]

whisky (m)	uísque (m)	['wiski]
vodka (m)	vodca (f)	['vɔdʒka]
ginebra (f)	gim (m)	[ʒĩ]
coñac (m)	conhaque (m)	[ko'ɲaki]
ron (m)	rum (m)	[hũ]

café (m)	café (m)	[ka'fɛ]
café (m) solo	café (m) preto	[ka'fɛ 'pretu]
café (m) con leche	café (m) com leite	[ka'fɛ kõ 'lejtʃi]
capuchino (m)	cappuccino (m)	[kapu'tʃinu]
café (m) soluble	café (m) solúvel	[ka'fɛ so'luvew]

leche (f)	leite (m)	['lejtʃi]
cóctel (m)	coquetel (m)	[koke'tɛw]
batido (m)	batida (f), milkshake (m)	[ba'tʃida], ['milkʃejk]

zumo (m), jugo (m)	suco (m)	['suku]
jugo (m) de tomate	suco (m) de tomate	['suku de to'matʃi]
zumo (m) de naranja	suco (m) de laranja	['suku de la'rãʒa]
zumo (m) fresco	suco (m) fresco	['suku 'fresku]

cerveza (f)	cerveja (f)	[ser'veʒa]
cerveza (f) rubia	cerveja (f) clara	[ser'veʒa 'klara]
cerveza (f) negra	cerveja (f) preta	[ser'veʒa 'preta]

té (m)	chá (m)	[ʃa]
té (m) negro	chá (m) preto	[ʃa 'pretu]
té (m) verde	chá (m) verde	[ʃa 'verdʒi]

43. Las verduras

| legumbres (f pl) | vegetais (m pl) | [veʒe'tajs] |
| verduras (f pl) | verdura (f) | [ver'dura] |

tomate (m)	tomate (m)	[to'matʃi]
pepino (m)	pepino (m)	[pe'pinu]
zanahoria (f)	cenoura (f)	[se'nora]
patata (f)	batata (f)	[ba'tata]
cebolla (f)	cebola (f)	[se'bola]

ajo (m)	alho (m)	['aʎu]
col (f)	couve (f)	['kovi]
coliflor (f)	couve-flor (f)	['kovi 'flɔr]
col (f) de Bruselas	couve-de-bruxelas (f)	['kovi de bru'ʃelas]
brócoli (m)	brócolis (m pl)	['brɔkolis]

remolacha (f)	beterraba (f)	[bete'haba]
berenjena (f)	berinjela (f)	[berĩ'ʒɛla]
calabacín (m)	abobrinha (f)	[abo'briɲa]
calabaza (f)	abóbora (f)	[a'bɔbora]
nabo (m)	nabo (m)	['nabu]

perejil (m)	salsa (f)	['sawsa]
eneldo (m)	endro, aneto (m)	['ẽdru], [a'netu]
lechuga (f)	alface (f)	[aw'fasi]
apio (m)	aipo (m)	['ajpu]
espárrago (m)	aspargo (m)	[as'pargu]
espinaca (f)	espinafre (m)	[ispi'nafri]

guisante (m)	ervilha (f)	[er'viʎa]
habas (f pl)	feijão (m)	[fej'ʒãw]
maíz (m)	milho (m)	['miʎu]
fréjol (m)	feijão (m) roxo	[fej'ʒãw 'hoʃu]

pimiento (m) dulce	pimentão (m)	[pimẽ'tãw]
rábano (m)	rabanete (m)	[haba'netʃi]
alcachofa (f)	alcachofra (f)	[awka'ʃofra]

44. Las frutas. Las nueces

fruto (m)	fruta (f)	['fruta]
manzana (f)	maçã (f)	[ma'sã]
pera (f)	pera (f)	['pera]
limón (m)	limão (m)	[li'mãw]
naranja (f)	laranja (f)	[la'rãʒa]
fresa (f)	morango (m)	[mo'rãgu]

mandarina (f)	tangerina (f)	[tãʒe'rina]
ciruela (f)	ameixa (f)	[a'mejʃa]
melocotón (m)	pêssego (m)	['pesegu]
albaricoque (m)	damasco (m)	[da'masku]
frambuesa (f)	framboesa (f)	[frãbo'eza]
piña (f)	abacaxi (m)	[abaka'ʃi]

banana (f)	banana (f)	[ba'nana]
sandía (f)	melancia (f)	[melã'sia]
uva (f)	uva (f)	['uva]
guinda (f)	ginja (f)	['ʒĩʒa]
cereza (f)	cereja (f)	[se'reʒa]
melón (m)	melão (m)	[me'lãw]

pomelo (m)	toranja (f)	[to'rãʒa]
aguacate (m)	abacate (m)	[aba'katʃi]
papaya (f)	mamão (m)	[ma'mãw]

mango (m)	**manga** (f)	['mãga]
granada (f)	**romã** (f)	['homa]

grosella (f) roja	**groselha** (f) **vermelha**	[[gro'zɛʎa ver'meʎa]
grosella (f) negra	**groselha** (f) **negra**	[gro'zɛʎa 'negra]
grosella (f) espinosa	**groselha** (f) **espinhosa**	[gro'zɛʎa ispi'ɲoza]
arándano (m)	**mirtilo** (m)	[mih'tʃilu]
zarzamoras (f pl)	**amora** (f) **silvestre**	[a'mɔra siw'vɛstri]

pasas (f pl)	**passa** (f)	['pasa]
higo (m)	**figo** (m)	['figu]
dátil (m)	**tâmara** (f)	['tamara]

cacahuete (m)	**amendoim** (m)	[amĕdo'ĩ]
almendra (f)	**amêndoa** (f)	[a'mĕdwa]
nuez (f)	**noz** (f)	[nɔz]
avellana (f)	**avelã** (f)	[ave'lã]
nuez (f) de coco	**coco** (m)	['koku]
pistachos (m pl)	**pistaches** (m pl)	[pis'taʃis]

45. El pan. Los dulces

pasteles (m pl)	**pastelaria** (f)	[pastela'ria]
pan (m)	**pão** (m)	[pãw]
galletas (f pl)	**biscoito** (m), **bolacha** (f)	[bis'kojtu], [bo'laʃa]

chocolate (m)	**chocolate** (m)	[ʃoko'latʃi]
de chocolate (adj)	**de chocolate**	[de ʃoko'latʃi]
caramelo (m)	**bala** (f)	['bala]
tarta (f) (pequeña)	**doce** (m), **bolo** (m) **pequeno**	['dosi], ['bolu pe'kenu]
tarta (f) (~ de cumpleaños)	**bolo** (m) **de aniversário**	['bolu de aniver'sarju]

tarta (f) (~ de manzana)	**torta** (f)	['tɔrta]
relleno (m)	**recheio** (m)	[he'ʃeju]

confitura (f)	**geleia** (m)	[ʒe'lɛja]
mermelada (f)	**marmelada** (f)	[marme'lada]
gofre (m)	**wafers** (m pl)	['wafers]
helado (m)	**sorvete** (m)	[sor'vetʃi]
pudin (m)	**pudim** (m)	[pu'dʒĩ]

46. Los platos

plato (m)	**prato** (m)	['pratu]
cocina (f)	**cozinha** (f)	[ko'ziɲa]
receta (f)	**receita** (f)	[he'sejta]
porción (f)	**porção** (f)	[por'sãw]

ensalada (f)	**salada** (f)	[sa'lada]
sopa (f)	**sopa** (f)	['sopa]
caldo (m)	**caldo** (m)	['kawdu]
bocadillo (m)	**sanduíche** (m)	[sand'wiʃi]

huevos (m pl) fritos	ovos (m pl) fritos	['ɔvus 'fritus]
hamburguesa (f)	hambúrguer (m)	[ã'burger]
bistec (m)	bife (m)	['bifi]

guarnición (f)	acompanhamento (m)	[akõpaɲa'mẽtu]
espagueti (m)	espaguete (m)	[ispa'geti]
puré (m) de patatas	purê (m) de batata	[pu're de ba'tata]
pizza (f)	pizza (f)	['pitsa]
gachas (f pl)	mingau (m)	[mĩ'gaw]
tortilla (f) francesa	omelete (f)	[ome'letʃi]

cocido en agua (adj)	fervido	[fer'vidu]
ahumado (adj)	defumado	[defu'madu]
frito (adj)	frito	['fritu]
seco (adj)	seco	['seku]
congelado (adj)	congelado	[kõʒe'ladu]
marinado (adj)	em conserva	[ẽ kõ'serva]

azucarado, dulce (adj)	doce	['dosi]
salado (adj)	salgado	[saw'gadu]
frío (adj)	frio	['friu]
caliente (adj)	quente	['kẽtʃi]
amargo (adj)	amargo	[a'margu]
sabroso (adj)	gostoso	[gos'tozu]

cocer en agua	cozinhar em água fervente	[kozi'ɲar ẽ 'agwa fer'vẽtʃi]
preparar (la cena)	preparar (vt)	[prepa'rar]
freír (vt)	fritar (vt)	[fri'tar]
calentar (vt)	aquecer (vt)	[ake'ser]

salar (vt)	salgar (vt)	[saw'gar]
poner pimienta	apimentar (vt)	[apimẽ'tar]
rallar (vt)	ralar (vt)	[ha'lar]
piel (f)	casca (f)	['kaska]
pelar (vt)	descascar (vt)	[dʒiskas'kar]

47. Las especias

sal (f)	sal (m)	[saw]
salado (adj)	salgado	[saw'gadu]
salar (vt)	salgar (vt)	[saw'gar]

pimienta (f) negra	pimenta-do-reino (f)	[pi'mẽta-du-hejnu]
pimienta (f) roja	pimenta (f) vermelha	[pi'mẽta ver'meʎa]
mostaza (f)	mostarda (f)	[mos'tarda]
rábano (m) picante	raiz-forte (f)	[ha'iz fortʃi]

condimento (m)	condimento (m)	[kõdʒi'mẽtu]
especia (f)	especiaria (f)	[ispesja'ria]
salsa (f)	molho (m)	['moʎu]
vinagre (m)	vinagre (m)	[vi'nagri]

anís (m)	anis (m)	[a'nis]
albahaca (f)	manjericão (m)	[mãʒeri'kãw]

clavo (m)	cravo (m)	['kravu]
jengibre (m)	gengibre (m)	[ʒẽ'ʒibri]
cilantro (m)	coentro (m)	[ko'ẽtru]
canela (f)	canela (f)	[ka'nɛla]

sésamo (m)	gergelim (m)	[ʒerʒe'lĩ]
hoja (f) de laurel	folha (f) de louro	['foʎaʃ de 'loru]
paprika (f)	páprica (f)	['paprika]
comino (m)	cominho (m)	[ko'miɲu]
azafrán (m)	açafrão (m)	[asa'frãw]

48. Las comidas

comida (f)	comida (f)	[ko'mida]
comer (vi, vt)	comer (vt)	[ko'mer]

desayuno (m)	café (m) da manhã	[ka'fɛ da ma'ɲã]
desayunar (vi)	tomar café da manhã	[to'mar ka'fɛ da ma'ɲã]
almuerzo (m)	almoço (m)	[aw'mosu]
almorzar (vi)	almoçar (vi)	[awmo'sar]
cena (f)	jantar (m)	[ʒã'tar]
cenar (vi)	jantar (vi)	[ʒã'tar]

apetito (m)	apetite (m)	[ape'tʃitʃi]
¡Que aproveche!	Bom apetite!	[bõ ape'tʃitʃi]

abrir (vt)	abrir (vt)	[a'brir]
derramar (líquido)	derramar (vt)	[deha'mar]
derramarse (líquido)	derramar-se (vr)	[deha'marsi]

hervir (vi)	ferver (vi)	[fer'ver]
hervir (vt)	ferver (vt)	[fer'ver]
hervido (agua ~a)	fervido	[fer'vidu]

enfriar (vt)	esfriar (vt)	[is'frjar]
enfriarse (vr)	esfriar-se (vr)	[is'frjarse]

sabor (m)	sabor, gosto (m)	[sa'bor], ['gostu]
regusto (m)	fim (m) de boca	[fĩ de 'boka]

adelgazar (vi)	emagrecer (vi)	[imagre'ser]
dieta (f)	dieta (f)	['dʒjɛta]
vitamina (f)	vitamina (f)	[vita'mina]
caloría (f)	caloria (f)	[kalo'ria]

vegetariano (m)	vegetariano (m)	[veʒeta'rjanu]
vegetariano (adj)	vegetariano	[veʒeta'rjanu]

grasas (f pl)	gorduras (f pl)	[gor'duras]
proteínas (f pl)	proteínas (f pl)	[prote'inas]
carbohidratos (m pl)	carboidratos (m pl)	[karboi'dratus]
loncha (f)	fatia (f)	[fa'tʃia]
pedazo (m)	pedaço (m)	[pe'dasu]
miga (f)	migalha (f), farelo (m)	[mi'gaʎa], [fa'rɛlu]

49. Los cubiertos

cuchara (f)	colher (f)	[ko'ʎer]
cuchillo (m)	faca (f)	['faka]
tenedor (m)	garfo (m)	['garfu]
taza (f)	xícara (f)	['ʃikara]
plato (m)	prato (m)	['pratu]
platillo (m)	pires (m)	['piris]
servilleta (f)	guardanapo (m)	[gwarda'napu]
mondadientes (m)	palito (m)	[pa'litu]

50. El restaurante

restaurante (m)	restaurante (m)	[hestaw'rãtʃi]
cafetería (f)	cafeteria (f)	[kafete'ria]
bar (m)	bar (m), cervejaria (f)	[bar], [serveʒa'ria]
salón (m) de té	salão (m) de chá	[sa'lãw de ʃa]
camarero (m)	garçom (m)	[gar'sõ]
camarera (f)	garçonete (f)	[garso'netʃi]
barman (m)	barman (m)	[bar'mã]
carta (f), menú (m)	cardápio (m)	[kar'dapju]
carta (f) de vinos	lista (f) de vinhos	['lista de 'viɲus]
reservar una mesa	reservar uma mesa	[hezer'var 'uma 'meza]
plato (m)	prato (m)	['pratu]
pedir (vt)	pedir (vt)	[pe'dʒir]
hacer un pedido	fazer o pedido	[fa'zer u pe'dʒidu]
aperitivo (m)	aperitivo (m)	[aperi'tʃivu]
entremés (m)	entrada (f)	[ẽ'trada]
postre (m)	sobremesa (f)	[sobri'meza]
cuenta (f)	conta (f)	['kõta]
pagar la cuenta	pagar a conta	[pa'gar a 'kõta]
dar la vuelta	dar o troco	[dar u 'troku]
propina (f)	gorjeta (f)	[gor'ʒeta]

La familia nuclear, los parientes y los amigos

51. La información personal. Los formularios

nombre (m)	nome (m)	['nɔmi]
apellido (m)	sobrenome (m)	[sobri'nɔmi]
fecha (f) de nacimiento	data (f) de nascimento	['data de nasi'mẽtu]
lugar (m) de nacimiento	local (m) de nascimento	[lo'kaw de nasi'mẽtu]
nacionalidad (f)	nacionalidade (f)	[nasjonali'dadʒi]
domicilio (m)	lugar (m) de residência	[lu'gar de hezi'dẽsja]
país (m)	país (m)	[pa'jis]
profesión (f)	profissão (f)	[profi'sãw]
sexo (m)	sexo (m)	['sɛksu]
estatura (f)	estatura (f)	[ista'tura]
peso (m)	peso (m)	['pezu]

52. Los familiares. Los parientes

madre (f)	mãe (f)	[mãj]
padre (m)	pai (m)	[paj]
hijo (m)	filho (m)	['fiʎu]
hija (f)	filha (f)	['fiʎa]
hija (f) menor	caçula (f)	[ka'sula]
hijo (m) menor	caçula (f)	[ka'sula]
hija (f) mayor	filha (f) mais velha	['fiʎa majs 'vɛʎa]
hijo (m) mayor	filho (m) mais velho	['fiʎu majs 'vɛʎu]
hermano (m)	irmão (m)	[ir'mãw]
hermano (m) mayor	irmão (m) mais velho	[ir'mãw majs 'vɛʎu]
hermano (m) menor	irmão (m) mais novo	[ir'mãw majs 'novu]
hermana (f)	irmã (f)	[ir'mã]
hermana (f) mayor	irmã (f) mais velha	[ir'mã majs 'vɛʎa]
hermana (f) menor	irmã (f) mais nova	[ir'mã majs 'nɔva]
primo (m)	primo (m)	['primu]
prima (f)	prima (f)	['prima]
mamá (f)	mamãe (f)	[ma'mãj]
papá (m)	papai (m)	[pa'paj]
padres (pl)	pais (pl)	['pajs]
niño -a (m, f)	criança (f)	['krjãsa]
niños (pl)	crianças (f pl)	['krjãsas]
abuela (f)	avó (f)	[a'vo]
abuelo (m)	avô (m)	[a'vɔ]
nieto (m)	neto (m)	['nɛtu]

| nieta (f) | neta (f) | ['nɛta] |
| nietos (pl) | netos (pl) | ['nɛtus] |

tío (m)	tio (m)	['tʃiu]
tía (f)	tia (f)	['tʃia]
sobrino (m)	sobrinho (m)	[so'briɲu]
sobrina (f)	sobrinha (f)	[so'briɲa]

suegra (f)	sogra (f)	['sɔgra]
suegro (m)	sogro (m)	['sogru]
yerno (m)	genro (m)	['ʒẽhu]
madrastra (f)	madrasta (f)	[ma'drasta]
padrastro (m)	padrasto (m)	[pa'drastu]

niño (m) de pecho	criança (f) de colo	['krjãsa de 'kɔlu]
bebé (m)	bebê (m)	[be'be]
chico (m)	menino (m)	[me'ninu]

mujer (f)	mulher (f)	[mu'ʎer]
marido (m)	marido (m)	[ma'ridu]
esposo (m)	esposo (m)	[is'pozu]
esposa (f)	esposa (f)	[is'poza]

casado (adj)	casado	[ka'zadu]
casada (adj)	casada	[ka'zada]
soltero (adj)	solteiro	[sow'tejru]
soltero (m)	solteirão (m)	[sowtej'rãw]
divorciado (adj)	divorciado	[dʒivor'sjadu]
viuda (f)	viúva (f)	['vjuva]
viudo (m)	viúvo (m)	['vjuvu]

pariente (m)	parente (m)	[pa'rẽtʃi]
pariente (m) cercano	parente (m) próximo	[pa'rẽtʃi 'prɔsimu]
pariente (m) lejano	parente (m) distante	[pa'rẽtʃi dʒis'tãtʃi]
parientes (pl)	parentes (m pl)	[pa'rẽtʃis]

huérfano (m)	órfão (m)	['ɔrfãw]
huérfana (f)	órfã (f)	['ɔrfã]
tutor (m)	tutor (m)	[tu'tor]
adoptar (un niño)	adotar (vt)	[ado'tar]
adoptar (una niña)	adotar (vt)	[ado'tar]

53. Los amigos. Los compañeros del trabajo

amigo (m)	amigo (m)	[a'migu]
amiga (f)	amiga (f)	[a'miga]
amistad (f)	amizade (f)	[ami'zadʒi]
ser amigo	ser amigos	[ser a'migus]

amigote (m)	amigo (m)	[a'migu]
amiguete (f)	amiga (f)	[a'miga]
compañero (m)	parceiro (m)	[par'sejru]
jefe (m)	chefe (m)	['ʃefi]
superior (m)	superior (m)	[supe'rjor]

propietario (m)	proprietário (m)	[proprje'tarju]
subordinado (m)	subordinado (m)	[subordʒi'nadu]
colega (m, f)	colega (m, f)	[ko'lɛga]

conocido (m)	conhecido (m)	[koɲe'sidu]
compañero (m) de viaje	companheiro (m) de viagem	[kõpa'ɲejru de 'vjaʒẽ]
condiscípulo (m)	colega (m) de classe	[ko'lɛga de 'klasi]

vecino (m)	vizinho (m)	[vi'ziɲu]
vecina (f)	vizinha (f)	[vi'ziɲa]
vecinos (pl)	vizinhos (pl)	[vi'ziɲus]

54. El hombre. La mujer

mujer (f)	mulher (f)	[mu'ʎer]
muchacha (f)	menina (f)	[me'nina]
novia (f)	noiva (f)	['nojva]

guapa (adj)	bonita, bela	[bo'nita], ['bɛla]
alta (adj)	alta	['awta]
esbelta (adj)	esbelta	[iz'bɛwta]
de estatura mediana	baixa	['baɪʃa]

| rubia (f) | loira (f) | ['lojra] |
| morena (f) | morena (f) | [mo'rena] |

de señora (adj)	de senhora	[de se'ɲora]
virgen (f)	virgem (f)	['virʒẽ]
embarazada (adj)	grávida	['gravida]

hombre (m) (varón)	homem (m)	['ɔmẽ]
rubio (m)	loiro (m)	['lojru]
moreno (m)	moreno (m)	[mo'renu]
alto (adj)	alto	['awtu]
de estatura mediana	baixo	['baɪʃu]

grosero (adj)	rude	['hudʒi]
rechoncho (adj)	atarracado	[ataha'kadu]
robusto (adj)	robusto	[ho'bustu]
fuerte (adj)	forte	['fortʃi]
fuerza (f)	força (f)	['forsa]

gordo (adj)	gordo	['gordu]
moreno (adj)	moreno	[mo'renu]
esbelto (adj)	esbelto	[iz'bɛwtu]
elegante (adj)	elegante	[ele'gãtʃi]

55. La edad

edad (f)	idade (f)	[i'dadʒi]
juventud (f)	juventude (f)	[ʒuvẽ'tudʒi]
joven (adj)	jovem	['ʒɔvẽ]

| menor (adj) | mais novo | [majs 'novu] |
| mayor (adj) | mais velho | [majs 'vɛʎu] |

joven (m)	jovem (m)	['ʒovẽ]
adolescente (m)	adolescente (m)	[adole'sẽtʃi]
muchacho (m)	rapaz (m)	[ha'pajz]

| anciano (m) | velho (m) | ['vɛʎu] |
| anciana (f) | velha (f) | ['vɛʎa] |

adulto	adulto	[a'duwtu]
de edad media (adj)	de meia-idade	[de meja i'dadʒi]
anciano, mayor (adj)	idoso, de idade	[i'dozu], [de i'dade]
viejo (adj)	velho	['vɛʎu]

jubilación (f)	aposentadoria (f)	[apozẽtado'ria]
jubilarse	aposentar-se (vr)	[apozẽ'tarsi]
jubilado (m)	aposentado (m)	[apozẽ'tadu]

56. Los niños

niño -a (m, f)	criança (f)	['krjãsa]
niños (pl)	crianças (f pl)	['krjãsas]
gemelos (pl)	gêmeos (m pl), gêmeas (f pl)	['ʒemjus], ['ʒemjas]

cuna (f)	berço (m)	['bersu]
sonajero (m)	chocalho (m)	[ʃo'kaʎu]
pañal (m)	fralda (f)	['frawda]

chupete (m)	chupeta (f), bico (m)	[ʃu'peta], ['biku]
cochecito (m)	carrinho (m) de bebê	[ka'hiɲu de be'be]
jardín (m) de infancia	jardim (m) de infância	[ʒar'dʒĩ de ĩ'fãsja]
niñera (f)	babysitter, babá (f)	[bebi'sitter], [ba'ba]

infancia (f)	infância (f)	[ĩ'fãsja]
muñeca (f)	boneca (f)	[bo'nɛka]
juguete (m)	brinquedo (m)	[brĩ'kedu]
mecano (m)	jogo (m) de montar	['ʒogu de mõ'tar]

bien criado (adj)	bem-educado	[bẽj edu'kadu]
mal criado (adj)	malcriado	[maw'krjadu]
mimado (adj)	mimado	[mi'madu]

hacer travesuras	ser travesso	[ser tra'vɛsu]
travieso (adj)	travesso, traquinas	[tra'vɛsu], [tra'kinas]
travesura (f)	travessura (f)	[trave'sura]
travieso (m)	criança (f) travessa	['krjãsa tra'vɛsa]

| obediente (adj) | obediente | [obe'dʒẽtʃi] |
| desobediente (adj) | desobediente | [dʒizobe'dʒẽtʃi] |

dócil (adj)	dócil	['dɔsiw]
inteligente (adj)	intelligente	[ĩteli'ʒẽtʃi]
niño (m) prodigio	prodígio (m)	[pro'dʒiʒu]

57. El matrimonio. La vida familiar

besar (vt)	beijar (vt)	[bej'ʒar]
besarse (vr)	beijar-se (vr)	[bej'ʒarsi]
familia (f)	família (f)	[fa'milja]
familiar (adj)	familiar	[fami'ljar]
pareja (f)	casal (m)	[ka'zaw]
matrimonio (m)	matrimônio (m)	[matri'monju]
hogar (m) familiar	lar (m)	[lar]
dinastía (f)	dinastia (f)	[dʒinas'tʃia]
cita (f)	encontro (m)	[ẽ'kõtru]
beso (m)	beijo (m)	['bejʒu]
amor (m)	amor (m)	[a'mor]
querer (amar)	amar (vt)	[a'mar]
querido (adj)	amado, querido	[a'madu], [ke'ridu]
ternura (f)	ternura (f)	[ter'nura]
tierno (afectuoso)	afetuoso	[afe'twozu]
fidelidad (f)	fidelidade (f)	[fideli'dadʒi]
fiel (adj)	fiel	[fjɛw]
cuidado (m)	cuidado (m)	[kwi'dadu]
cariñoso (un padre ~)	carinhoso	[kari'ɲozu]
recién casados (pl)	recém-casados (pl)	[he'sẽ-ka'zadus]
luna (f) de miel	lua (f) de mel	['lua de mɛw]
estar casada	casar-se (vr)	[ka'zarsi]
casarse (con una mujer)	casar-se (vr)	[ka'zarsi]
boda (f)	casamento (m)	[kaza'mẽtu]
bodas (f pl) de oro	bodas (f pl) de ouro	['bodas de 'oru]
aniversario (m)	aniversário (m)	[aniver'sarju]
amante (m)	amante (m)	[a'mãtʃi]
amante (f)	amante (f)	[a'mãtʃi]
adulterio (m)	adultério (m), traição (f)	[aduw'tɛrju], [traj'sãw]
cometer adulterio	cometer adultério	[kome'ter aduw'tɛrju]
celoso (adj)	ciumento	[sju'mẽtu]
tener celos	ser ciumento, -a	[ser sju'mẽtu, -a]
divorcio (m)	divórcio (m)	[dʒi'vorsju]
divorciarse (vr)	divorciar-se (vr)	[dʒivor'sjarsi]
reñir (vi)	brigar (vi)	[bri'gar]
reconciliarse (vr)	fazer as pazes	[fa'zer as 'pajzis]
juntos (adv)	juntos	['ʒũtus]
sexo (m)	sexo (m)	['sɛksu]
felicidad (f)	felicidade (f)	[felisi'dadʒi]
feliz (adj)	feliz	[fe'liz]
desgracia (f)	infelicidade (f)	[ĩfelisi'dadʒi]
desgraciado (adj)	infeliz	[ĩfe'liz]

Las características de personalidad. Los sentimientos

58. Los sentimientos. Las emociones

sentimiento (m)	**sentimento** (m)	[sẽtʃi'mẽtu]
sentimientos (m pl)	**sentimentos** (m pl)	[sẽtʃi'mẽtus]
sentir (vt)	**sentir** (vt)	[sẽ'tʃir]
hambre (f)	**fome** (f)	['fɔmi]
tener hambre	**ter fome**	[ter 'fɔmi]
sed (f)	**sede** (f)	['sedʒi]
tener sed	**ter sede**	[ter 'sedʒi]
somnolencia (f)	**sonolência** (f)	[sono'lẽsja]
tener sueño	**estar sonolento**	[is'tar sono'lẽtu]
cansancio (m)	**cansaço** (m)	[kã'sasu]
cansado (adj)	**cansado**	[kã'sadu]
estar cansado	**ficar cansado**	[fi'kar kã'sadu]
humor (m) (de buen ~)	**humor** (m)	[u'mor]
aburrimiento (m)	**tédio** (m)	['tɛdʒju]
aburrirse (vr)	**entediar-se** (vr)	[ẽte'dʒjarsi]
soledad (f)	**reclusão** (f)	[heklu'zãw]
aislarse (vr)	**isolar-se** (vr)	[izo'larsi]
inquietar (vt)	**preocupar** (vt)	[preoku'par]
inquietarse (vr)	**estar preocupado**	[is'tar preoku'padu]
inquietud (f)	**preocupação** (f)	[preokupa'sãw]
preocupación (f)	**ansiedade** (f)	[ãsje'dadʒi]
preocupado (adj)	**preocupado**	[preoku'padu]
estar nervioso	**estar nervoso**	[is'tar ner'vozu]
darse al pánico	**entrar em pânico**	[ẽ'trar ẽ 'paniku]
esperanza (f)	**esperança** (f)	[ispe'rãsa]
esperar (tener esperanza)	**esperar** (vi, vt)	[ispe'rar]
seguridad (f)	**certeza** (f)	[ser'teza]
seguro (adj)	**certo, seguro de ...**	['sɛrtu], [se'guru de]
inseguridad (f)	**indecisão** (f)	[ĩdesi'zãw]
inseguro (adj)	**indeciso**	[ĩde'sizu]
borracho (adj)	**bêbado**	['bebadu]
sobrio (adj)	**sóbrio**	['sɔbrju]
débil (adj)	**fraco**	['fraku]
feliz (adj)	**feliz**	[fe'liz]
asustar (vt)	**assustar** (vt)	[asus'tar]
furia (f)	**fúria** (f)	['furja]
rabia (f)	**ira, raiva** (f)	['ira], ['hajva]
depresión (f)	**depressão** (f)	[depre'sãw]
incomodidad (f)	**desconforto** (m)	[dʒiskõ'fortu]

comodidad (f)	conforto (m)	[kõ'fortu]
arrepentirse (vr)	arrepender-se (vr)	[ahepẽ'dersi]
arrepentimiento (m)	arrependimento (m)	[ahepẽʤi'mẽtu]
mala suerte (f)	azar (m), má sorte (f)	[a'zar], [ma 'sɔrtʃi]]
tristeza (f)	tristeza (f)	[tris'teza]

vergüenza (f)	vergonha (f)	[ver'goɲa]
júbilo (m)	alegria (f)	[ale'gria]
entusiasmo (m)	entusiasmo (m)	[ẽtu'zjazmu]
entusiasta (m)	entusiasta (m)	[ẽtu'zjasta]
mostrar entusiasmo	mostrar entusiasmo	[mos'trar ẽtu'zjazmu]

59. El carácter. La personalidad

carácter (m)	caráter (m)	[ka'rater]
defecto (m)	falha (f) de caráter	['faʎa de ka'rater]
mente (f)	mente (f)	['mẽtʃi]
razón (f)	razão (f)	[ha'zãw]

consciencia (f)	consciência (f)	[kõ'sjẽsja]
hábito (m)	hábito, costume (m)	['abitu], [kos'tumi]
habilidad (f)	habilidade (f)	[abili'daʤi]
poder (~ nadar, etc.)	saber (vi)	[sa'ber]

paciente (adj)	paciente	[pa'sjẽtʃi]
impaciente (adj)	impaciente	[ĩpa'sjẽtʃi]
curioso (adj)	curioso	[ku'rjozu]
curiosidad (f)	curiosidade (f)	[kurjozi'daʤi]

modestia (f)	modéstia (f)	[mo'dɛstu]
modesto (adj)	modesto	[mo'dɛstu]
inmodesto (adj)	imodesto	[imo'dɛstu]

pereza (f)	preguiça (f)	[pre'gisa]
perezoso (adj)	preguiçoso	[pregi'sozu]
perezoso (m)	preguiçoso (m)	[pregi'sozu]

astucia (f)	astúcia (f)	[as'tusja]
astuto (adj)	astuto	[as'tutu]
desconfianza (f)	desconfiança (f)	[ʤiskõ'fjãsa]
desconfiado (adj)	desconfiado	[ʤiskõ'fjadu]

generosidad (f)	generosidade (f)	[ʒenerozi'daʤi]
generoso (adj)	generoso	[ʒene'rozu]
talentoso (adj)	talentoso	[talẽ'tozu]
talento (m)	talento (m)	[ta'lẽtu]

valiente (adj)	corajoso	[kora'ʒozu]
coraje (m)	coragem (f)	[ko'raʒẽ]
honesto (adj)	honesto	[o'nɛstu]
honestidad (f)	honestidade (f)	[onestʃi'daʤi]

| prudente (adj) | prudente, cuidadoso | [pru'dẽtʃi], [kwida'dozu] |
| valeroso (adj) | valoroso | [valo'rozu] |

serio (adj)	**sério**	['sɛrju]
severo (adj)	**severo**	[se'vɛru]

decidido (adj)	**decidido**	[desi'dʒidu]
indeciso (adj)	**indeciso**	[ĩde'sizu]
tímido (adj)	**tímido**	['tʃimidu]
timidez (f)	**timidez** (f)	[tʃimi'dez]

confianza (f)	**confiança** (f)	[kõ'fjãsa]
creer (créeme)	**confiar** (vt)	[kõ'fjar]
confiado (crédulo)	**crédulo**	['krɛdulu]

sinceramente (adv)	**sinceramente**	[sĩsera'mẽtʃi]
sincero (adj)	**sincero**	[sĩ'sɛru]
sinceridad (f)	**sinceridade** (f)	[sĩseri'dadʒi]
abierto (adj)	**aberto**	[a'bɛrtu]

calmado (adj)	**calmo**	['kawmu]
franco (sincero)	**franco**	['frãku]
ingenuo (adj)	**ingênuo**	[ĩ'ʒenwu]
distraído (adj)	**distraído**	[dʒistra'idu]
gracioso (adj)	**engraçado**	[ẽgra'sadu]

avaricia (f)	**ganância** (f)	[ga'nãsja]
avaro (adj)	**ganancioso**	[ganã'sjozu]
tacaño (adj)	**avarento, sovina**	[avar'ẽtu], [so'vina]
malvado (adj)	**mal**	[maw]
terco (adj)	**teimoso**	[tej'mozu]
desagradable (adj)	**desagradável**	[dʒizagra'davew]

egoísta (m)	**egoísta** (m)	[ego'ista]
egoísta (adj)	**egoísta**	[ego'ista]
cobarde (m)	**covarde** (m)	[ko'vardʒi]
cobarde (adj)	**covarde**	[ko'vardʒi]

60. El sueño. Los sueños

dormir (vi)	**dormir** (vi)	[dor'mir]
sueño (m) (estado)	**sono** (m)	['sɔnu]
sueño (m) (dulces ~s)	**sonho** (m)	['sɔɲu]
soñar (vi)	**sonhar** (vi)	[so'ɲar]
adormilado (adj)	**sonolento**	[sono'lẽtu]

cama (f)	**cama** (f)	['kama]
colchón (m)	**colchão** (m)	[kow'ʃãw]
manta (f)	**cobertor** (m)	[kuber'tor]
almohada (f)	**travesseiro** (m)	[trave'sejru]
sábana (f)	**lençol** (m)	[lẽ'sɔw]

insomnio (m)	**insônia** (f)	[ĩ'sonja]
de insomnio (adj)	**sem sono**	[sẽ 'sɔnu]
somnífero (m)	**sonífero** (m)	[so'niferu]
tomar el somnífero	**tomar um sonífero**	[to'mar ũ so'niferu]
tener sueño	**estar sonolento**	[is'tar sono'lẽtu]

bostezar (vi)	bocejar (vi)	[buse'ʒar]
irse a la cama	ir para a cama	[ir 'para a 'kama]
hacer la cama	fazer a cama	[fa'zer a 'kama]
dormirse (vr)	adormecer (vi)	[adorme'ser]

pesadilla (f)	pesadelo (m)	[peza'delu]
ronquido (m)	ronco (m)	['hõku]
roncar (vi)	roncar (vi)	[hõ'kar]

despertador (m)	despertador (m)	[dʒisperta'dor]
despertar (vt)	acordar, despertar (vt)	[akor'dar], [dʒisper'tar]
despertarse (vr)	acordar (vi)	[akor'dar]
levantarse (vr)	levantar-se (vr)	[levã'tarsi]
lavarse (vr)	lavar-se (vr)	[la'varsi]

61. El humor. La risa. La alegría

humor (m)	humor (m)	[u'mor]
sentido (m) del humor	senso (m) de humor	['sẽsu de u'mor]
divertirse (vr)	divertir-se (vr)	[dʒiver'tʃirsi]
alegre (adj)	alegre	[a'lɛgri]
júbilo (m)	alegria, diversão (f)	[ale'gria], [dʒiver'sãw]

sonrisa (f)	sorriso (m)	[so'hizu]
sonreír (vi)	sorrir (vi)	[so'hir]
echarse a reír	começar a rir	[kome'sar a hir]
reírse (vr)	rir (vi)	[hir]
risa (f)	riso (m)	['hizu]

anécdota (f)	anedota (f)	[ane'dɔta]
gracioso (adj)	engraçado	[ẽgra'sadu]
ridículo (adj)	ridículo, cômico	[hi'dʒikulu], ['komiku]

bromear (vi)	brincar (vi)	[brĩ'kar]
broma (f)	piada (f)	['pjada]
alegría (f) (emoción)	alegria (f)	[ale'gria]
alegrarse (vr)	regozijar-se (vr)	[hegozi'ʒarsi]
alegre (~ de que ...)	alegre	[a'lɛgri]

62. La discusión y la conversación. Unidad 1

comunicación (f)	comunicação (f)	[komunika'sãw]
comunicarse (vr)	comunicar-se (vr)	[komuni'karse]

conversación (f)	conversa (f)	[kõ'vɛrsa]
diálogo (m)	diálogo (m)	['dʒjalogu]
discusión (f) (debate)	discussão (f)	[dʒisku'sãw]
debate (m)	debate (m)	[de'batʃi]
debatir (vi)	debater (vt)	[deba'ter]

interlocutor (m)	interlocutor (m)	[ĩterloku'tor]
tema (m)	tema (m)	['tɛma]

punto (m) de vista	ponto (m) de vista	['põtu de 'vista]
opinión (f)	opinião (f)	[opi'njãw]
discurso (m)	discurso (m)	[dʒis'kursu]

discusión (f) (del informe, etc.)	discussão (f)	[dʒisku'sãw]
discutir (vt)	discutir (vt)	[dʒisku'tʃir]
conversación (f)	conversa (f)	[kõ'vɛrsa]
conversar (vi)	conversar (vi)	[kõver'sar]
reunión (f)	reunião (f)	[heu'njãw]
encontrarse (vr)	encontrar-se (vr)	[ẽkõ'trarsi]

proverbio (m)	provérbio (m)	[pro'vɛrbju]
dicho (m)	ditado, provérbio (m)	[dʒi'tadu], [pro'vɛrbju]
adivinanza (f)	adivinha (f)	[adʒi'viɲa]
contar una adivinanza	dizer uma adivinha	[dʒi'zer 'uma adʒi'viɲu]
contraseña (f)	senha (f)	['sɛɲa]
secreto (m)	segredo (m)	[se'gredu]

juramento (m)	juramento (m)	[ʒura'mẽtu]
jurar (vt)	jurar (vi)	[ʒu'rar]
promesa (f)	promessa (f)	[pro'mɛsa]
prometer (vt)	prometer (vt)	[prome'ter]

consejo (m)	conselho (m)	[kõ'seʎu]
aconsejar (vt)	aconselhar (vt)	[akõse'ʎar]
seguir el consejo	seguir o conselho	[se'gir u kõ'seʎu]
escuchar (a los padres)	escutar (vt)	[isku'tar]

noticias (f pl)	novidade, notícia (f)	[novi'dadʒi], [no'tʃisja]
sensación (f)	sensação (f)	[sẽsa'sãw]
información (f)	informação (f)	[ĩforma'sãw]
conclusión (f)	conclusão (f)	[kõklu'zãw]
voz (f)	voz (f)	[vɔz]
cumplido (m)	elogio (m)	[elo'ʒiu]
amable (adj)	amável, querido	[a'mavew], [ke'ridu]

palabra (f)	palavra (f)	[pa'lavra]
frase (f)	frase (f)	['frazi]
respuesta (f)	resposta (f)	[hes'pɔsta]

| verdad (f) | verdade (f) | [ver'dadʒi] |
| mentira (f) | mentira (f) | [mẽ'tʃira] |

pensamiento (m)	pensamento (m)	[pẽsa'mẽtu]
idea (f)	ideia (f)	[i'dɛja]
fantasía (f)	fantasia (f)	[fãta'zia]

63. La discusión y la conversación. Unidad 2

respetado (adj)	estimado, respeitado	[istʃi'madu], [hespej'tadu]
respetar (vt)	respeitar (vt)	[hespej'tar]
respeto (m)	respeito (m)	[hes'pejtu]
Estimado ...	Estimado ..., Caro ...	[istʃi'madu], ['karu]
presentar (~ a sus padres)	apresentar (vt)	[aprezẽ'tar]

conocer a alguien	conhecer (vt)	[koɲe'ser]
intención (f)	intenção (f)	[ĩtẽ'sãw]
tener intención (de …)	tencionar (vt)	[tẽsjo'nar]
deseo (m)	desejo (m)	[de'zeʒu]
desear (vt) (~ buena suerte)	desejar (vt)	[deze'ʒar]

sorpresa (f)	surpresa (f)	[sur'preza]
sorprender (vt)	surpreender (vt)	[surprjẽ'der]
sorprenderse (vr)	surpreender-se (vr)	[surprjẽ'dersi]

dar (vt)	dar (vt)	[dar]
tomar (vt)	pegar (vt)	[pe'gar]
devolver (vt)	devolver (vt)	[devow'ver]
retornar (vt)	retornar (vt)	[hetor'nar]

disculparse (vr)	desculpar-se (vr)	[dʒiskuw'parsi]
disculpa (f)	desculpa (f)	[dʒis'kuwpa]
perdonar (vt)	perdoar (vt)	[per'dwar]

hablar (vi)	falar (vi)	[fa'lar]
escuchar (vt)	escutar (vt)	[isku'tar]
escuchar hasta el final	ouvir até o fim	[o'vir a'tɛ u fĩ]
comprender (vt)	entender (vt)	[ẽtẽ'der]

mostrar (vt)	mostrar (vt)	[mos'trar]
mirar a …	olhar para …	[ɔ'ʎar 'para]
llamar (vt)	chamar (vt)	[ʃa'mar]
distraer (molestar)	perturbar, distrair (vt)	[pertur'bar], [dʒistra'ir]
molestar (vt)	perturbar (vt)	[pertur'bar]
pasar (~ un mensaje)	entregar (vt)	[ẽtre'gar]

petición (f)	pedido (m)	[pe'dʒidu]
pedir (vt)	pedir (vt)	[pe'dʒir]
exigencia (f)	exigência (f)	[ezi'ʒẽsja]
exigir (vt)	exigir (vt)	[ezi'ʒir]

motejar (vr)	insultar (vt)	[ĩsuw'tar]
burlarse (vr)	zombar (vt)	[zõ'bar]
burla (f)	zombaria (f)	[zõba'ria]
apodo (m)	alcunha (f), apelido (m)	[aw'kuɲa], [ape'lidu]

alusión (f)	insinuação (f)	[ĩsinwa'sãw]
aludir (vi)	insinuar (vt)	[ĩsi'nwar]
sobrentender (vt)	querer dizer	[ke'rer dʒi'zer]

descripción (f)	descrição (f)	[dʒiskri'sãw]
describir (vt)	descrever (vt)	[dʒiskre'ver]
elogio (m)	elogio (m)	[elo'ʒiu]
elogiar (vt)	elogiar (vt)	[elo'ʒjar]

decepción (f)	desapontamento (m)	[dʒizapõta'mẽtu]
decepcionar (vt)	desapontar (vt)	[dʒizapõ'tar]
estar decepcionado	desapontar-se (vr)	[dʒizapõ'tarsi]

suposición (f)	suposição (f)	[supozi'sãw]
suponer (vt)	supor (vt)	[su'por]

| advertencia (f) | advertência (f) | [adʒiver'tẽsja] |
| prevenir (vt) | advertir (vt) | [adʒiver'tʃir] |

64. La discusión y la conversación. Unidad 3

| convencer (vt) | convencer (vt) | [kõvẽ'ser] |
| calmar (vt) | acalmar (vt) | [akaw'mar] |

silencio (m) (~ es oro)	silêncio (m)	[si'lẽsju]
callarse (vr)	ficar em silêncio	[fi'kar ẽ si'lẽsju]
susurrar (vi, vt)	sussurrar (vi, vt)	[susu'har]
susurro (m)	sussurro (m)	[su'suhu]

| francamente (adv) | francamente | [frãka'mẽtʃi] |
| en mi opinión ... | na minha opinião ... | [na 'miɲa opi'njãw] |

detalle (m) (de la historia)	detalhe (m)	[de'taʎi]
detallado (adj)	detalhado	[deta'ʎadu]
detalladamente (adv)	detalhadamente	[detaʎada'mẽtʃi]

| pista (f) | dica (f) | ['dʒika] |
| dar una pista | dar uma dica | [dar 'uma 'dʒika] |

mirada (f)	olhar (m)	[ɔ'ʎar]
echar una mirada	dar uma olhada	[dar 'uma o'ʎada]
fija (mirada ~)	fixo	['fiksu]
parpadear (vi)	piscar (vi)	[pis'kar]
guiñar un ojo	piscar (vt)	[pis'kar]
asentir con la cabeza	acenar com a cabeça	[ase'nar kõ a ka'besa]

suspiro (m)	suspiro (m)	[sus'piru]
suspirar (vi)	suspirar (vi)	[suspi'rar]
estremecerse (vr)	estremecer (vi)	[istreme'ser]
gesto (m)	gesto (m)	['ʒɛstu]
tocar (con la mano)	tocar (vt)	[to'kar]
asir (~ de la mano)	agarrar (vt)	[aga'har]
palmear (~ la espalda)	bater de leve	[ba'ter de 'lɛvi]

¡Cuidado!	Cuidado!	[kwi'dadu]
¿De veras?	Sério?	['sɛrju]
¿Estás seguro?	Tem certeza?	[tẽj ser'teza]
¡Suerte!	Boa sorte!	['boa 'sɔrtʃi]
¡Ya veo!	Entendi!	[ẽtẽ'dʒi]
¡Es una lástima!	Que pena!	[ki 'pena]

65. El acuerdo. El rechazo

acuerdo (m)	consentimento (m)	[kõsẽtʃi'mẽtu]
estar de acuerdo	consentir (vi)	[kõsẽ'tʃir]
aprobación (f)	aprovação (f)	[aprova'sãw]
aprobar (vt)	aprovar (vt)	[apro'var]
rechazo (m)	recusa (f)	[he'kuza]

negarse (vr)	negar-se a ...	[ne'garsi]
¡Excelente!	Ótimo!	['ɔtʃimu]
¡De acuerdo!	Tudo bem!	['tudu bẽj]
¡Vale!	Está bem! De acordo!	[is'ta bẽj], [de a'kordu]

prohibido (adj)	proibido	[proi'bidu]
está prohibido	é proibido	[ɛ proi'bidu]
es imposible	é impossível	[ɛ ĩpo'sivew]
incorrecto (adj)	incorreto	[ĩko'hɛtu]

rechazar (vt)	rejeitar (vt)	[heʒej'tar]
apoyar (la decisión)	apoiar (vt)	[apo'jar]
aceptar (vt)	aceitar (vt)	[asej'tar]

confirmar (vt)	confirmar (vt)	[kõfir'mar]
confirmación (f)	confirmação (f)	[kõfirma'sãw]
permiso (m)	permissão (f)	[permi'sãw]
permitir (vt)	permitir (vt)	[permi'tʃir]
decisión (f)	decisão (f)	[desi'zãw]
no decir nada	não dizer nada	['nãw dʒi'zer 'nada]

condición (f)	condição (f)	[kõdʒi'sãw]
excusa (f) (pretexto)	pretexto (m)	[pre'testu]
elogio (m)	elogio (m)	[elo'ʒiu]
elogiar (vt)	elogiar (vt)	[elo'ʒjar]

66. El éxito. La buena suerte. El fracaso

éxito (m)	êxito, sucesso (m)	['ezitu], [su'sɛsu]
con éxito (adv)	com êxito	[kõ 'ezitu]
exitoso (adj)	bem sucedido	[bẽj suse'dʒidu]

suerte (f)	sorte (f)	['sɔrtʃi]
¡Suerte!	Boa sorte!	['boa 'sɔrtʃi]
de suerte (día ~)	de sorte	[de 'sɔrtʃi]
afortunado (adj)	sortudo, felizardo	[sor'tudu], [feli'zardu]

fiasco (m)	fracasso (m)	[fra'kasu]
infortunio (m)	pouca sorte (f)	['poka 'sɔrtʃi]
mala suerte (f)	azar (m), má sorte (f)	[a'zar], [ma 'sɔrtʃi]]

| fracasado (adj) | mal sucedido | [maw suse'dʒidu] |
| catástrofe (f) | catástrofe (f) | [ka'tastrofi] |

orgullo (m)	orgulho (m)	[or'guʎu]
orgulloso (adj)	orgulhoso	[orgu'ʎozu]
estar orgulloso	estar orgulhoso	[is'tar orgu'ʎozu]

ganador (m)	vencedor (m)	[vẽse'dor]
ganar (vi)	vencer (vi, vt)	[vẽ'ser]
perder (vi)	perder (vt)	[per'der]
tentativa (f)	tentativa (f)	[tẽta'tʃiva]
intentar (tratar)	tentar (vt)	[tẽ'tar]
chance (f)	chance (m)	['ʃãsi]

67. Las discusiones. Las emociones negativas

grito (m)	**grito** (m)	['gritu]
gritar (vi)	**gritar** (vi)	[gri'tar]
comenzar a gritar	**começar a gritar**	[kome'sar a gri'tar]
disputa (f), riña (f)	**discussão** (f)	[dʒisku'sãw]
reñir (vi)	**brigar** (vi)	[bri'gar]
escándalo (m) (riña)	**escândalo** (m)	[is'kãdalu]
causar escándalo	**criar escândalo**	[krjar is'kãdalu]
conflicto (m)	**conflito** (m)	[kõ'flitu]
malentendido (m)	**mal-entendido** (m)	[mal ẽtẽ'dʒidu]
insulto (m)	**insulto** (m)	[ĩ'suwtu]
insultar (vt)	**insultar** (vt)	[ĩsuw'tar]
insultado (adj)	**insultado**	[ĩsuw'tadu]
ofensa (f)	**ofensa** (f)	[ɔ'fẽsa]
ofender (vt)	**ofender** (vt)	[ofẽ'der]
ofenderse (vr)	**ofender-se** (vr)	[ofẽ'dersi]
indignación (f)	**indignação** (f)	[ĩdʒigna'sãw]
indignarse (vr)	**indignar-se** (vr)	[ĩdʒig'narsi]
queja (f)	**queixa** (f)	['kejʃa]
quejarse (vr)	**queixar-se** (vr)	[kej'ʃarsi]
disculpa (f)	**desculpa** (f)	[dʒis'kuwpa]
disculparse (vr)	**desculpar-se** (vr)	[dʒiskuw'parsi]
pedir perdón	**pedir perdão**	[pe'dʒir per'dãw]
crítica (f)	**crítica** (f)	['kritʃika]
criticar (vt)	**criticar** (vt)	[kritʃi'kar]
acusación (f)	**acusação** (f)	[akuza'sãw]
acusar (vt)	**acusar** (vt)	[aku'zar]
venganza (f)	**vingança** (f)	[vĩ'gãsa]
vengar (vt)	**vingar** (vt)	[vĩ'gar]
pagar (vt)	**vingar-se** (vr)	[vĩ'garsi]
desprecio (m)	**desprezo** (m)	[dʒis'prezu]
despreciar (vt)	**desprezar** (vt)	[dʒispre'zar]
odio (m)	**ódio** (m)	['ɔdʒju]
odiar (vt)	**odiar** (vt)	[o'dʒjar]
nervioso (adj)	**nervoso**	[ner'vozu]
estar nervioso	**estar nervoso**	[is'tar ner'vozu]
enfadado (adj)	**zangado**	[zã'gadu]
enfadar (vt)	**zangar** (vt)	[zã'gar]
humillación (f)	**humilhação** (f)	[umiʎa'sãw]
humillar (vt)	**humilhar** (vt)	[umi'ʎar]
humillarse (vr)	**humilhar-se** (vr)	[umi'ʎarsi]
choque (m)	**choque** (m)	['ʃɔki]
chocar (vi)	**chocar** (vt)	[ʃo'kar]
molestia (f) (problema)	**aborrecimento** (m)	[abohesi'mẽtu]

desagradable (adj)	desagradável	[dʒizagra'davew]
miedo (m)	medo (m)	['medu]
terrible (tormenta, etc.)	terrível	[te'hivew]
de miedo (historia ~)	assustador	[asusta'dor]
horror (m)	horror (m)	[o'hor]
horrible (adj)	horrível, terrível	[o'hivew], [te'hivew]
empezar a temblar	começar a tremer	[kome'sar a tre'mer]
llorar (vi)	chorar (vi)	[ʃo'rar]
comenzar a llorar	começar a chorar	[kome'sar a ʃo'rar]
lágrima (f)	lágrima (f)	['lagrima]
culpa (f)	falta (f)	['fawta]
remordimiento (m)	culpa (f)	['kuwpa]
deshonra (f)	desonra (f)	[dʒi'zõha]
protesta (f)	protesto (m)	[pro'tɛstu]
estrés (m)	estresse (m)	[is'trɛsi]
molestar (vt)	perturbar (vt)	[pertur'bar]
estar furioso	zangar-se com ...	[zã'garsi kõ]
enfadado (adj)	zangado	[zã'gadu]
terminar (vt)	terminar (vt)	[termi'nar]
regañar (vt)	praguejar	[prage'ʒar]
asustarse (vr)	assustar-se	[asus'tarsi]
golpear (vt)	golpear (vt)	[gow'pjar]
pelear (vi)	brigar (vi)	[bri'gar]
resolver (~ la discusión)	resolver (vt)	[hezow'ver]
descontento (adj)	descontente	[dʒiskõ'tẽtʃi]
furioso (adj)	furioso	[fu'rjozu]
¡No está bien!	Não está bem!	['nãw is'ta bẽj]
¡Está mal!	É ruim!	[ɛ hu'ĩ]

La medicina

enfermedad (f)	doença (f)	[do'ẽsa]
estar enfermo	estar doente	[is'tar do'ẽtʃi]
salud (f)	saúde (f)	[sa'udʒi]
resfriado (m) (coriza)	nariz (m) escorrendo	[na'riz isko'hẽdu]
angina (f)	amigdalite (f)	[amigda'litʃi]
resfriado (m)	resfriado (m)	[hes'frjadu]
resfriarse (vr)	ficar resfriado	[fi'kar hes'frjadu]
bronquitis (f)	bronquite (f)	[brõ'kitʃi]
pulmonía (f)	pneumonia (f)	[pnewmo'nia]
gripe (f)	gripe (f)	['gripi]
miope (adj)	míope	['miopi]
présbita (adj)	presbita	[pres'bita]
estrabismo (m)	estrabismo (m)	[istra'bizmu]
estrábico (m) (adj)	estrábico, vesgo	[is'trabiku], ['vezgu]
catarata (f)	catarata (f)	[kata'rata]
glaucoma (m)	glaucoma (m)	[glaw'koma]
insulto (m)	AVC (m), apoplexia (f)	[ave'se], [apople'ksia]
ataque (m) cardiaco	ataque (m) cardíaco	[a'taki kar'dʒiaku]
infarto (m) de miocardio	enfarte (m) do miocárdio	[ẽ'fartʃi du mjo'kardʒiu]
parálisis (f)	paralisia (f)	[parali'zia]
paralizar (vt)	paralisar (vt)	[parali'zar]
alergia (f)	alergia (f)	[aler'ʒia]
asma (f)	asma (f)	['azma]
diabetes (f)	diabetes (f)	[dʒja'bɛtʃis]
dolor (m) de muelas	dor (f) de dente	[dor de 'dẽtʃi]
caries (f)	cárie (f)	['kari]
diarrea (f)	diarreia (f)	[dʒja'hɛja]
estreñimiento (m)	prisão (f) de ventre	[pri'zãw de 'vẽtri]
molestia (f) estomacal	desarranjo (m) intestinal	[dʒiza'hãʒu ĩtestʃi'naw]
envenenamiento (m)	intoxicação (f) alimentar	[ĩtoksika'sãw alimẽ'tar]
envenenarse (vr)	intoxicar-se	[ĩtoksi'karsi]
artritis (f)	artrite (f)	[ar'tritʃi]
raquitismo (m)	raquitismo (m)	[haki'tʃizmu]
reumatismo (m)	reumatismo (m)	[hewma'tʃizmu]
ateroesclerosis (f)	arteriosclerose (f)	[arterjoskle'rɔzi]
gastritis (f)	gastrite (f)	[gas'tritʃi]
apendicitis (f)	apendicite (f)	[apẽdʒi'sitʃi]

colecistitis (f)	colecistite (f)	[kulesi'stʃitʃi]
úlcera (f)	úlcera (f)	['uwsera]

sarampión (m)	sarampo (m)	[sa'rãpu]
rubeola (f)	rubéola (f)	[hu'bɛola]
ictericia (f)	icterícia (f)	[ikte'risja]
hepatitis (f)	hepatite (f)	[epa'tʃitʃi]

esquizofrenia (f)	esquizofrenia (f)	[iskizofre'nia]
rabia (f) (hidrofobia)	raiva (f)	['hajva]
neurosis (f)	neurose (f)	[new'rɔzi]
conmoción (f) cerebral	contusão (f) cerebral	[kõtu'zãw sere'braw]

cáncer (m)	câncer (m)	['kãser]
esclerosis (f)	esclerose (f)	[iskle'rozi]
esclerosis (m) múltiple	esclerose (f) múltipla	[iskle'rozi 'muwtʃipla]

alcoholismo (m)	alcoolismo (m)	[awko'lizmu]
alcohólico (m)	alcoólico (m)	[aw'kɔliku]
sífilis (f)	sífilis (f)	['sifilis]
SIDA (m)	AIDS (f)	['ajdʒs]

tumor (m)	tumor (m)	[tu'mor]
maligno (adj)	maligno	[ma'lignu]
benigno (adj)	benigno	[be'nignu]

fiebre (f)	febre (f)	['fɛbri]
malaria (f)	malária (f)	[ma'larja]
gangrena (f)	gangrena (f)	[gã'grena]
mareo (m)	enjoo (m)	[ẽ'ʒou]
epilepsia (f)	epilepsia (f)	[epile'psia]

epidemia (f)	epidemia (f)	[epide'mia]
tifus (m)	tifo (m)	['tʃifu]
tuberculosis (f)	tuberculose (f)	[tuberku'lɔzi]
cólera (f)	cólera (f)	['kɔlera]
peste (f)	peste (f) bubônica	['pɛstʃi bu'bonika]

69. Los síntomas. Los tratamientos. Unidad 1

síntoma (m)	sintoma (m)	[sĩ'toma]
temperatura (f)	temperatura (f)	[tẽpera'tura]
fiebre (f)	febre (f)	['fɛbri]
pulso (m)	pulso (m)	['puwsu]

mareo (m) (vértigo)	vertigem (f)	[ver'tʃiʒẽ]
caliente (adj)	quente	['kẽtʃi]
escalofrío (m)	calafrio (m)	[kala'friu]
pálido (adj)	pálido	['palidu]

tos (f)	tosse (f)	['tɔsi]
toser (vi)	tossir (vi)	[to'sir]
estornudar (vi)	espirrar (vi)	[ispi'har]
desmayo (m)	desmaio (m)	[dʒiz'maju]

desmayarse (vr)	desmaiar (vi)	[dʒizma'jar]
moradura (f)	mancha (f) preta	['mãʃa 'preta]
chichón (m)	galo (m)	['galu]
golpearse (vr)	machucar-se (vr)	[maʃu'karsi]
magulladura (f)	contusão (f)	[kõtu'zãw]
magullarse (vr)	machucar-se (vr)	[maʃu'karsi]

cojear (vi)	mancar (vi)	[mã'kar]
dislocación (f)	deslocamento (f)	[dʒizloka'mẽtu]
dislocar (vt)	deslocar (vt)	[dʒizlo'kar]
fractura (f)	fratura (f)	[fra'tura]
tener una fractura	fraturar (vt)	[fratu'rar]

corte (m) (tajo)	corte (m)	['kɔrtʃi]
cortarse (vr)	cortar-se (vr)	[kor'tarsi]
hemorragia (f)	hemorragia (f)	[emoha'ʒia]

quemadura (f)	queimadura (f)	[kejma'dura]
quemarse (vr)	queimar-se (vr)	[kej'marsi]

pincharse (~ el dedo)	picar (vt)	[pi'kar]
pincharse (vr)	picar-se (vr)	[pi'karsi]
herir (vt)	lesionar (vt)	[lezjo'nar]
herida (f)	lesão (m)	[le'zãw]
lesión (f) (herida)	ferida (f), ferimento (m)	[fe'rida], [feri'mẽtu]
trauma (m)	trauma (m)	['trawma]

delirar (vi)	delirar (vi)	[deli'rar]
tartamudear (vi)	gaguejar (vi)	[gage'ʒar]
insolación (f)	insolação (f)	[insola'sãw]

70. Los síntomas. Los tratamientos. Unidad 2

dolor (m)	dor (f)	[dor]
astilla (f)	farpa (f)	['farpa]

sudor (m)	suor (m)	[swɔr]
sudar (vi)	suar (vi)	[swar]
vómito (m)	vômito (m)	['vomitu]
convulsiones (f pl)	convulsões (f pl)	[kõvuw'sõjs]

embarazada (adj)	grávida	['gravida]
nacer (vi)	nascer (vi)	[na'ser]
parto (m)	parto (m)	['partu]
dar a luz	dar à luz	[dar a luz]
aborto (m)	aborto (m)	[a'bortu]

respiración (f)	respiração (f)	[hespira'sãw]
inspiración (f)	inspiração (f)	[ĩspira'sãw]
espiración (f)	expiração (f)	[ispira'sãw]
espirar (vi)	expirar (vi)	[ispi'rar]
inspirar (vi)	inspirar (vi)	[ĩspi'rar]
inválido (m)	inválido (m)	[ĩ'validu]
mutilado (m)	aleijado (m)	[alej'ʒadu]

drogadicto (m)	**drogado** (m)	[dro'gadu]
sordo (adj)	**surdo**	['surdu]
mudo (adj)	**mudo**	['mudu]
sordomudo (adj)	**surdo-mudo**	['surdu-'mudu]
loco (adj)	**louco, insano**	['loku], [ĩ'sanu]
loco (m)	**louco** (m)	['loku]
loca (f)	**louca** (f)	['loka]
volverse loco	**ficar louco**	[fi'kar 'loku]
gen (m)	**gene** (m)	['ʒɛni]
inmunidad (f)	**imunidade** (f)	[imuni'dadʒi]
hereditario (adj)	**hereditário**	[eredʒi'tarju]
de nacimiento (adj)	**congênito**	[kõ'ʒenitu]
virus (m)	**vírus** (m)	['virus]
microbio (m)	**micróbio** (m)	[mi'krɔbju]
bacteria (f)	**bactéria** (f)	[bak'tɛrja]
infección (f)	**infecção** (f)	[ĩfek'sãw]

71. Los síntomas. Los tratamientos. Unidad 3

hospital (m)	**hospital** (m)	[ospi'taw]
paciente (m)	**paciente** (m)	[pa'sjẽtʃi]
diagnosis (f)	**diagnóstico** (m)	[dʒjag'nɔstʃiku]
cura (f)	**cura** (f)	['kura]
tratamiento (m)	**tratamento** (m) **médico**	[trata'mẽtu 'mɛdʒiku]
curarse (vr)	**curar-se** (vr)	[ku'rarsi]
tratar (vt)	**tratar** (vt)	[tra'tar]
cuidar (a un enfermo)	**cuidar** (vt)	[kwi'dar]
cuidados (m pl)	**cuidado** (m)	[kwi'dadu]
operación (f)	**operação** (f)	[opera'sãw]
vendar (vt)	**enfaixar** (vt)	[ẽfaj'ʃar]
vendaje (m)	**enfaixamento** (m)	[bã'daʒãj]
vacunación (f)	**vacinação** (f)	[vasina'sãw]
vacunar (vt)	**vacinar** (vt)	[vasi'nar]
inyección (f)	**injeção** (f)	[inʒe'sãw]
aplicar una inyección	**dar uma injeção**	[dar 'uma inʒe'sãw]
ataque (m)	**ataque** (m)	[a'taki]
amputación (f)	**amputação** (f)	[ãputa'sãw]
amputar (vt)	**amputar** (vt)	[ãpu'tar]
coma (m)	**coma** (f)	['kɔma]
estar en coma	**estar em coma**	[is'tar ẽ 'kɔma]
revitalización (f)	**reanimação** (f)	[hianima'sãw]
recuperarse (vr)	**recuperar-se** (vr)	[hekupe'rarsi]
estado (m) (de salud)	**estado** (m)	[i'stadu]
consciencia (f)	**consciência** (f)	[kõ'sjẽsja]
memoria (f)	**memória** (f)	[me'mɔrja]
extraer (un diente)	**tirar** (vt)	[tʃi'rar]

empaste (m)	obturação (f)	[obitura'sãw]
empastar (vt)	obturar (vt)	[obitu'rar]

hipnosis (f)	hipnose (f)	[ip'nɔzi]
hipnotizar (vt)	hipnotizar (vt)	[ipnotʃi'zar]

72. Los médicos

médico (m)	médico (m)	['mɛdʒiku]
enfermera (f)	enfermeira (f)	[ẽfer'mejra]
médico (m) personal	médico (m) pessoal	['mɛdʒiku pe'swaw]

dentista (m)	dentista (m)	[dẽ'tʃista]
oftalmólogo (m)	oculista (m)	[oku'lista]
internista (m)	terapeuta (m)	[tera'pewta]
cirujano (m)	cirurgião (m)	[sirur'ʒjãw]

psiquiatra (m)	psiquiatra (m)	[psi'kjatra]
pediatra (m)	pediatra (m)	[pe'dʒjatra]
psicólogo (m)	psicólogo (m)	[psi'kɔlogu]
ginecólogo (m)	ginecologista (m)	[ʒinekolo'ʒista]
cardiólogo (m)	cardiologista (m)	[kardʒjolo'ʒista]

73. La medicina. Las drogas. Los accesorios

medicamento (m), droga (f)	medicamento (m)	[medʒika'mẽtu]
remedio (m)	remédio (m)	[he'mɛdʒju]
prescribir (vt)	receitar (vt)	[hesej'tar]
receta (f)	receita (f)	[he'sejta]

tableta (f)	comprimido (m)	[kõpri'midu]
ungüento (m)	unguento (m)	[ũ'gwẽtu]
ampolla (f)	ampola (f)	[ã'pɔla]
mixtura (f), mezcla (f)	solução, preparado (m)	[solu'sãw], [prepa'radu]
sirope (m)	xarope (m)	[ʃa'rɔpi]
píldora (f)	cápsula (f)	['kapsula]
polvo (m)	pó (m)	[pɔ]

venda (f)	atadura (f)	[ata'dura]
algodón (m) (discos de ~)	algodão (m)	[awgo'dãw]
yodo (m)	iodo (m)	['jodu]

tirita (f), curita (f)	curativo (m) adesivo	[kura'tivu ade'zivu]
pipeta (f)	conta-gotas (m)	['kõta 'gotas]
termómetro (m)	termômetro (m)	[ter'mometru]
jeringa (f)	seringa (f)	[se'rĩga]

silla (f) de ruedas	cadeira (f) de rodas	[ka'dejra de 'hɔdas]
muletas (f pl)	muletas (f pl)	[mu'letas]

anestésico (m)	analgésico (m)	[anaw'ʒɛziku]
purgante (m)	laxante (m)	[la'ʃãtʃi]

alcohol (m)	**álcool** (m)	['awkɔw]
hierba (f) medicinal	**ervas** (f pl) **medicinais**	['ɛrvas medʒisi'najs]
de hierbas (té ~)	**de ervas**	[de 'ɛrvas]

74. El tabaquismo. Los productos del tabaco

tabaco (m)	**tabaco** (m)	[ta'baku]
cigarrillo (m)	**cigarro** (m)	[si'gahu]
cigarro (m)	**charuto** (m)	[ʃa'rutu]
pipa (f)	**cachimbo** (m)	[ka'ʃĩbu]
paquete (m)	**maço** (m)	['masu]
cerillas (f pl)	**fósforos** (m pl)	['fɔsforus]
caja (f) de cerillas	**caixa** (f) **de fósforos**	['kaɪʃa de 'fɔsforus]
encendedor (m)	**isqueiro** (m)	[is'kejru]
cenicero (m)	**cinzeiro** (m)	[sĩ'zejru]
pitillera (f)	**cigarreira** (f)	[siga'hejra]
boquilla (f)	**piteira** (f)	[pi'tejra]
filtro (m)	**filtro** (m)	['fiwtru]
fumar (vi, vt)	**fumar** (vi, vt)	[fu'mar]
encender un cigarrillo	**acender um cigarro**	[asẽ'der ũ si'gahu]
tabaquismo (m)	**tabagismo** (m)	[taba'ʒiʒmu]
fumador (m)	**fumante** (m)	[fu'mãtʃi]
colilla (f)	**bituca** (f)	[bi'tuka]
humo (m)	**fumaça** (f)	[fu'masa]
ceniza (f)	**cinza** (f)	['sĩza]

EL AMBIENTE HUMANO

La ciudad

75. La ciudad. La vida en la ciudad

ciudad (f)	cidade (f)	[si'dadʒi]
capital (f)	capital (f)	[kapi'taw]
aldea (f)	aldeia (f)	[aw'deja]
plano (m) de la ciudad	mapa (m) da cidade	['mapa da si'dadʒi]
centro (m) de la ciudad	centro (m) da cidade	['sẽtru da si'dadʒi]
suburbio (m)	subúrbio (m)	[su'burbju]
suburbano (adj)	suburbano	[subur'banu]
arrabal (m)	periferia (f)	[perife'ria]
afueras (f pl)	arredores (m pl)	[ahe'doris]
barrio (m)	quarteirão (m)	[kwartej'rãw]
zona (f) de viviendas	quarteirão (m) residencial	[kwartej'rãw hezidẽ'sjaw]
tráfico (m)	tráfego (m)	['trafegu]
semáforo (m)	semáforo (m)	[se'maforu]
transporte (m) urbano	transporte (m) público	[trãs'pɔrtʃi 'publiku]
cruce (m)	cruzamento (m)	[kruza'mẽtu]
paso (m) de peatones	faixa (f)	['fajʃa]
paso (m) subterráneo	túnel (m)	['tunew]
cruzar (vt)	cruzar, atravessar (vt)	[kru'zar], [atrave'sar]
peatón (m)	pedestre (m)	[pe'dɛstri]
acera (f)	calçada (f)	[kaw'sada]
puente (m)	ponte (f)	['põtʃi]
muelle (m)	margem (f) do rio	['marʒẽ du 'hiu]
fuente (f)	fonte (f)	['fõtʃi]
alameda (f)	alameda (f)	[ala'meda]
parque (m)	parque (m)	['parki]
bulevar (m)	bulevar (m)	[bule'var]
plaza (f)	praça (f)	['prasa]
avenida (f)	avenida (f)	[ave'nida]
calle (f)	rua (f)	['hua]
callejón (m)	travessa (f)	[tra'vɛsa]
callejón (m) sin salida	beco (m) sem saída	['beku sẽ sa'ida]
casa (f)	casa (f)	['kaza]
edificio (m)	edifício, prédio (m)	[edʒi'fisju], ['prɛdʒju]
rascacielos (m)	arranha-céu (m)	[a'haɲa-sɛw]
fachada (f)	fachada (f)	[fa'ʃada]
techo (m)	telhado (m)	[te'ʎadu]

ventana (f)	janela (f)	[ʒa'nɛla]
arco (m)	arco (m)	['arku]
columna (f)	coluna (f)	[ko'luna]
esquina (f)	esquina (f)	[is'kina]

escaparate (f)	vitrine (f)	[vi'trini]
letrero (m) (~ luminoso)	letreiro (m)	[le'trejru]
cartel (m)	cartaz (m)	[kar'taz]
cartel (m) publicitario	cartaz (m) publicitário	[kar'taz publisi'tarju]
valla (f) publicitaria	painel (m) publicitário	[paj'nɛw publisi'tarju]

basura (f)	lixo (m)	['liʃu]
cajón (m) de basura	lixeira (f)	[li'ʃejra]
tirar basura	jogar lixo na rua	[ʒo'gar 'liʃu na 'hua]
basurero (m)	aterro (m) sanitário	[a'tehu sani'tarju]

cabina (f) telefónica	orelhão (m)	[ore'ʎãw]
farola (f)	poste (m) de luz	['pɔstʃi de luz]
banco (m) (del parque)	banco (m)	['bãku]

policía (m)	polícia (m)	[po'lisja]
policía (f) (~ nacional)	polícia (f)	[po'lisja]
mendigo (m)	mendigo, pedinte (m)	[mẽ'dʒigu], [pe'dʒĩtʃi]
persona (f) sin hogar	desabrigado (m)	[dʒizabri'gadu]

76. Las instituciones urbanas

tienda (f)	loja (f)	['lɔʒa]
farmacia (f)	drogaria (f)	[droga'ria]
óptica (f)	ótica (f)	['ɔtʃika]
centro (m) comercial	centro (m) comercial	['sẽtru komer'sjaw]
supermercado (m)	supermercado (m)	[supermer'kadu]

panadería (f)	padaria (f)	[pada'ria]
panadero (m)	padeiro (m)	[pa'dejru]
pastelería (f)	pastelaria (f)	[pastela'ria]
tienda (f) de comestibles	mercearia (f)	[mersja'ria]
carnicería (f)	açougue (m)	[a'sogi]

verdulería (f)	fruteira (f)	[fru'tejra]
mercado (m)	mercado (m)	[mer'kadu]

cafetería (f)	cafeteria (f)	[kafete'ria]
restaurante (m)	restaurante (m)	[hestaw'rãtʃi]
cervecería (f)	bar (m)	[bar]
pizzería (f)	pizzaria (f)	[pitsa'ria]

peluquería (f)	salão (m) de cabeleireiro	[sa'lãw de kabelej'rejru]
oficina (f) de correos	agência (f) dos correios	[a'ʒẽsja dus ko'hejus]
tintorería (f)	lavanderia (f)	[lavãde'ria]
estudio (m) fotográfico	estúdio (m) fotográfico	[is'tudʒu foto'grafiku]

zapatería (f)	sapataria (f)	[sapata'ria]
librería (f)	livraria (f)	[livra'ria]

tienda (f) deportiva	loja (f) de artigos esportivos	['loʒa de ar'tʃigus ispor'tʃivus]
arreglos (m pl) de ropa	costureira (m)	[kostu'rejra]
alquiler (m) de ropa	aluguel (m) de roupa	[alu'gɛw de 'hopa]
videoclub (m)	videolocadora (f)	['vidʒju·loka'dɔra]
circo (m)	circo (m)	['sirku]
zoológico (m)	jardim (m) zoológico	[ʒar'dʒĩ zo'lɔʒiku]
cine (m)	cinema (m)	[si'nɛma]
museo (m)	museu (m)	[mu'zew]
biblioteca (f)	biblioteca (f)	[bibljo'tɛka]
teatro (m)	teatro (m)	['tʃatru]
ópera (f)	ópera (f)	['ɔpera]
club (m) nocturno	boate (f)	['bwatʃi]
casino (m)	cassino (m)	[ka'sinu]
mezquita (f)	mesquita (f)	[mes'kita]
sinagoga (f)	sinagoga (f)	[sina'gɔga]
catedral (f)	catedral (f)	[kate'draw]
templo (m)	templo (m)	['tẽplu]
iglesia (f)	igreja (f)	[i'greʒa]
instituto (m)	faculdade (f)	[fakuw'dadʒi]
universidad (f)	universidade (f)	[universi'dadʒi]
escuela (f)	escola (f)	[is'kɔla]
prefectura (f)	prefeitura (f)	[prefej'tura]
alcaldía (f)	câmara (f) municipal	['kamara munisi'paw]
hotel (m)	hotel (m)	[o'tɛw]
banco (m)	banco (m)	['bãku]
embajada (f)	embaixada (f)	[ẽbaj'ʃada]
agencia (f) de viajes	agência (f) de viagens	[a'ʒẽsja de 'vjaʒẽs]
oficina (f) de información	agência (f) de informações	[a'ʒẽsja de ĩforma'sõjs]
oficina (f) de cambio	casa (f) de câmbio	['kaza de 'kãbju]
metro (m)	metrô (m)	[me'tro]
hospital (m)	hospital (m)	[ospi'taw]
gasolinera (f)	posto (m) de gasolina	['postu de gazo'lina]
aparcamiento (m)	parque (m) de estacionamento	['parki de istasjona'mẽtu]

77. El transporte urbano

autobús (m)	ônibus (m)	['onibus]
tranvía (m)	bonde (m) elétrico	['bõdʒi e'lɛtriku]
trolebús (m)	trólebus (m)	['trɔlebus]
itinerario (m)	rota (f), itinerário (m)	['hɔta], [itʃine'rarju]
número (m)	número (m)	['numeru]
ir en ...	ir de ...	[ir de]
tomar (~ el autobús)	entrar no ...	[ẽ'trar nu]
bajar (~ del tren)	descer do ...	[de'ser du]

parada (f)	parada (f)	[pa'rada]
próxima parada (f)	próxima parada (f)	['prɔsima pa'rada]
parada (f) final	terminal (m)	[termi'naw]
horario (m)	horário (m)	[o'rarju]
esperar (aguardar)	esperar (vt)	[ispe'rar]

| billete (m) | passagem (f) | [pa'saʒẽ] |
| precio (m) del billete | tarifa (f) | [ta'rifa] |

cajero (m)	bilheteiro (m)	[biʎe'tejru]
control (m) de billetes	controle (m) de passagens	[kõ'troli de pa'saʒãjʃ]
revisor (m)	revisor (m)	[hevi'zor]

llegar tarde (vi)	atrasar-se (vr)	[atra'zarsi]
perder (~ el tren)	perder (vt)	[per'der]
tener prisa	estar com pressa	[is'tar kõ 'prɛsa]

taxi (m)	táxi (m)	['taksi]
taxista (m)	taxista (m)	[tak'sista]
en taxi	de táxi	[de 'taksi]
parada (f) de taxi	ponto (m) de táxis	['põtu de 'taksis]
llamar un taxi	chamar um táxi	[ʃa'mar ũ 'taksi]
tomar un taxi	pegar um táxi	[pe'gar ũ 'taksi]

tráfico (m)	tráfego (m)	['trafegu]
atasco (m)	engarrafamento (m)	[ẽgahafa'mẽtu]
horas (f pl) de punta	horas (f pl) de pico	['ɔras de 'piku]
aparcar (vi)	estacionar (vi)	[istasjo'nar]
aparcar (vt)	estacionar (vt)	[istasjo'nar]
aparcamiento (m)	parque (m) de estacionamento	['parki de istasjona'mẽtu]

metro (m)	metrô (m)	[me'tro]
estación (f)	estação (f)	[ista'sãw]
ir en el metro	ir de metrô	[ir de me'tro]
tren (m)	trem (m)	[trẽj]
estación (f)	estação (f) de trem	[ista'sãw de trẽj]

78. El turismo. La excursión

monumento (m)	monumento (m)	[monu'mẽtu]
fortaleza (f)	fortaleza (f)	[forta'leza]
palacio (m)	palácio (m)	[pa'lasju]
castillo (m)	castelo (m)	[kas'tɛlu]
torre (f)	torre (f)	['tohi]
mausoleo (m)	mausoléu (m)	[mawzo'lɛw]

arquitectura (f)	arquitetura (f)	[arkite'tura]
medieval (adj)	medieval	[medʒje'vaw]
antiguo (adj)	antigo	[ã'tʃigu]
nacional (adj)	nacional	[nasjo'naw]
conocido (adj)	famoso	[fa'mozu]
turista (m)	turista (m)	[tu'rista]
guía (m) (persona)	guia (m)	['gia]

excursión (f)	excursão (f)	[iskur'sãw]
mostrar (vt)	mostrar (vt)	[mos'trar]
contar (una historia)	contar (vt)	[kõ'tar]

encontrar (hallar)	encontrar (vt)	[ẽkõ'trar]
perderse (vr)	perder-se (vr)	[per'dersi]
plano (m) (~ de metro)	mapa (m)	['mapa]
mapa (m) (~ de la ciudad)	mapa (m)	['mapa]

recuerdo (m)	lembrança (f), presente (m)	[lẽ'brãsa], [pre'zẽtʃi]
tienda (f) de regalos	loja (f) de presentes	['loʒa de pre'zẽtʃis]
hacer fotos	tirar fotos	[tʃi'rar 'fotus]
fotografiarse (vr)	fotografar-se (vr)	[fotogra'farse]

79. Las compras

comprar (vt)	comprar (vt)	[kõ'prar]
compra (f)	compra (f)	['kõpra]
hacer compras	fazer compras	[fa'zer 'kõpras]
compras (f pl)	compras (f pl)	['kõpras]

estar abierto (tienda)	estar aberta	[is'tar a'bɛrta]
estar cerrado	estar fechada	[is'tar fe'ʃada]

calzado (m)	calçado (m)	[kaw'sadu]
ropa (f)	roupa (f)	['hopa]
cosméticos (m pl)	cosméticos (m pl)	[koz'mɛtʃikus]
productos alimenticios	alimentos (m pl)	[ali'mẽtus]
regalo (m)	presente (m)	[pre'zẽtʃi]

vendedor (m)	vendedor (m)	[vẽde'dor]
vendedora (f)	vendedora (f)	[vẽde'dora]

caja (f)	caixa (f)	['kaɪʃa]
espejo (m)	espelho (m)	[is'peʎu]
mostrador (m)	balcão (m)	[baw'kãw]
probador (m)	provador (m)	[prɔva'dor]

probar (un vestido)	provar (vt)	[pro'var]
quedar (una ropa, etc.)	servir (vi)	[ser'vir]
gustar (vi)	gostar (vt)	[gos'tar]

precio (m)	preço (m)	['presu]
etiqueta (f) de precio	etiqueta (f) de preço	[etʃi'keta de 'presu]
costar (vt)	custar (vt)	[kus'tar]
¿Cuánto?	Quanto?	['kwãtu]
descuento (m)	desconto (m)	[dʒis'kõtu]

no costoso (adj)	não caro	['nãw 'karu]
barato (adj)	barato	[ba'ratu]
caro (adj)	caro	['karu]
Es caro	É caro	[ɛ 'karu]
alquiler (m)	aluguel (m)	[alu'gɛw]
alquilar (vt)	alugar (vt)	[alu'gar]

| crédito (m) | crédito (m) | ['krɛʤitu] |
| a crédito (adv) | a crédito | [a 'krɛʤitu] |

80. El dinero

dinero (m)	dinheiro (m)	[ʤi'ɲejru]
cambio (m)	câmbio (m)	['kãbju]
curso (m)	taxa (f) de câmbio	['taʃa de 'kãbju]
cajero (m) automático	caixa (m) eletrônico	['kaɪʃa ele'troniku]
moneda (f)	moeda (f)	['mwɛda]

| dólar (m) | dólar (m) | ['dɔlar] |
| euro (m) | euro (m) | ['ewru] |

lira (f)	lira (f)	['lira]
marco (m) alemán	marco (m)	['marku]
franco (m)	franco (m)	['frãku]
libra esterlina (f)	libra (f) esterlina	['libra ister'linu]
yen (m)	iene (m)	['jɛni]

deuda (f)	dívida (f)	['ʤivida]
deudor (m)	devedor (m)	[deve'dor]
prestar (vt)	emprestar (vt)	[ẽpres'tar]
tomar prestado	pedir emprestado	[pe'ʤir ẽpres'tadu]

banco (m)	banco (m)	['bãku]
cuenta (f)	conta (f)	['kõta]
ingresar (~ en la cuenta)	depositar (vt)	[depozi'tar]
ingresar en la cuenta	depositar na conta	[depozi'tar na 'kõta]
sacar de la cuenta	sacar (vt)	[sa'kar]

tarjeta (f) de crédito	cartão (m) de crédito	[kar'tãw de 'krɛʤitu]
dinero (m) en efectivo	dinheiro (m) vivo	[ʤi'ɲejru 'vivu]
cheque (m)	cheque (m)	['ʃɛki]
sacar un cheque	passar um cheque	[pa'sar ũ 'ʃɛki]
talonario (m)	talão (m) de cheques	[ta'lãw de 'ʃɛkis]

cartera (f)	carteira (f)	[kar'tejra]
monedero (m)	niqueleira (f)	[nike'lejra]
caja (f) fuerte	cofre (m)	['kɔfri]

heredero (m)	herdeiro (m)	[er'dejru]
herencia (f)	herança (f)	[e'rãsa]
fortuna (f)	fortuna (f)	[for'tuna]

arriendo (m)	arrendamento (m)	[ahẽda'mẽtu]
alquiler (m) (dinero)	aluguel (m)	[alu'gɛw]
alquilar (~ una casa)	alugar (vt)	[alu'gar]

precio (m)	preço (m)	['presu]
coste (m)	custo (m)	['kustu]
suma (f)	soma (f)	['sɔma]
gastar (vt)	gastar (vt)	[gas'tar]
gastos (m pl)	gastos (m pl)	['gastus]

economizar (vi, vt)	economizar (vi)	[ekonomi'zar]
económico (adj)	econômico	[eko'nomiku]

pagar (vi, vt)	pagar (vt)	[pa'gar]
pago (m)	pagamento (m)	[paga'mẽtu]
cambio (m) (devolver el ~)	troco (m)	['troku]

impuesto (m)	imposto (m)	[ĩ'postu]
multa (f)	multa (f)	['muwta]
multar (vt)	multar (vt)	[muw'tar]

81. La oficina de correos

oficina (f) de correos	agência (f) dos correios	[a'ʒẽsja dus ko'hejus]
correo (m) (cartas, etc.)	correio (m)	[ko'heju]
cartero (m)	carteiro (m)	[kar'tejru]
horario (m) de apertura	horário (m)	[o'rarju]

carta (f)	carta (f)	['karta]
carta (f) certificada	carta (f) registada	['karta heʒis'tada]
tarjeta (f) postal	cartão (m) postal	[kar'tãw pos'taw]
telegrama (m)	telegrama (m)	[tele'grama]
paquete (m) postal	encomenda (f)	[ẽko'mẽda]
giro (m) postal	transferência (f) de dinheiro	[trãsfe'rẽsja de dʒi'ɲejru]

recibir (vt)	receber (vt)	[hese'ber]
enviar (vt)	enviar (vt)	[ẽ'vjar]
envío (m)	envio (m)	[ẽ'viu]

dirección (f)	endereço (m)	[ẽde'resu]
código (m) postal	código (m) postal	['kɔdʒigu pos'taw]
expedidor (m)	remetente (m)	[heme'tẽtʃi]
destinatario (m)	destinatário (m)	[destʃina'tarju]

nombre (m)	nome (m)	['nɔmi]
apellido (m)	sobrenome (m)	[sobri'nɔmi]

tarifa (f)	tarifa (f)	[ta'rifa]
ordinario (adj)	ordinário	[ordʒi'narju]
económico (adj)	econômico	[eko'nomiku]

peso (m)	peso (m)	['pezu]
pesar (~ una carta)	pesar (vt)	[pe'zar]
sobre (m)	envelope (m)	[ẽve'lɔpi]
sello (m)	selo (m) postal	['selu pos'taw]
poner un sello	colar o selo	[ko'lar u 'selu]

La vivienda. La casa. El hogar

82. La casa. La vivienda

casa (f)	casa (f)	['kaza]
en casa (adv)	em casa	[ẽ 'kaza]
patio (m)	pátio (m), quintal (f)	['patʃju], [kĩ'taw]
verja (f)	cerca, grade (f)	['sɛrka], ['gradʒi]
ladrillo (m)	tijolo (m)	[tʃi'ʒolu]
de ladrillo (adj)	de tijolos	[de tʃi'ʒolus]
piedra (f)	pedra (f)	['pɛdra]
de piedra (adj)	de pedra	[de 'pɛdra]
hormigón (m)	concreto (m)	[kõ'krɛtu]
de hormigón (adj)	concreto	[kõ'krɛtu]
nuevo (adj)	novo	['novu]
viejo (adj)	velho	['vɛʎu]
deteriorado (adj)	decrépito	[de'krɛpitu]
moderno (adj)	moderno	[mo'dɛrnu]
de muchos pisos	de vários andares	[de 'varjus ã'daris]
alto (adj)	alto	['awtu]
piso (m), planta (f)	andar (m)	[ã'dar]
de una sola planta	de um andar	[de ũ ã'dar]
piso (m) bajo	térreo (m)	['tɛhju]
piso (m) alto	andar (m) de cima	[ã'dar de 'sima]
techo (m)	telhado (m)	[te'ʎadu]
chimenea (f)	chaminé (f)	[ʃami'nɛ]
tejas (f pl)	telha (f)	['teʎa]
de tejas (adj)	de telha	[de 'teʎa]
desván (m)	sótão (m)	['sɔtãw]
ventana (f)	janela (f)	[ʒa'nɛla]
vidrio (m)	vidro (m)	['vidru]
alféizar (m)	parapeito (m)	[para'pejtu]
contraventanas (f pl)	persianas (f pl)	[per'sjanas]
pared (f)	parede (f)	[pa'redʒi]
balcón (m)	varanda (f)	[va'rãda]
gotera (f)	calha (f)	['kaʎa]
arriba (estar ~)	em cima	[ẽ 'sima]
subir (vi)	subir (vi)	[su'bir]
descender (vi)	descer (vi)	[de'ser]
mudarse (vr)	mudar-se (vr)	[mu'darsi]

83. La casa. La entrada. El ascensor

entrada (f)	entrada (f)	[ẽ'trada]
escalera (f)	escada (f)	[is'kada]
escalones (m pl)	degraus (m pl)	[de'graws]
baranda (f)	corrimão (m)	[kohi'mãw]
vestíbulo (m)	hall (m) de entrada	[hɔw de ẽ'trada]
buzón (m)	caixa (f) de correio	['kaɪʃa de ko'heju]
contenedor (m) de basura	lixeira (f)	[li'ʃejra]
bajante (f) de basura	calha (f) de lixo	['kaʎa de 'liʃu]
ascensor (m)	elevador (m)	[eleva'dor]
ascensor (m) de carga	elevador (m) de carga	[eleva'dor de 'karga]
cabina (f)	cabine (f)	[ka'bini]
ir en el ascensor	pegar o elevador	[pe'gar u eleva'dor]
apartamento (m)	apartamento (m)	[aparta'mẽtu]
inquilinos (pl)	residentes (pl)	[hezi'dẽtʃis]
vecino (m)	vizinho (m)	[vi'ziɲu]
vecina (f)	vizinha (f)	[vi'ziɲa]
vecinos (pl)	vizinhos (pl)	[vi'ziɲus]

84. La casa. La puerta. La cerradura

puerta (f)	porta (f)	['pɔrta]
portón (m)	portão (m)	[por'tãw]
tirador (m)	maçaneta (f)	[masa'neta]
abrir el cerrojo	destrancar (vt)	[dʒistrã'kar]
abrir (vt)	abrir (vt)	[a'brir]
cerrar (vt)	fechar (vt)	[fe'ʃar]
llave (f)	chave (f)	['ʃavi]
manojo (m) de llaves	molho (m)	['moʎu]
crujir (vi)	ranger (vi)	[hã'ʒer]
crujido (m)	rangido (m)	[hã'ʒidu]
gozne (m)	dobradiça (f)	[dobra'dʒisa]
felpudo (m)	capacho (m)	[ka'paʃu]
cerradura (f)	fechadura (f)	[feʃa'dura]
ojo (m) de cerradura	buraco (m) da fechadura	[bu'raku da feʃa'dura]
cerrojo (m)	barra (f)	['baha]
pestillo (m)	fecho (m)	['feʃu]
candado (m)	cadeado (m)	[ka'dʒjadu]
tocar el timbre	tocar (vt)	[to'kar]
campanillazo (m)	toque (m)	['tɔki]
timbre (m)	campainha (f)	[kampa'iɲa]
botón (m)	botão (m)	[bo'tãw]
toque (m) a la puerta	batida (f)	[ba'tʃida]
tocar la puerta	bater (vi)	[ba'ter]

código (m)	código (m)	['kɔdʒigu]
cerradura (f) de contraseña	fechadura (f) de código	[feʃa'dura de 'kɔdʒigu]
telefonillo (m)	interfone (m)	[ĩter'fɔni]
número (m)	número (m)	['numeru]
placa (f) de puerta	placa (f) de porta	['plaka de 'pɔrta]
mirilla (f)	olho (m) mágico	['oʎu 'maʒiku]

85. La casa de campo

aldea (f)	aldeia (f)	[aw'deja]
huerta (f)	horta (f)	['ɔrta]
empalizada (f)	cerca (f)	['serka]
valla (f)	cerca (f) de piquete	['sɛrka de pi'ketʃi]
puertecilla (f)	portão (f) do jardim	[por'tãw du ʒar'dʒĩ]
granero (m)	celeiro (m)	[se'lejru]
sótano (m)	adega (f)	[a'dɛga]
cobertizo (m)	galpão, barracão (m)	[gaw'pãw], [baha'kãw]
pozo (m)	poço (m)	['posu]
estufa (f)	fogão (m)	[fo'gãw]
calentar la estufa	atiçar o fogo	[atʃi'sar u 'fogu]
leña (f)	lenha (f)	['lɛɲa]
leño (m)	lenha (f)	['lɛɲa]
veranda (f)	varanda (f)	[va'rãda]
terraza (f)	alpendre (m)	[aw'pẽdri]
porche (m)	degraus (m pl) de entrada	[de'graws de ẽ'trada]
columpio (m)	balanço (m)	[ba'lãsu]

86. El castillo. El palacio

castillo (m)	castelo (m)	[kas'tɛlu]
palacio (m)	palácio (m)	[pa'lasju]
fortaleza (f)	fortaleza (f)	[forta'leza]
muralla (f)	muralha (f)	[mu'raʎa]
torre (f)	torre (f)	['tohi]
torre (f) principal	calabouço (m)	[kala'bosu]
rastrillo (m)	grade (f) levadiça	['gradʒi leva'dʒisa]
pasaje (m) subterráneo	passagem (f) subterrânea	[pa'saʒẽ subite'hanja]
foso (m) del castillo	fosso (m)	['fosu]
cadena (f)	corrente, cadeia (f)	[ko'hẽtʃi], [ka'deja]
aspillera (f)	seteira (f)	[se'tejra]
magnífico (adj)	magnífico	[mag'nifiku]
majestuoso (adj)	majestoso	[maʒes'tozu]
inexpugnable (adj)	inexpugnável	[inespug'navew]
medieval (adj)	medieval	[medʒje'vaw]

87. El apartamento

apartamento (m)	**apartamento** (m)	[aparta'mẽtu]
habitación (f)	**quarto, cômodo** (m)	['kwartu], ['komodu]
dormitorio (m)	**quarto** (m) **de dormir**	['kwartu de dor'mir]
comedor (m)	**sala** (f) **de jantar**	['sala de ʒã'tar]
salón (m)	**sala** (f) **de estar**	['sala de is'tar]
despacho (m)	**escritório** (m)	[iskri'tɔrju]
antecámara (f)	**sala** (f) **de entrada**	['sala de ẽ'trada]
cuarto (m) de baño	**banheiro** (m)	[ba'ɲejru]
servicio (m)	**lavabo** (m)	[la'vabu]
techo (m)	**teto** (m)	['tɛtu]
suelo (m)	**chão, piso** (m)	['ʃãw], ['pizu]
rincón (m)	**canto** (m)	['kãtu]

88. El apartamento. La limpieza

hacer la limpieza	**arrumar, limpar** (vt)	[ahu'mar], [lĩ'par]
quitar (retirar)	**guardar** (vt)	[gwar'dar]
polvo (m)	**pó** (m)	[pɔ]
polvoriento (adj)	**empoeirado**	[ẽpoej'radu]
limpiar el polvo	**tirar o pó**	[tʃi'rar u pɔ]
aspirador (m), aspiradora (f)	**aspirador** (m)	[aspira'dor]
limpiar con la aspiradora	**aspirar** (vt)	[aspi'rar]
barrer (vi, vt)	**varrer** (vt)	[va'her]
barreduras (f pl)	**sujeira** (f)	[su'ʒejra]
orden (m)	**arrumação, ordem** (f)	[ahuma'sãw], ['ordẽ]
desorden (m)	**desordem** (f)	[dʒi'zordẽ]
fregona (f)	**esfregão** (m)	[isfre'gaw]
trapo (m)	**pano** (m)**, trapo** (m)	['panu], ['trapu]
escoba (f)	**vassoura** (f)	[va'sora]
cogedor (m)	**pá** (f) **de lixo**	[pa de 'liʃu]

89. Los muebles. El interior

muebles (m pl)	**mobiliário** (m)	[mobi'ljarju]
mesa (f)	**mesa** (f)	['meza]
silla (f)	**cadeira** (f)	[ka'dejra]
cama (f)	**cama** (f)	['kama]
sofá (m)	**sofá, divã** (m)	[so'fa], [dʒi'vã]
sillón (m)	**poltrona** (f)	[pow'trona]
librería (f)	**estante** (f)	[is'tãtʃi]
estante (m)	**prateleira** (f)	[prate'lejra]
armario (m)	**guarda-roupas** (m)	['gwarda 'hopa]
percha (f)	**cabide** (m) **de parede**	[ka'bidʒi de pa'redʒi]

perchero (m) de pie	cabideiro (m) de pé	[kabi'dejru de pɛ]
cómoda (f)	cômoda (f)	['komoda]
mesa (f) de café	mesinha (f) de centro	[me'ziɲa de 'sẽtru]

espejo (m)	espelho (m)	[is'peʎu]
tapiz (m)	tapete (m)	[ta'petʃi]
alfombra (f)	tapete (m)	[ta'petʃi]

chimenea (f)	lareira (f)	[la'rejra]
vela (f)	vela (f)	['vɛla]
candelero (m)	castiçal (m)	[kastʃi'saw]

cortinas (f pl)	cortinas (f pl)	[kor'tʃinas]
empapelado (m)	papel (m) de parede	[pa'pɛw de pa'redʒi]
estor (m) de láminas	persianas (f pl)	[per'sjanas]

lámpara (f) de mesa	luminária (f) de mesa	[lumi'narja de 'meza]
aplique (m)	luminária (f) de parede	[lumi'narja de pa'redʒi]
lámpara (f) de pie	abajur (m) de pé	[aba'ʒur de 'pɛ]
lámpara (f) de araña	lustre (m)	['lustri]

pata (f) (~ de la mesa)	pé (m)	[pɛ]
brazo (m)	braço, descanso (m)	['brasu], [dʒis'kãsu]
espaldar (m)	costas (f pl)	['kɔstas]
cajón (m)	gaveta (f)	[ga'veta]

90. Los accesorios de cama

ropa (f) de cama	roupa (f) de cama	['hopa de 'kama]
almohada (f)	travesseiro (m)	[trave'sejru]
funda (f)	fronha (f)	['froɲa]
manta (f)	cobertor (m)	[kuber'tor]
sábana (f)	lençol (m)	[lẽ'sɔw]
sobrecama (f)	colcha (f)	['kowʃa]

91. La cocina

cocina (f)	cozinha (f)	[ko'ziɲa]
gas (m)	gás (m)	[gajs]
cocina (f) de gas	fogão (m) a gás	[fo'gãw a gajs]
cocina (f) eléctrica	fogão (m) elétrico	[fo'gãw e'lɛtriku]
horno (m)	forno (m)	['fornu]
horno (m) microondas	forno (m) de micro-ondas	['fornu de mikro'õdas]

frigorífico (m)	geladeira (f)	[ʒela'dejra]
congelador (m)	congelador (m)	[kõʒela'dor]
lavavajillas (m)	máquina (f) de lavar louça	['makina de la'var 'losa]

picadora (f) de carne	moedor (m) de carne	[moe'dor de 'karni]
exprimidor (m)	espremedor (m)	[ispreme'dor]
tostador (m)	torradeira (f)	[toha'dejra]
batidora (f)	batedeira (f)	[bate'dejra]

cafetera (f) (aparato de cocina)	máquina (f) de café	['makina de ka'fɛ]
cafetera (f) (para servir)	cafeteira (f)	[kafe'tejra]
molinillo (m) de café	moedor (m) de café	[moe'dor de ka'fɛ]
hervidor (m) de agua	chaleira (f)	[ʃa'lejra]
tetera (f)	bule (m)	['buli]
tapa (f)	tampa (f)	['tãpa]
colador (m) de té	coador (m) de chá	[koa'dor de ʃa]
cuchara (f)	colher (f)	[ko'ʎer]
cucharilla (f)	colher (f) de chá	[ko'ʎer de ʃa]
cuchara (f) de sopa	colher (f) de sopa	[ko'ʎer de 'sopa]
tenedor (m)	garfo (m)	['garfu]
cuchillo (m)	faca (f)	['faka]
vajilla (f)	louça (f)	['losa]
plato (m)	prato (m)	['pratu]
platillo (m)	pires (m)	['piris]
vaso (m) de chupito	cálice (m)	['kalisi]
vaso (m) (~ de agua)	copo (m)	['kɔpu]
taza (f)	xícara (f)	['ʃikara]
azucarera (f)	açucareiro (m)	[asuka'rejru]
salero (m)	saleiro (m)	[sa'lejru]
pimentero (m)	pimenteiro (m)	[pimẽ'tejru]
mantequera (f)	manteigueira (f)	[mãtej'gejra]
cacerola (f)	panela (f)	[pa'nɛla]
sartén (f)	frigideira (f)	[friʒi'dejra]
cucharón (m)	concha (f)	['kõʃa]
colador (m)	coador (m)	[koa'dor]
bandeja (f)	bandeja (f)	[bã'deʒa]
botella (f)	garrafa (f)	[ga'hafa]
tarro (m) de vidrio	pote (m) de vidro	['pɔtʃi de 'vidru]
lata (f)	lata (f)	['lata]
abrebotellas (m)	abridor (m) de garrafa	[abri'dor de ga'hafa]
abrelatas (m)	abridor (m) de latas	[abri'dor de 'latas]
sacacorchos (m)	saca-rolhas (m)	['saka-'hoʎas]
filtro (m)	filtro (m)	['fiwtru]
filtrar (vt)	filtrar (vt)	[fiw'trar]
basura (f)	lixo (m)	['liʃu]
cubo (m) de basura	lixeira (f)	[li'ʃejra]

92. El baño

cuarto (m) de baño	banheiro (m)	[ba'ɲejru]
agua (f)	água (f)	['agwa]
grifo (m)	torneira (f)	[tor'nejra]
agua (f) caliente	água (f) quente	['agwa 'kẽtʃi]

agua (f) fría	água (f) fria	['agwa 'fria]
pasta (f) de dientes	pasta (f) de dente	['pasta de 'dẽtʃi]
limpiarse los dientes	escovar os dentes	[isko'var us 'dẽtʃis]
cepillo (m) de dientes	escova (f) de dente	[is'kova de 'dẽtʃi]
afeitarse (vr)	barbear-se (vr)	[bar'bjarsi]
espuma (f) de afeitar	espuma (f) de barbear	[is'puma de bar'bjar]
maquinilla (f) de afeitar	gilete (f)	[ʒi'lɛtʃi]
lavar (vt)	lavar (vt)	[la'var]
darse un baño	tomar banho	[to'mar baɲu]
ducha (f)	chuveiro (m), ducha (f)	[ʃu'vejru], ['duʃa]
darse una ducha	tomar uma ducha	[to'mar 'uma 'duʃa]
bañera (f)	banheira (f)	[ba'ɲejra]
inodoro (m)	vaso (m) sanitário	['vazu sani'tarju]
lavabo (m)	pia (f)	['pia]
jabón (m)	sabonete (m)	[sabo'netʃi]
jabonera (f)	saboneteira (f)	[sabone'tejra]
esponja (f)	esponja (f)	[is'põʒa]
champú (m)	xampu (m)	[ʃã'pu]
toalla (f)	toalha (f)	[to'aʎa]
bata (f) de baño	roupão (m) de banho	[ho'pãw de 'baɲu]
colada (f), lavado (m)	lavagem (f)	[la'vaʒẽ]
lavadora (f)	lavadora (f) de roupas	[lava'dora de 'hopas]
lavar la ropa	lavar a roupa	[la'var a 'hopa]
detergente (m) en polvo	detergente (m)	[deter'ʒẽtʃi]

93. Los aparatos domésticos

televisor (m)	televisor (m)	[televi'zor]
magnetófono (m)	gravador (m)	[grava'dor]
vídeo (m)	videogravador (m)	['vidʒju·grava'dor]
radio (m)	rádio (m)	['hadʒju]
reproductor (m) (~ MP3)	leitor (m)	[lej'tor]
proyector (m) de vídeo	projetor (m)	[proʒe'tor]
sistema (m) home cinema	cinema (m) em casa	[si'nɛma ẽ 'kaza]
reproductor (m) de DVD	DVD Player (m)	[deve'de 'plejer]
amplificador (m)	amplificador (m)	[ãplifika'dor]
videoconsola (f)	console (f) de jogos	[kõ'sɔli de 'ʒogus]
cámara (f) de vídeo	câmera (f) de vídeo	['kamera de 'vidʒju]
cámara (f) fotográfica	máquina (f) fotográfica	['makina foto'grafika]
cámara (f) digital	câmera (f) digital	['kamera dʒiʒi'taw]
aspirador (m), aspiradora (f)	aspirador (m)	[aspira'dor]
plancha (f)	ferro (m) de passar	['fɛhu de pa'sar]
tabla (f) de planchar	tábua (f) de passar	['tabwa de pa'sar]
teléfono (m)	telefone (m)	[tele'foni]
teléfono (m) móvil	celular (m)	[selu'lar]

máquina (f) de escribir	**máquina** (f) **de escrever**	['makina de iskre'ver]
máquina (f) de coser	**máquina** (f) **de costura**	['makina de kos'tura]
micrófono (m)	**microfone** (m)	[mikro'foni]
auriculares (m pl)	**fone** (m) **de ouvido**	['foni de o'vidu]
mando (m) a distancia	**controle remoto** (m)	[kõ'troli he'mɔtu]
CD (m)	**CD** (m)	['sede]
casete (m)	**fita** (f) **cassete**	['fita ka'sɛtʃi]
disco (m) de vinilo	**disco** (m) **de vinil**	['dʒisku de vi'niw]

94. Los arreglos. La renovación

renovación (f)	**renovação** (f)	[henova'sãw]
renovar (vt)	**renovar** (vt), **fazer obras**	[heno'var], [fa'zer 'ɔbras]
reparar (vt)	**reparar** (vt)	[hepa'rar]
poner en orden	**consertar** (vt)	[kõser'tar]
rehacer (vt)	**refazer** (vt)	[hefa'zer]
pintura (f)	**tinta** (f)	[tʃĩta]
pintar (las paredes)	**pintar** (vt)	[pĩ'tar]
pintor (m)	**pintor** (m)	[pĩ'tor]
brocha (f)	**pincel** (m)	[pĩ'sɛw]
cal (f)	**cal** (f)	[kaw]
encalar (vt)	**caiar** (vt)	[kaj'ar]
empapelado (m)	**papel** (m) **de parede**	[pa'pɛw de pa'redʒi]
empapelar (vt)	**colocar papel de parede**	[kolo'kar pa'pɛw de pa'redʒi]
barniz (m)	**verniz** (m)	[ver'niz]
cubrir con barniz	**envernizar** (vt)	[ẽverni'zar]

95. La plomería

agua (f)	**água** (f)	['agwa]
agua (f) caliente	**água** (f) **quente**	['agwa 'kẽtʃi]
agua (f) fría	**água** (f) **fria**	['agwa 'fria]
grifo (m)	**torneira** (f)	[tor'nejra]
gota (f)	**gota** (f)	['gota]
gotear (el grifo)	**gotejar** (vi)	[gote'ʒar]
gotear (cañería)	**vazar** (vt)	[va'zar]
escape (m) de agua	**vazamento** (m)	[vaza'mẽtu]
charco (m)	**poça** (f)	['posa]
tubo (m)	**tubo** (m)	['tubu]
válvula (f)	**válvula** (f)	['vawvula]
estar atascado	**entupir-se** (vr)	[ẽtu'pirsi]
instrumentos (m pl)	**ferramentas** (f pl)	[feha'mẽtas]
llave (f) inglesa	**chave** (f) **inglesa**	['ʃavi ĩ'gleza]
destornillar (vt)	**desenroscar** (vt)	[dezẽhos'kar]

atornillar (vt)	enroscar (vt)	[ẽhos'kar]
desatascar (vt)	desentupir (vt)	[ʤizẽtu'pir]
fontanero (m)	encanador (m)	[ẽkana'dor]
sótano (m)	porão (m)	[po'rãw]
alcantarillado (m)	rede (f) de esgotos	['hedʒi de iz'gotus]

96. El fuego. El incendio

incendio (m)	incêndio (m)	[ĩ'sẽʤju]
llama (f)	chama (f)	['ʃama]
chispa (f)	faísca (f)	[fa'iska]
humo (m)	fumaça (f)	[fu'masa]
antorcha (f)	tocha (f)	['toʃa]
hoguera (f)	fogueira (f)	[fo'gejra]

gasolina (f)	gasolina (f)	[gazo'lina]
queroseno (m)	querosene (m)	[kero'zɛni]
inflamable (adj)	inflamável	[ĩfla'mavew]
explosivo (adj)	explosivo	[isplo'zivu]
PROHIBIDO FUMAR	PROIBIDO FUMAR!	[proi'bidu fu'mar]

seguridad (f)	segurança (f)	[segu'rãsa]
peligro (m)	perigo (m)	[pe'rigu]
peligroso (adj)	perigoso	[peri'gozu]

prenderse fuego	incendiar-se (vr)	[ĩsẽ'ʤjarse]
explosión (f)	explosão (f)	[isplo'zãw]
incendiar (vt)	incendiar (vt)	[ĩsẽ'ʤjar]
incendiario (m)	incendiário (m)	[ĩsẽ'ʤjarju]
incendio (m) provocado	incêndio (m) criminoso	[ĩ'sẽʤju krimi'nozu]

estar en llamas	flamejar (vi)	[flame'ʒar]
arder (vi)	queimar (vi)	[kej'mar]
incendiarse (vr)	queimar tudo (vi)	[kej'mar 'tudu]

llamar a los bomberos	chamar os bombeiros	[ʃa'mar us bõ'bejrus]
bombero (m)	bombeiro (m)	[bõ'bejru]
coche (m) de bomberos	caminhão (m) de bombeiros	[kami'ɲãw de bõ'bejrus]
cuerpo (m) de bomberos	corpo (m) de bombeiros	['korpu de bõ'bejrus]
escalera (f) telescópica	escada (f) extensível	[is'kada istẽ'sivɛl]

manguera (f)	mangueira (f)	[mã'gejra]
extintor (m)	extintor (m)	[istĩ'tor]
casco (m)	capacete (m)	[kapa'setʃi]
sirena (f)	sirene (f)	[si'rɛni]

gritar (vi)	gritar (vi)	[gri'tar]
pedir socorro	chamar por socorro	[ʃa'mar por so'kohu]
socorrista (m)	socorrista (m)	[soko'hista]
salvar (vt)	salvar, resgatar (vt)	[saw'var], [hezga'tar]

llegar (vi)	chegar (vi)	[ʃe'gar]
apagar (~ el incendio)	apagar (vt)	[apa'gar]
agua (f)	água (f)	['agwa]

arena (f)	**areia** (f)	[a'reja]
ruinas (f pl)	**ruínas** (f pl)	['hwinas]
colapsarse (vr)	**ruir** (vi)	['hwir]
hundirse (vr)	**desmoronar** (vi)	[dʒizmoro'nar]
derrumbarse (vr)	**desabar** (vi)	[dʒiza'bar]
trozo (m) (~ del muro)	**fragmento** (m)	[frag'mẽtu]
ceniza (f)	**cinza** (f)	['sĩza]
morir asfixiado	**sufocar** (vi)	[sufo'kar]
perecer (vi)	**perecer** (vi)	[pere'ser]

LAS ACTIVIDADES DE LA GENTE

El trabajo. Los negocios. Unidad 1

97. La banca

banco (m)	banco (m)	['bãku]
sucursal (f)	balcão (f)	[baw'kãw]
consultor (m)	consultor (m) bancário	[kõsuw'tor bã'karju]
gerente (m)	gerente (m)	[ʒe'rẽtʃi]
cuenta (f)	conta (f)	['kõta]
numero (m) de la cuenta	número (m) da conta	['numeru da 'kõta]
cuenta (f) corriente	conta (f) corrente	['kõta ko'hẽtʃi]
cuenta (f) de ahorros	conta (f) poupança	['kõta po'pãsa]
abrir una cuenta	abrir uma conta	[a'brir 'uma 'kõta]
cerrar la cuenta	fechar uma conta	[fe'ʃar 'uma 'kõta]
ingresar en la cuenta	depositar na conta	[depozi'tar na 'kõta]
sacar de la cuenta	sacar (vt)	[sa'kar]
depósito (m)	depósito (m)	[de'pɔzitu]
hacer un depósito	fazer um depósito	[fa'zer ũ de'pɔzitu]
giro (m) bancario	transferência (f) bancária	[trãsfe'rẽsja bã'karja]
hacer un giro	transferir (vt)	[trãsfe'rir]
suma (f)	soma (f)	['sɔma]
¿Cuánto?	Quanto?	['kwãtu]
firma (f) (nombre)	assinatura (f)	[asina'tura]
firmar (vt)	assinar (vt)	[asi'nar]
tarjeta (f) de crédito	cartão (m) de crédito	[kar'tãw de 'krɛdʒitu]
código (m)	senha (f)	['sɛɲa]
número (m) de tarjeta de crédito	número (m) do cartão de crédito	['numeru du kar'tãw de 'krɛdʒitu]
cajero (m) automático	caixa (m) eletrônico	['kaɪʃa ele'troniku]
cheque (m)	cheque (m)	['ʃɛki]
sacar un cheque	passar um cheque	[pa'sar ũ 'ʃɛki]
talonario (m)	talão (m) de cheques	[ta'lãw de 'ʃɛkis]
crédito (m)	empréstimo (m)	[ẽ'prɛstʃimu]
pedir el crédito	pedir um empréstimo	[pe'dʒir ũ ẽ'prɛstʃimu]
obtener un crédito	obter empréstimo	[ob'ter ẽ'prɛstʃimu]
conceder un crédito	dar um empréstimo	[dar ũ ẽ'prɛstʃimu]
garantía (f)	garantia (f)	[garã'tʃia]

98. El teléfono. Las conversaciones telefónicas

teléfono (m)	telefone (m)	[tele'fɔni]
teléfono (m) móvil	celular (m)	[selu'lar]
contestador (m)	secretária (f) eletrônica	[sekre'tarja ele'tronika]

| llamar, telefonear | fazer uma chamada | [fa'zer 'uma ʃa'mada] |
| llamada (f) | chamada (f) | [ʃa'mada] |

marcar un número	discar um número	[dʒis'kar ũ 'numeru]
¿Sí?, ¿Dígame?	Alô!	[a'lo]
preguntar (vt)	perguntar (vt)	[pergũ'tar]
responder (vi, vt)	responder (vt)	[hespõ'der]

oír (vt)	ouvir (vt)	[o'vir]
bien (adv)	bem	[bẽj]
mal (adv)	mal	[maw]
ruidos (m pl)	ruído (m)	['hwidu]

auricular (m)	fone (m)	['fɔni]
descolgar (el teléfono)	pegar o telefone	[pe'gar u tele'fɔni]
colgar el auricular	desligar (vi)	[dʒizli'gar]

ocupado (adj)	ocupado	[oku'padu]
sonar (teléfono)	tocar (vi)	[to'kar]
guía (f) de teléfonos	lista (f) telefônica	['lista tele'fonika]

local (adj)	local	[lo'kaw]
llamada (f) local	chamada (f) local	[ʃa'mada lo'kaw]
de larga distancia	de longa distância	['de 'lõgu dʒis'tãsja]
llamada (f) de larga distancia	chamada (f) de longa distância	[ʃa'mada de 'lõgu dʒis'tãsja]
internacional (adj)	internacional	[ĩternasjo'naw]
llamada (f) internacional	chamada (f) internacional	[ʃa'mada ĩternasjo'naw]

99. El teléfono celular

teléfono (m) móvil	celular (m)	[selu'lar]
pantalla (f)	tela (f)	['tɛla]
botón (m)	botão (m)	[bo'tãw]
tarjeta SIM (f)	cartão SIM (m)	[kar'tãw sim]

pila (f)	bateria (f)	[bate'ria]
descargarse (vr)	descarregar-se (vr)	[dʒiskahe'garsi]
cargador (m)	carregador (m)	[kahega'dor]

menú (m)	menu (m)	[me'nu]
preferencias (f pl)	configurações (f pl)	[kõfigura'sõjs]
melodía (f)	melodia (f)	[melo'dʒia]
seleccionar (vt)	escolher (vt)	[isko'ʎer]

| calculadora (f) | calculadora (f) | [kawkula'dora] |
| contestador (m) | correio (m) de voz | [ko'heju de vɔz] |

despertador (m)
contactos (m pl)

despertador (m)
contatos (m pl)

[dʒisperta'dor]
[kõ'tatus]

mensaje (m) de texto
abonado (m)

mensagem (f) de texto
assinante (m)

[mẽ'saʒẽ de 'testu]
[asi'nãtʃi]

100. Los artículos de escritorio. La papelería

bolígrafo (m)
pluma (f) estilográfica

caneta (f)
caneta (f) tinteiro

[ka'neta]
[ka'neta tʃi'tejru]

lápiz (m)
marcador (m)
rotulador (m)

lápis (m)
marcador (m) de texto
caneta (f) hidrográfica

['lapis]
[marka'dor de 'testu]
[ka'neta idro'grafika]

bloc (m) de notas
agenda (f)

bloco (m) de notas
agenda (f)

['blɔku de 'nɔtas]
[a'ʒẽda]

regla (f)
calculadora (f)
goma (f) de borrar
chincheta (f)
clip (m)

régua (f)
calculadora (f)
borracha (f)
alfinete (m)
clipe (m)

['hɛgwa]
[kawkula'dora]
[bo'haʃa]
[awfi'netʃi]
['klipi]

cola (f), pegamento (m)
grapadora (f)
perforador (m)
sacapuntas (m)

cola (f)
grampeador (m)
furador (m) de papel
apontador (m)

['kɔla]
[grãpja'dor]
[fura'dor de pa'pɛw]
[apõta'dor]

El trabajo. Los negocios. Unidad 2

101. Medios de comunicación de masas

periódico (m)	jornal (m)	[ʒor'naw]
revista (f)	revista (f)	[he'vista]
prensa (f)	imprensa (f)	[ĩ'prẽsa]
radio (f)	rádio (m)	['hadʒju]
estación (f) de radio	estação (f) de rádio	[ista'sãw de 'hadʒju]
televisión (f)	televisão (f)	[televi'zãw]
presentador (m)	apresentador (m)	[aprezẽta'dor]
presentador (m) de noticias	locutor (m)	[loku'tor]
comentarista (m)	comentarista (m)	[komẽta'rista]
periodista (m)	jornalista (m)	[ʒorna'lista]
corresponsal (m)	correspondente (m)	[kohespõ'dẽtʃi]
corresponsal (m) fotográfico	repórter (m) fotográfico	[he'porter foto'grafiku]
reportero (m)	repórter (m)	[he'porter]
redactor (m)	redator (m)	[heda'tor]
redactor jefe (m)	redator-chefe (m)	[heda'tor 'ʃɛfi]
suscribirse (vr)	assinar a ...	[asi'nar a]
suscripción (f)	assinatura (f)	[asina'tura]
suscriptor (m)	assinante (m)	[asi'nãtʃi]
leer (vi, vt)	ler (vt)	[ler]
lector (m)	leitor (m)	[lej'tor]
tirada (f)	tiragem (f)	[tʃi'raʒẽ]
mensual (adj)	mensal	[mẽ'saw]
semanal (adj)	semanal	[sema'naw]
número (m)	número (m)	['numeru]
nuevo (~ número)	recente, novo	[he'sẽtʃi], ['novu]
titular (m)	manchete (f)	[mã'ʃɛtʃi]
noticia (f)	pequeno artigo (m)	[pe'kenu ar'tʃigu]
columna (f)	coluna (f)	[ko'luna]
artículo (m)	artigo (m)	[ar'tʃigu]
página (f)	página (f)	['paʒina]
reportaje (m)	reportagem (f)	[hepor'taʒẽ]
evento (m)	evento (m)	[e'vẽtu]
sensación (f)	sensação (f)	[sẽsa'sãw]
escándalo (m)	escândalo (m)	[is'kãdalu]
escandaloso (adj)	escandaloso	[iskãda'lozu]
gran (~ escándalo)	grande	['grãdʒi]
emisión (f)	programa (m)	[pro'grama]
entrevista (f)	entrevista (f)	[ẽtre'vista]

| transmisión (f) en vivo | transmissão (f) ao vivo | [trãzmi'sãw aw 'vivu] |
| canal (m) | canal (m) | [ka'naw] |

102. La agricultura

agricultura (f)	agricultura (f)	[agrikuw'tura]
campesino (m)	camponês (m)	[kãpo'nes]
campesina (f)	camponesa (f)	[kãpo'neza]
granjero (m)	agricultor, fazendeiro (m)	[agrikuw'tor], [fazẽ'dejru]

| tractor (m) | trator (m) | [tra'tor] |
| cosechadora (f) | colheitadeira (f) | [koʎejta'dejra] |

arado (m)	arado (m)	[a'radu]
arar (vi, vt)	arar (vt)	[a'rar]
labrado (m)	campo (m) lavrado	['kãpu la'vradu]
surco (m)	sulco (m)	[suw'ku]

sembrar (vi, vt)	semear (vt)	[se'mjar]
sembradora (f)	plantadeira (f)	[plãta'dejra]
siembra (f)	semeadura (f)	[semja'dura]

| guadaña (f) | foice (m) | ['fojsi] |
| segar (vi, vt) | cortar com foice | [kor'tar kõ 'fojsi] |

| pala (f) | pá (f) | [pa] |
| layar (vt) | cavar (vt) | [ka'var] |

azada (f)	enxada (f)	[ẽ'ʃada]
sachar, escardar	capinar (vt)	[kapi'nar]
mala hierba (f)	erva (f) daninha	['ɛrva da'niɲa]

regadera (f)	regador (m)	[hega'dor]
regar (plantas)	regar (vt)	[he'gar]
riego (m)	rega (f)	['hɛga]

| horquilla (f) | forquilha (f) | [for'kiʎa] |
| rastrillo (m) | ancinho (m) | [ã'siɲu] |

fertilizante (m)	fertilizante (m)	[fertʃili'zãtʃi]
abonar (vt)	fertilizar (vt)	[fertʃili'zar]
estiércol (m)	estrume, esterco (m)	[is'trumi], [is'terku]

campo (m)	campo (m)	['kãpu]
prado (m)	prado (m)	['pradu]
huerta (f)	horta (f)	['ɔrta]
jardín (m)	pomar (m)	[po'mar]

pacer (vt)	pastar (vt)	[pas'tar]
pastor (m)	pastor (m)	[pas'tor]
pastadero (m)	pastagem (f)	[pas'taʒẽ]

| ganadería (f) | pecuária (f) | [pe'kwarja] |
| cría (f) de ovejas | criação (f) de ovelhas | [krja'sãw de o'veʎas] |

plantación (f)	plantação (f)	[plãta'sãw]
hilera (f) (~ de cebollas)	canteiro (m)	[kã'tejru]
invernadero (m)	estufa (f)	[is'tufa]

sequía (f)	seca (f)	['seka]
seco, árido (adj)	seco	['seku]

grano (m)	grão (m)	['grãw]
cereales (m pl)	cereais (m pl)	[se'rjajs]
recolectar (vt)	colher (vt)	[ko'ʎer]

molinero (m)	moleiro (m)	[mu'lejru]
molino (m)	moinho (m)	['mwiɲu]
moler (vt)	moer (vt)	[mwer]
harina (f)	farinha (f)	[fa'riɲa]
paja (f)	palha (f)	['paʎa]

103. La construcción. El proceso de construcción

obra (f)	canteiro (m) de obras	[kã'tejru de 'ɔbras]
construir (vt)	construir (vt)	[kõs'trwir]
albañil (m)	construtor (m)	[kõstru'tor]

proyecto (m)	projeto (m)	[pro'ʒɛtu]
arquitecto (m)	arquiteto (m)	[arki'tɛtu]
obrero (m)	operário (m)	[ope'rarju]

cimientos (m pl)	fundação (f)	[fũda'sãw]
techo (m)	telhado (m)	[te'ʎadu]
pila (f) de cimentación	estaca (f)	[is'taka]
muro (m)	parede (f)	[pa'redʒi]

armadura (f)	barras (f pl) de reforço	['bahas de he'forsu]
andamio (m)	andaime (m)	[ã'dajmi]

hormigón (m)	concreto (m)	[kõ'krɛtu]
granito (m)	granito (m)	[gra'nitu]
piedra (f)	pedra (f)	['pɛdra]
ladrillo (m)	tijolo (m)	[tʃi'ʒolu]

arena (f)	areia (f)	[a'reja]
cemento (m)	cimento (m)	[si'mẽtu]
estuco (m)	emboço, reboco (m)	[ẽ'bosu], [he'boku]
estucar (vt)	emboçar, rebocar (vt)	[ẽbo'sar], [hebo'kar]

pintura (f)	tinta (f)	[tʃĩta]
pintar (las paredes)	pintar (vt)	[pĩ'tar]
barril (m)	barril (m)	[ba'hiw]

grúa (f)	grua (f), guindaste (m)	['grua], [gĩ'dastʃi]
levantar (vt)	erguer (vt)	[er'ger]
bajar (vt)	baixar (vt)	[baɪ'ʃar]
bulldózer (m)	buldózer (m)	[buw'dozer]
excavadora (f)	escavadora (f)	[iskava'dora]

cuchara (f)	**caçamba** (f)	[ka'sãba]
cavar (vt)	**escavar** (vt)	[iska'var]
casco (m)	**capacete** (m) **de proteção**	[kapa'setʃi de prote'sãw]

Las profesiones y los oficios

104. La búsqueda de trabajo. El despido

trabajo (m)	**trabalho** (m)	[tra'baʎu]
empleados (pl)	**equipe** (f)	[e'kipi]
personal (m)	**pessoal** (m)	[pe'swaw]
carrera (f)	**carreira** (f)	[ka'hejra]
perspectiva (f)	**perspectivas** (f pl)	[perspek'tʃivas]
maestría (f)	**habilidades** (f pl)	[abili'daʤis]
selección (f)	**seleção** (f)	[sele'sãw]
agencia (f) de empleo	**agência** (f) **de emprego**	[a'ʒẽsja de ẽ'pregu]
curriculum vitae (m)	**currículo** (m)	[ku'hikulu]
entrevista (f)	**entrevista** (f) **de emprego**	[ẽtre'vista de ẽ'pregu]
vacancia (f)	**vaga** (f)	['vaga]
salario (m)	**salário** (m)	[sa'larju]
salario (m) fijo	**salário** (m) **fixo**	[sa'larju 'fiksu]
remuneración (f)	**pagamento** (m)	[paga'mẽtu]
puesto (m) (trabajo)	**cargo** (m)	['kargu]
deber (m)	**dever** (m)	[de'ver]
gama (f) de deberes	**gama** (f) **de deveres**	['gama de de'veris]
ocupado (adj)	**ocupado**	[oku'padu]
despedir (vt)	**despedir, demitir** (vt)	[ʤispe'ʤir], [demi'tʃir]
despido (m)	**demissão** (f)	[demi'sãw]
desempleo (m)	**desemprego** (m)	[ʤizẽ'pregu]
desempleado (m)	**desempregado** (m)	[ʤizẽpre'gadu]
jubilación (f)	**aposentadoria** (f)	[apozẽtado'ria]
jubilarse	**aposentar-se** (vr)	[apozẽ'tarsi]

105. Los negociantes

director (m)	**diretor** (m)	[ʤire'tor]
gerente (m)	**gerente** (m)	[ʒe'rẽtʃi]
jefe (m)	**patrão, chefe** (m)	[pa'trãw], ['ʃɛfi]
superior (m)	**superior** (m)	[supe'rjor]
superiores (m pl)	**superiores** (m pl)	[supe'rjores]
presidente (m)	**presidente** (m)	[prezi'dẽtʃi]
presidente (m) (de compañía)	**chairman, presidente** (m)	['tʃɛamen], [prezi'dẽtʃi]
adjunto (m)	**substituto** (m)	[substi'tutu]
asistente (m)	**assistente** (m)	[asis'tẽtʃi]

| secretario, -a (m, f) | secretário (m) | [sekre'tarju] |
| secretario (m) particular | secretário (m) pessoal | [sekre'tarju pe'swaw] |

hombre (m) de negocios	homem (m) de negócios	['ɔmẽ de ne'gɔsjus]
emprendedor (m)	empreendedor (m)	[ẽprjẽde'dor]
fundador (m)	fundador (m)	[fũda'dor]
fundar (vt)	fundar (vt)	[fũ'dar]

institutor (m)	principiador (m)	[prĩsipja'dor]
socio (m)	parceiro, sócio (m)	[par'sejru], ['sɔsju]
accionista (m)	acionista (m)	[asjo'nista]

millonario (m)	milionário (m)	[miljo'narju]
multimillonario (m)	bilionário (m)	[biljo'narju]
propietario (m)	proprietário (m)	[proprje'tarju]
terrateniente (m)	proprietário (m) de terras	[proprje'tarju de 'tɛhas]

cliente (m)	cliente (m)	['kljẽtʃi]
cliente (m) habitual	cliente (m) habitual	['kljẽtʃi abi'twaw]
comprador (m)	comprador (m)	[kõpra'dor]
visitante (m)	visitante (m)	[vizi'tãtʃi]

profesional (m)	profissional (m)	[profisjo'naw]
experto (m)	perito (m)	[pe'ritu]
especialista (m)	especialista (m)	[ispesja'lista]

| banquero (m) | banqueiro (m) | [bã'kejru] |
| broker (m) | corretor (m) | [kohe'tor] |

cajero (m)	caixa (m, f)	['kaɪʃa]
contable (m)	contador (m)	[kõta'dɔr]
guardia (m) de seguridad	guarda (m)	['gwarda]

inversionista (m)	investidor (m)	[ĩvestʃi'dor]
deudor (m)	devedor (m)	[deve'dor]
acreedor (m)	credor (m)	[kre'dor]
prestatario (m)	mutuário (m)	[mu'twarju]

| importador (m) | importador (m) | [ĩporta'dor] |
| exportador (m) | exportador (m) | [isporta'dor] |

productor (m)	produtor (m)	[produ'tor]
distribuidor (m)	distribuidor (m)	[dʒistribwi'dor]
intermediario (m)	intermediário (m)	[ĩterme'dʒjarju]

asesor (m) (~ fiscal)	consultor (m)	[kõsuw'tor]
representante (m)	representante (m) comercial	[heprezẽ'tãtʃi komer'sjaw]
agente (m)	agente (m)	[a'ʒẽtʃi]
agente (m) de seguros	agente (m) de seguros	[a'ʒẽtʃi de se'gurus]

106. Los trabajos de servicio

| cocinero (m) | cozinheiro (m) | [kozi'ɲejru] |
| jefe (m) de cocina | chefe (m) de cozinha | ['ʃɛfi de ko'ziɲa] |

panadero (m)	padeiro (m)	[pa'dejru]
barman (m)	barman (m)	[bar'mã]
camarero (m)	garçom (m)	[gar'sõ]
camarera (f)	garçonete (f)	[garso'netʃi]

abogado (m)	advogado (m)	[adʒivo'gadu]
jurista (m)	jurista (m)	[ʒu'rista]
notario (m)	notário (m)	[no'tarju]

electricista (m)	eletricista (m)	[eletri'sista]
fontanero (m)	encanador (m)	[ẽkana'dor]
carpintero (m)	carpinteiro (m)	[karpĩ'tejru]

masajista (m)	massagista (m)	[masa'ʒista]
masajista (f)	massagista (f)	[masa'ʒista]
médico (m)	médico (m)	['mɛdʒiku]

taxista (m)	taxista (m)	[tak'sista]
chofer (m)	condutor, motorista (m)	[kõdu'tor], [moto'rista]
repartidor (m)	entregador (m)	[ẽtrega'dor]

camarera (f)	camareira (f)	[kama'rejra]
guardia (m) de seguridad	guarda (m)	['gwarda]
azafata (f)	aeromoça (f)	[aero'mosa]

profesor (m) (~ de baile, etc.)	professor (m)	[profe'sor]
bibliotecario (m)	bibliotecário (m)	[bibljote'karju]
traductor (m)	tradutor (m)	[tradu'tor]
intérprete (m)	intérprete (m)	[ĩ'tɛrpretʃi]
guía (m)	guia (m)	['gia]

peluquero (m)	cabeleireiro (m)	[kabelej'rejru]
cartero (m)	carteiro (m)	[kar'tejru]
vendedor (m)	vendedor (m)	[vẽde'dor]

jardinero (m)	jardineiro (m)	[ʒardʒi'nejru]
servidor (m)	criado (m)	['krjadu]
criada (f)	criada (f)	['krjada]
mujer (f) de la limpieza	empregada (f) de limpeza	[ẽpre'gada de lĩ'peza]

107. La profesión militar y los rangos

soldado (m) raso	soldado (m) raso	[sow'dadu 'hazu]
sargento (m)	sargento (m)	[sar'ʒẽtu]
teniente (m)	tenente (m)	[te'nẽtʃi]
capitán (m)	capitão (m)	[kapi'tãw]

mayor (m)	major (m)	[ma'ʒɔr]
coronel (m)	coronel (m)	[koro'nɛw]
general (m)	general (m)	[ʒene'raw]
mariscal (m)	marechal (m)	[mare'ʃaw]
almirante (m)	almirante (m)	[awmi'rãtʃi]
militar (m)	militar (m)	[mili'tar]
soldado (m)	soldado (m)	[sow'dadu]

oficial (m)	oficial (m)	[ofi'sjaw]
comandante (m)	comandante (m)	[komã'dãtʃi]

guardafronteras (m)	guarda (m) de fronteira	['gwarda de frõ'tejra]
radio-operador (m)	operador (m) de rádio	[opera'dor de 'hadʒju]
explorador (m)	explorador (m)	[isplora'dor]
zapador (m)	sapador-mineiro (m)	[sapa'dor-mi'nejru]
tirador (m)	atirador (m)	[atʃira'dor]
navegador (m)	navegador (m)	[navega'dor]

108. Los oficiales. Los sacerdotes

rey (m)	rei (m)	[hej]
reina (f)	rainha (f)	[ha'iɲa]

príncipe (m)	príncipe (m)	['prĩsipi]
princesa (f)	princesa (f)	[prĩ'seza]

zar (m)	czar (m)	['kzar]
zarina (f)	czarina (f)	[kza'rina]

presidente (m)	presidente (m)	[prezi'dẽtʃi]
ministro (m)	ministro (m)	[mi'nistru]
primer ministro (m)	primeiro-ministro (m)	[pri'mejru mi'nistru]
senador (m)	senador (m)	[sena'dor]

diplomático (m)	diplomata (m)	[dʒiplo'mata]
cónsul (m)	cônsul (m)	['kõsuw]
embajador (m)	embaixador (m)	[ẽbajʃa'dor]
consejero (m)	conselheiro (m)	[kõse'ʎejru]

funcionario (m)	funcionário (m)	[fũsjo'narju]
prefecto (m)	prefeito (m)	[pre'fejtu]
alcalde (m)	Presidente (m) da Câmara	[prezi'dẽtʃi da 'kamara]

juez (m)	juiz (m)	[ʒwiz]
fiscal (m)	procurador (m)	[prokura'dor]

misionero (m)	missionário (m)	[misjo'narju]
monje (m)	monge (m)	['mõʒi]
abad (m)	abade (m)	[a'badʒi]
rabino (m)	rabino (m)	[ha'binu]

visir (m)	vizir (m)	[vi'zir]
sha (m)	xá (m)	[ʃa]
jeque (m)	xeique (m)	['ʃɛjki]

109. Las profesiones agrícolas

apicultor (m)	abelheiro (m)	[abi'ʎejru]
pastor (m)	pastor (m)	[pas'tor]
agrónomo (m)	agrônomo (m)	[a'gronomu]

ganadero (m)	criador (m) de gado	[krja'dor de 'gadu]
veterinario (m)	veterinário (m)	[veteri'narju]
granjero (m)	agricultor, fazendeiro (m)	[agrikuw'tor], [fazẽ'dejru]
vinicultor (m)	vinicultor (m)	[vinikuw'tor]
zoólogo (m)	zoólogo (m)	[zo'ɔlogu]
vaquero (m)	vaqueiro (m)	[va'kejru]

110. Las profesiones artísticas

actor (m)	ator (m)	[a'tor]
actriz (f)	atriz (f)	[a'triz]
cantante (m)	cantor (m)	[kã'tor]
cantante (f)	cantora (f)	[kã'tora]
bailarín (m)	bailarino (m)	[bajla'rinu]
bailarina (f)	bailarina (f)	[bajla'rina]
artista (m)	artista (m)	[ar'tʃista]
artista (f)	artista (f)	[ar'tʃista]
músico (m)	músico (m)	['muziku]
pianista (m)	pianista (m)	[pja'nista]
guitarrista (m)	guitarrista (m)	[gita'hista]
director (m) de orquesta	maestro (m)	[ma'ɛstru]
compositor (m)	compositor (m)	[kõpozi'tor]
empresario (m)	empresário (m)	[ẽpre'zarju]
director (m) de cine	diretor (m) de cinema	[dʒire'tor de si'nɛma]
productor (m)	produtor (m)	[produ'tor]
guionista (m)	roteirista (m)	[hotej'rista]
crítico (m)	crítico (m)	['kritʃiku]
escritor (m)	escritor (m)	[iskri'tor]
poeta (m)	poeta (m)	['pwɛta]
escultor (m)	escultor (m)	[iskuw'tor]
pintor (m)	pintor (m)	[pĩ'tor]
malabarista (m)	malabarista (m)	[malaba'rista]
payaso (m)	palhaço (m)	[pa'ʎasu]
acróbata (m)	acrobata (m)	[akro'bata]
ilusionista (m)	ilusionista (m)	[iluzjo'nista]

111. Profesiones diversas

médico (m)	médico (m)	['mɛdʒiku]
enfermera (f)	enfermeira (f)	[ẽfer'mejra]
psiquiatra (m)	psiquiatra (m)	[psi'kjatra]
dentista (m)	dentista (m)	[dẽ'tʃista]
cirujano (m)	cirurgião (m)	[sirur'ʒjãw]

astronauta (m)	astronauta (m)	[astro'nawta]
astrónomo (m)	astrônomo (m)	[as'tronomu]
piloto (m)	piloto (m)	[pi'lotu]

conductor (m) (chófer)	motorista (m)	[moto'rista]
maquinista (m)	maquinista (m)	[maki'nista]
mecánico (m)	mecânico (m)	[me'kaniku]

minero (m)	mineiro (m)	[mi'nejru]
obrero (m)	operário (m)	[ope'rarju]
cerrajero (m)	serralheiro (m)	[seha'ʎejru]
carpintero (m)	marceneiro (m)	[marse'nejru]
tornero (m)	torneiro (m)	[tor'nejru]
albañil (m)	construtor (m)	[kõstru'tor]
soldador (m)	soldador (m)	[sɔwda'dor]

profesor (m) (título)	professor (m)	[profe'sor]
arquitecto (m)	arquiteto (m)	[arki'tɛtu]
historiador (m)	historiador (m)	[istorja'dor]
científico (m)	cientista (m)	[sjë'tʃista]
físico (m)	físico (m)	['fiziku]
químico (m)	químico (m)	['kimiku]

arqueólogo (m)	arqueólogo (m)	[ar'kjɔlogu]
geólogo (m)	geólogo (m)	[ʒe'ɔlogu]
investigador (m)	pesquisador (m)	[peskiza'dor]

niñera (f)	babysitter, babá (f)	[bebi'sitter], [ba'ba]
pedagogo (m)	professor (m)	[profe'sor]

redactor (m)	redator (m)	[heda'tor]
redactor jefe (m)	redator-chefe (m)	[heda'tor 'ʃɛfi]
corresponsal (m)	correspondente (m)	[kohespõ'dẽtʃi]
mecanógrafa (f)	datilógrafa (f)	[datʃi'lɔgrafa]

diseñador (m)	designer (m)	[dʒi'zajner]
especialista (m) en ordenadores	perito (m) em informática	[pe'ritu ẽ ĩfur'matika]
programador (m)	programador (m)	[programa'dor]
ingeniero (m)	engenheiro (m)	[ẽʒe'nejru]

marino (m)	marujo (m)	[ma'ruʒu]
marinero (m)	marinheiro (m)	[mari'ɲejru]
socorrista (m)	socorrista (m)	[soko'hista]

bombero (m)	bombeiro (m)	[bõ'bejru]
policía (m)	polícia (m)	[po'lisja]
vigilante (m) nocturno	guarda-noturno (m)	['gwarda no'turnu]
detective (m)	detetive (m)	[dete'tʃivi]

aduanero (m)	funcionário (m) da alfândega	[fũsjo'narju da aw'fãdʒiga]
guardaespaldas (m)	guarda-costas (m)	['gwarda 'kɔstas]
guardia (m) de prisiones	guarda (m) prisional	['gwarda prizjo'naw]
inspector (m)	inspetor (m)	[ĩspe'tor]
deportista (m)	esportista (m)	[ispor'tʃista]
entrenador (m)	treinador (m)	[trejna'dor]

carnicero (m)	açougueiro (m)	[aso'gejru]
zapatero (m)	sapateiro (m)	[sapa'tejru]
comerciante (m)	comerciante (m)	[komer'sjãtʃi]
cargador (m)	carregador (m)	[kahega'dor]
diseñador (m) de modas	estilista (m)	[istʃi'lista]
modelo (f)	modelo (f)	[mo'delu]

112. Los trabajos. El estatus social

escolar (m)	estudante (m)	[istu'dãtʃi]
estudiante (m)	estudante (m)	[istu'dãtʃi]
filósofo (m)	filósofo (m)	[fi'lɔzofu]
economista (m)	economista (m)	[ekono'mista]
inventor (m)	inventor (m)	[ĩvẽ'tor]
desempleado (m)	desempregado (m)	[dʒizẽpre'gadu]
jubilado (m)	aposentado (m)	[apozẽ'tadu]
espía (m)	espião (m)	[is'pjãw]
prisionero (m)	preso, prisioneiro (m)	['prezu], [prizjo'nejru]
huelguista (m)	grevista (m)	[gre'vista]
burócrata (m)	burocrata (m)	[buro'krata]
viajero (m)	viajante (m)	[vja'ʒãtʃi]
homosexual (m)	homossexual (m)	[omosek'swaw]
hacker (m)	hacker (m)	['haker]
hippie (m)	hippie (m, f)	['hɪpɪ]
bandido (m)	bandido (m)	[bã'dʒidu]
sicario (m)	assassino (m)	[asa'sinu]
drogadicto (m)	drogado (m)	[dro'gadu]
narcotraficante (m)	traficante (m)	[trafi'kãtʃi]
prostituta (f)	prostituta (f)	[prostʃi'tuta]
chulo (m), proxeneta (m)	cafetão (m)	[kafe'tãw]
brujo (m)	bruxo (m)	['bruʃu]
bruja (f)	bruxa (f)	['bruʃa]
pirata (m)	pirata (m)	[pi'rata]
esclavo (m)	escravo (m)	[is'kravu]
samurai (m)	samurai (m)	[samu'raj]
salvaje (m)	selvagem (m)	[sew'vaʒẽ]

Los deportes

deportista (m)	**esportista** (m)	[ispor'tʃista]
tipo (m) de deporte	**tipo** (m) **de esporte**	['tʃipu de is'portʃi]
baloncesto (m)	**basquete** (m)	[bas'kɛtʃi]
baloncestista (m)	**jogador** (m) **de basquete**	[ʒoga'dor de bas'kɛtʃi]
béisbol (m)	**beisebol** (m)	[bejsi'bɔw]
beisbolista (m)	**jogador** (m) **de beisebol**	[ʒoga'dor de bejsi'bɔw]
fútbol (m)	**futebol** (m)	[futʃi'bɔw]
futbolista (m)	**jogador** (m) **de futebol**	[ʒoga'dor de futʃi'bɔw]
portero (m)	**goleiro** (m)	[go'lejru]
hockey (m)	**hóquei** (m)	['hɔkej]
jugador (m) de hockey	**jogador** (m) **de hóquei**	[ʒoga'dor de 'hɔkej]
voleibol (m)	**vôlei** (m)	['volej]
voleibolista (m)	**jogador** (m) **de vôlei**	[ʒoga'dor de 'volej]
boxeo (m)	**boxe** (m)	['bɔksi]
boxeador (m)	**boxeador** (m)	[bɔksja'dor]
lucha (f)	**luta** (f)	['luta]
luchador (m)	**lutador** (m)	[luta'dor]
kárate (m)	**caratê** (m)	[kara'te]
karateka (m)	**carateca** (m)	[kara'teka]
judo (m)	**judô** (m)	[ʒu'do]
judoka (m)	**judoca** (m)	[ʒu'dɔka]
tenis (m)	**tênis** (m)	['tenis]
tenista (m)	**tenista** (m)	[te'nista]
natación (f)	**natação** (f)	[nata'sãw]
nadador (m)	**nadador** (m)	[nada'dor]
esgrima (f)	**esgrima** (f)	[iz'grima]
esgrimidor (m)	**esgrimista** (m)	[izgri'mista]
ajedrez (m)	**xadrez** (m)	[ʃa'drez]
ajedrecista (m)	**jogador** (m) **de xadrez**	[ʒoga'dor de ʃa'drez]
alpinismo (m)	**alpinismo** (m)	[awpi'nizmu]
alpinista (m)	**alpinista** (m)	[awpi'nista]
carrera (f)	**corrida** (f)	[ko'hida]

corredor (m)	corredor (m)	[kohe'dor]
atletismo (m)	atletismo (m)	[atle'tʃizmu]
atleta (m)	atleta (m)	[at'lɛta]

| deporte (m) hípico | hipismo (m) | [i'pizmu] |
| jinete (m) | cavaleiro (m) | [kava'lejru] |

patinaje (m) artístico	patinação (f) artística	[patʃina'sãw ar'tʃistʃika]
patinador (m)	patinador (m)	[patʃina'dor]
patinadora (f)	patinadora (f)	[patʃina'dora]

| levantamiento (m) de pesas | halterofilismo (m) | [awterofi'lizmu] |
| levantador (m) de pesas | halterofilista (m) | [awterofi'lista] |

| carreras (f pl) de coches | corrida (f) de carros | [ko'hida de 'kahos] |
| piloto (m) de carreras | piloto (m) | [pi'lotu] |

| ciclismo (m) | ciclismo (m) | [si'klizmu] |
| ciclista (m) | ciclista (m) | [si'klista] |

salto (m) de longitud	salto (m) em distância	['sawtu ẽ dʒis'tãsja]
salto (m) con pértiga	salto (m) com vara	['sawtu kõ 'vara]
saltador (m)	atleta (m) de saltos	[at'lɛta de 'sawtus]

114. Tipos de deportes. Miscelánea

fútbol (m) americano	futebol (m) americano	[futʃi'bɔw ameri'kanu]
bádminton (m)	badminton (m)	[bad'mĩtɔn]
biatlón (m)	biatlo (m)	[bi'atlu]
billar (m)	bilhar (m)	[bi'ʎar]

bobsleigh (m)	bobsled (m)	['bɔbsled]
culturismo (m)	musculação (f)	[muskula'sãw]
waterpolo (m)	polo (m) aquático	['pɔlu a'kwatʃiku]
balonmano (m)	handebol (m)	[ãde'bɔl]
golf (m)	golfe (m)	['gowfi]

remo (m)	remo (m)	['hɛmu]
buceo (m)	mergulho (m)	[mer'guʎu]
esquí (m) de fondo	corrida (f) de esqui	[ko'hida de is'ki]
tenis (m) de mesa	tênis (m) de mesa	['tenis de 'meza]

vela (f)	vela (f)	['vɛla]
rally (m)	rali (m)	[ha'li]
rugby (m)	rúgbi (m)	['hugbi]
snowboarding (m)	snowboard (m)	[snowbɔrd]
tiro (m) con arco	arco-e-flecha (m)	['arku l 'flɛʃa]

115. El gimnasio

| barra (f) de pesas | barra (f) | ['baha] |
| pesas (f pl) | halteres (m pl) | [aw'tɛris] |

aparato (m) de ejercicios	aparelho (m) de musculação	[apa'reʎu de muskula'sãw]
bicicleta (f) estática	bicicleta (f) ergométrica	[bisi'klɛta ergo'mɛtrika]
cinta (f) de correr	esteira (f) de corrida	[is'tejra de ko'hida]
barra (f) fija	barra (f) fixa	['baha 'fiksa]
barras (f pl) paralelas	barras (f pl) paralelas	['bahas para'lɛlas]
potro (m)	cavalo (m)	[ka'valu]
colchoneta (f)	tapete (m) de ginástica	[ta'petʃi de ʒi'nastʃika]
comba (f)	corda (f) de saltar	['kɔrda de saw'tar]
aeróbica (f)	aeróbica (f)	[ae'rɔbika]
yoga (m)	ioga, yoga (f)	['jɔga]

116. Los deportes. Miscelánea

Juegos (m pl) Olímpicos	Jogos (m pl) Olímpicos	['ʒɔgus o'lĩpikus]
vencedor (m)	vencedor (m)	[vẽse'dor]
vencer (vi)	vencer (vi)	[vẽ'ser]
ganar (vi)	vencer (vi, vt)	[vẽ'ser]
líder (m)	líder (m)	['lider]
liderar (vt)	liderar (vt)	[lide'rar]
primer puesto (m)	primeiro lugar (m)	[pri'mejru lu'gar]
segundo puesto (m)	segundo lugar (m)	[se'gũdu lu'gar]
tercer puesto (m)	terceiro lugar (m)	[ter'sejru lu'gar]
medalla (f)	medalha (f)	[me'daʎa]
trofeo (m)	troféu (m)	[tro'fɛw]
copa (f) (trofeo)	taça (f)	['tasa]
premio (m)	prêmio (m)	['premju]
premio (m) principal	prêmio (m) principal	['premju prĩsi'paw]
record (m)	recorde (m)	[he'kɔrdʒi]
establecer un record	estabelecer um recorde	[istabele'ser ũ he'kɔrdʒi]
final (m)	final (m)	[fi'naw]
de final (adj)	final	[fi'naw]
campeón (m)	campeão (m)	[kã'pjãw]
campeonato (m)	campeonato (m)	[kãpjo'natu]
estadio (m)	estádio (m)	[is'tadʒu]
gradería (f)	arquibancadas (f pl)	[arkibã'kadas]
hincha (m)	fã, torcedor (m)	[fã], [torse'dor]
adversario (m)	adversário (m)	[adʒiver'sarju]
arrancadero (m)	partida (f)	[par'tʃida]
línea (f) de meta	linha (f) de chegada	['liɲa de ʃe'gada]
derrota (f)	derrota (f)	[de'hɔta]
perder (vi)	perder (vt)	[per'der]
árbitro (m)	árbitro, juiz (m)	[ar'bitru], [ʒwiz]
jurado (m)	júri (m)	['ʒuri]

cuenta (f)	**resultado** (m)	[hezuw'tadu]
empate (m)	**empate** (m)	[ẽ'patʃi]
empatar (vi)	**empatar** (vi)	[ẽpa'tar]
punto (m)	**ponto** (m)	['põtu]
resultado (m)	**resultado** (m) **final**	[hezuw'tadu fi'naw]
tiempo (m)	**tempo** (m)	['tẽpu]
descanso (m)	**intervalo** (m)	[ĩter'valu]
droga (f), doping (m)	**doping** (m)	['dɔpĩg]
penalizar (vt)	**penalizar** (vt)	[penali'zar]
descalificar (vt)	**desqualificar** (vt)	[dʒiskwalifi'kar]
aparato (m)	**aparelho, aparato** (m)	[apa'reʎu], [apa'ratu]
jabalina (f)	**dardo** (m)	['dardu]
peso (m) (lanzamiento de ~)	**peso** (m)	['pezu]
bola (f) (billar, etc.)	**bola** (f)	['bɔla]
objetivo (m)	**alvo** (m)	['awvu]
blanco (m)	**alvo** (m)	['awvu]
tirar (vi)	**disparar, atirar** (vi)	[dʒispa'rar], [atʃi'rar]
preciso (~ disparo)	**preciso**	[pre'sizu]
entrenador (m)	**treinador** (m)	[trejna'dor]
entrenar (vt)	**treinar** (vt)	[trej'nar]
entrenarse (vr)	**treinar-se** (vr)	[trej'narsi]
entrenamiento (m)	**treino** (m)	['trejnu]
gimnasio (m)	**academia** (f) **de ginástica**	[akade'mia de ʒi'nastʃika]
ejercicio (m)	**exercício** (m)	[ezer'sisju]
calentamiento (m)	**aquecimento** (m)	[akesi'mẽtu]

La educación

| escuela (f) | escola (f) | [is'kɔla] |
| director (m) de escuela | diretor (m) de escola | [dʒire'tor de is'kɔla] |

alumno (m)	aluno (m)	[a'lunu]
alumna (f)	aluna (f)	[a'luna]
escolar (m)	estudante (m)	[istu'dãtʃi]
escolar (f)	estudante (f)	[istu'dãtʃi]

enseñar (vt)	ensinar (vt)	[ẽsi'nar]
aprender (ingles, etc.)	aprender (vt)	[aprẽ'der]
aprender de memoria	decorar (vt)	[deko'rar]

aprender (a leer, etc.)	estudar (vi)	[istu'dar]
estar en la escuela	estar na escola	[is'tar na is'kɔla]
ir a la escuela	ir à escola	[ir a is'kɔla]

| alfabeto (m) | alfabeto (m) | [awfa'bɛtu] |
| materia (f) | disciplina (f) | [dʒisi'plina] |

aula (f)	sala (f) de aula	['sala de 'awla]
lección (f)	lição, aula (f)	[li'sãw], ['awla]
recreo (m)	recreio (m)	[he'kreju]
campana (f)	toque (m)	['tɔki]
pupitre (m)	classe (f)	['klasi]
pizarra (f)	quadro (m) negro	['kwadru 'negru]

nota (f)	nota (f)	['nɔta]
buena nota (f)	boa nota (f)	['boa 'nɔta]
mala nota (f)	nota (f) baixa	['nɔta 'baɪʃa]
poner una nota	dar uma nota	[dar 'uma 'nɔta]

falta (f)	erro (m)	['ehu]
hacer faltas	errar (vi)	[e'har]
corregir (un error)	corrigir (vt)	[kohi'ʒir]
chuleta (f)	cola (f)	['kɔla]

| deberes (m pl) de casa | dever (m) de casa | [de'ver de 'kaza] |
| ejercicio (m) | exercício (m) | [ezer'sisju] |

estar presente	estar presente	[is'tar pre'zẽtʃi]
estar ausente	estar ausente	[is'tar aw'zẽtʃi]
faltar a las clases	faltar às aulas	[faw'tar as 'awlas]

castigar (vt)	punir (vt)	[pu'nir]
castigo (m)	punição (f)	[puni'sãw]
conducta (f)	comportamento (m)	[kõporta'mẽtu]

libreta (f) de notas	boletim (m) escolar	[bole'tʃĩ isko'lar]
lápiz (m)	lápis (m)	['lapis]
goma (f) de borrar	borracha (f)	[bo'haʃa]
tiza (f)	giz (m)	[ʒiz]
cartuchera (f)	porta-lápis (m)	['pɔrta-'lapis]

mochila (f)	mala, pasta, mochila (f)	['mala], ['pasta], [mo'ʃila]
bolígrafo (m)	caneta (f)	[ka'neta]
cuaderno (m)	caderno (m)	[ka'dɛrnu]
manual (m)	livro (m) didático	['livru dʒi'datʃiku]
compás (m)	compasso (m)	[kõ'pasu]

trazar (vi, vt)	traçar (vt)	[tra'sar]
dibujo (m) técnico	desenho (m) técnico	[de'zɛɲu 'tɛkniku]

poema (m), poesía (f)	poesia (f)	[poe'zia]
de memoria (adv)	de cor	[de kɔr]
aprender de memoria	decorar (vt)	[deko'rar]

vacaciones (f pl)	férias (f pl)	['fɛrjas]
estar de vacaciones	estar de férias	[is'tar de 'fɛrjas]
pasar las vacaciones	passar as férias	[pa'sar as 'fɛrjas]

prueba (f) escrita	teste (m), prova (f)	['tɛstʃi], ['prɔva]
composición (f)	redação (f)	[heda'sãw]
dictado (m)	ditado (m)	[dʒi'tadu]
examen (m)	exame (m), prova (f)	[e'zami], ['prɔva]
hacer un examen	fazer prova	[fa'zer 'prɔva]
experimento (m)	experiência (f)	[ispe'rjẽsja]

118. Los institutos. La Universidad

academia (f)	academia (f)	[akade'mia]
universidad (f)	universidade (f)	[universi'dadʒi]
facultad (f)	faculdade (f)	[fakuw'dadʒi]

estudiante (m)	estudante (m)	[istu'dãtʃi]
estudiante (f)	estudante (f)	[istu'dãtʃi]
profesor (m)	professor (m)	[profe'sor]

aula (f)	auditório (m)	[awdʒi'tɔrju]
graduado (m)	graduado (m)	[gra'dwadu]

diploma (m)	diploma (m)	[dʒip'lɔma]
tesis (f) de grado	tese (f)	['tɛzi]

estudio (m)	estudo (m)	[is'tudu]
laboratorio (m)	laboratório (m)	[labora'tɔrju]

clase (f)	palestra (f)	[pa'lɛstra]
compañero (m) de curso	colega (m) de curso	[ko'lɛga de 'kursu]

beca (f)	bolsa (f) de estudos	['bowsa de is'tudus]
grado (m) académico	grau (m) acadêmico	['graw aka'demiku]

119. Las ciencias. Las disciplinas

matemáticas (f pl)	matemática (f)	[mate'matʃika]
álgebra (f)	álgebra (f)	['awʒebra]
geometría (f)	geometria (f)	[ʒeome'tria]
astronomía (f)	astronomia (f)	[astrono'mia]
biología (f)	biologia (f)	[bjolo'ʒia]
geografía (f)	geografia (f)	[ʒeogra'fia]
geología (f)	geologia (f)	[ʒeolo'ʒia]
historia (f)	história (f)	[is'tɔrja]
medicina (f)	medicina (f)	[medʒi'sina]
pedagogía (f)	pedagogia (f)	[pedago'ʒia]
derecho (m)	direito (m)	[dʒi'rejtu]
física (f)	física (f)	['fizika]
química (f)	química (f)	['kimika]
filosofía (f)	filosofia (f)	[filozo'fia]
psicología (f)	psicologia (f)	[psikolo'ʒia]

120. Los sistemas de escritura. La ortografía

gramática (f)	gramática (f)	[gra'matʃika]
vocabulario (m)	vocabulário (m)	[vokabu'larju]
fonética (f)	fonética (f)	[fo'nɛtʃika]
sustantivo (m)	substantivo (m)	[substã'tʃivu]
adjetivo (m)	adjetivo (m)	[adʒe'tʃivu]
verbo (m)	verbo (m)	['vɛrbu]
adverbio (m)	advérbio (m)	[adʒi'vɛrbju]
pronombre (m)	pronome (m)	[pro'nɔmi]
interjección (f)	interjeição (f)	[ĩterʒej'sãw]
preposición (f)	preposição (f)	[prepozi'sãw]
raíz (f), radical (m)	raiz (f)	[ha'iz]
desinencia (f)	terminação (f)	[termina'sãw]
prefijo (m)	prefixo (m)	[pre'fiksu]
sílaba (f)	sílaba (f)	['silaba]
sufijo (m)	sufixo (m)	[su'fiksu]
acento (m)	acento (m)	[a'sẽtu]
apóstrofo (m)	apóstrofo (m)	[a'pɔstrofu]
punto (m)	ponto (m)	['põtu]
coma (m)	vírgula (f)	['virgula]
punto y coma	ponto e vírgula (m)	['põtu e 'virgula]
dos puntos (m pl)	dois pontos (m pl)	['dojs 'põtus]
puntos (m pl) suspensivos	reticências (f pl)	[hetʃi'sẽsjas]
signo (m) de interrogación	ponto (m) de interrogação	['põtu de ĩtehoga'sãw]
signo (m) de admiración	ponto (m) de exclamação	['põtu de isklama'sãw]

comillas (f pl)	aspas (f pl)	['aspas]
entre comillas	entre aspas	[ẽtri 'aspas]
paréntesis (m)	parênteses (m pl)	[pa'rẽtezis]
entre paréntesis	entre parênteses	[ẽtri pa'rẽtezis]
guión (m)	hífen (m)	['ifẽ]
raya (f)	travessão (m)	[trave'sãw]
blanco (m)	espaço (m)	[is'pasu]
letra (f)	letra (f)	['letra]
letra (f) mayúscula	letra (f) maiúscula	['letra ma'juskula]
vocal (f)	vogal (f)	[vo'gaw]
consonante (m)	consoante (f)	[kõso'ätʃi]
oración (f)	frase (f)	['frazi]
sujeto (m)	sujeito (m)	[su'ʒejtu]
predicado (m)	predicado (m)	[predʒi'kadu]
línea (f)	linha (f)	['liɲa]
en una nueva línea	em uma nova linha	[ẽ 'uma 'nɔva 'liɲa]
párrafo (m)	parágrafo (m)	[pa'ragrafu]
palabra (f)	palavra (f)	[pa'lavra]
combinación (f) de palabras	grupo (m) de palavras	['grupu de pa'lavras]
expresión (f)	expressão (f)	[ispre'sãw]
sinónimo (m)	sinônimo (m)	[si'nonimu]
antónimo (m)	antônimo (m)	[ã'tonimu]
regla (f)	regra (f)	['hɛgra]
excepción (f)	exceção (f)	[ese'sãw]
correcto (adj)	correto	[ko'hɛtu]
conjugación (f)	conjugação (f)	[kõʒuga'sãw]
declinación (f)	declinação (f)	[deklina'sãw]
caso (m)	caso (m)	['kazu]
pregunta (f)	pergunta (f)	[per'gũta]
subrayar (vt)	sublinhar (vt)	[subli'ɲar]
línea (f) de puntos	linha (f) pontilhada	['liɲa põtʃi'ʎada]

121. Los idiomas extranjeros

lengua (f)	língua (f)	['lĩgwa]
extranjero (adj)	estrangeiro	[istrã'ʒejru]
lengua (f) extranjera	língua (f) estrangeira	['lĩgwa istrã'ʒejra]
estudiar (vt)	estudar (vt)	[istu'dar]
aprender (ingles, etc.)	aprender (vt)	[aprẽ'der]
leer (vi, vt)	ler (vt)	[ler]
hablar (vi, vt)	falar (vi)	[fa'lar]
comprender (vt)	entender (vt)	[ẽtẽ'der]
escribir (vt)	escrever (vt)	[iskre'ver]
rápidamente (adv)	rapidamente	[hapida'mẽtʃi]
lentamente (adv)	lentamente	[lẽta'mẽtʃi]

con fluidez (adv)	fluentemente	[fluẽte'mẽtʃi]
reglas (f pl)	regras (f pl)	['hɛgras]
gramática (f)	gramática (f)	[gra'matʃika]
vocabulario (m)	vocabulário (m)	[vokabu'larju]
fonética (f)	fonética (f)	[fo'nɛtʃika]

manual (m)	livro (m) didático	['livru dʒi'datʃiku]
diccionario (m)	dicionário (m)	[dʒisjo'narju]
manual (m) autodidáctico	manual (m) autodidático	[ma'nwaw awtɔdʒi'datʃiku]
guía (f) de conversación	guia (m) de conversação	['gia de kõversa'sãw]

casete (m)	fita (f) cassete	['fita ka'sɛtʃi]
videocasete (f)	videoteipe (m)	[vidʒju'tejpi]
disco compacto, CD (m)	CD, disco (m) compacto	['sede], ['dʒisku kõ'paktu]
DVD (m)	DVD (m)	[deve'de]

alfabeto (m)	alfabeto (m)	[awfa'bɛtu]
deletrear (vt)	soletrar (vt)	[sole'trar]
pronunciación (f)	pronúncia (f)	[pro'nũsja]

acento (m)	sotaque (m)	[so'taki]
con acento	com sotaque	[kõ so'taki]
sin acento	sem sotaque	[sẽ so'taki]

| palabra (f) | palavra (f) | [pa'lavra] |
| significado (m) | sentido (m) | [sẽ'tʃidu] |

cursos (m pl)	curso (m)	['kursu]
inscribirse (vr)	inscrever-se (vr)	[ĩskre'verse]
profesor (m) (~ de inglés)	professor (m)	[profe'sor]

traducción (f) (proceso)	tradução (f)	[tradu'sãw]
traducción (f) (texto)	tradução (f)	[tradu'sãw]
traductor (m)	tradutor (m)	[tradu'tor]
intérprete (m)	intérprete (m)	[ĩ'tɛrpretʃi]

| políglota (m) | poliglota (m) | [pɔli'glɔta] |
| memoria (f) | memória (f) | [me'mɔrja] |

122. Los personajes de los cuentos de hadas

Papá Noel (m)	Papai Noel (m)	[pa'paj nɔ'ɛl]
Cenicienta (f)	Cinderela (f)	[sĩde'rɛla]
sirena (f)	sereia (f)	[se'reja]
Neptuno (m)	Netuno (m)	[ne'tunu]

mago (m)	bruxo, feiticeiro (m)	['bruʃu], [fejtʃi'sejru]
maga (f)	fada (f)	['fada]
mágico (adj)	mágico	['maʒiku]
varita (f) mágica	varinha (f) mágica	[va'riɲa 'maʒika]

cuento (m) de hadas	conto (m) de fadas	['kõtu de 'fadas]
milagro (m)	milagre (m)	[mi'lagri]
enano (m)	anão (m)	[a'nãw]

transformarse en ...	transformar-se em ...	[trãsfor'marsi ẽ]
espíritu (m) (fantasma)	fantasma (m)	[fã'tazma]
fantasma (m)	fantasma (m)	[fã'tazma]
monstruo (m)	monstro (m)	['mõstru]
dragón (m)	dragão (m)	[dra'gãw]
gigante (m)	gigante (m)	[ʒi'gãtʃi]

123. Los signos de zodiaco

Aries (m)	Áries (f)	['aris]
Tauro (m)	Touro (m)	['toru]
Géminis (m pl)	Gêmeos (m pl)	['ʒemjus]
Cáncer (m)	Câncer (m)	['kãser]
Leo (m)	Leão (m)	[le'ãw]
Virgo (m)	Virgem (f)	['virʒẽ]
Libra (f)	Libra (f)	['libra]
Escorpio (m)	Escorpião (m)	[iskorpi'ãw]
Sagitario (m)	Sagitário (m)	[saʒi'tarju]
Capricornio (m)	Capricórnio (m)	[kapri'kornju]
Acuario (m)	Aquário (m)	[a'kwarju]
Piscis (m pl)	Peixes (pl)	['pejʃis]
carácter (m)	caráter (m)	[ka'rater]
rasgos (m pl) de carácter	traços (m pl) do caráter	['trasus du ka'rater]
conducta (f)	comportamento (m)	[kõporta'mẽtu]
decir la buenaventura	prever a sorte	[pre'ver a 'sortʃi]
adivinadora (f)	adivinha (f)	[adʒi'viɲa]
horóscopo (m)	horóscopo (m)	[o'rɔskopu]

El arte

teatro (m)	teatro (m)	['tʃatru]
ópera (f)	ópera (f)	['ɔpera]
opereta (f)	opereta (f)	[ope'reta]
ballet (m)	balé (m)	[ba'lɛ]
cartelera (f)	cartaz (m)	[kar'taz]
compañía (f) de teatro	companhia (f) de teatro	[kõpa'ɲia de 'tʃatru]
gira (f) artística	turnê (f)	[tur'ne]
hacer una gira artística	estar em turnê	[is'tar ẽ tur'ne]
ensayar (vi, vt)	ensaiar (vt)	[ẽsa'jar]
ensayo (m)	ensaio (m)	[ẽ'saju]
repertorio (m)	repertório (m)	[heper'tɔrju]
representación (f)	apresentação (f)	[aprezẽta'sãw]
espectáculo (m)	espetáculo (m)	[ispe'takulu]
pieza (f) de teatro	peça (f)	['pɛsa]
billet (m)	entrada (m)	[ẽ'trada]
taquilla (f)	bilheteira (f)	[biʎe'tejra]
vestíbulo (m)	hall (m)	[hɔw]
guardarropa (f)	vestiário (m)	[ves'tʃarju]
ficha (f) de guardarropa	senha (f) numerada	['seɲa nume'rada]
gemelos (m pl)	binóculo (m)	[bi'nɔkulu]
acomodador (m)	lanterninha (m, f)	[lãter'niɲa]
patio (m) de butacas	plateia (f)	[pla'tɛja]
balconcillo (m)	balcão (m)	[baw'kãw]
entresuelo (m)	primeiro balcão (m)	[pri'mejru baw'kãw]
palco (m)	camarote (m)	[kama'rɔtʃi]
fila (f)	fila (f)	['fila]
asiento (m)	assento (m)	[a'sẽtu]
público (m)	público (m)	['publiku]
espectador (m)	espectador (m)	[ispekta'dor]
aplaudir (vi, vt)	aplaudir (vt)	[aplaw'dʒir]
aplausos (m pl)	aplauso (m)	[a'plawzu]
ovación (f)	ovação (f)	[ova'sãw]
escenario (m)	palco (m)	['pawku]
telón (m)	cortina (f)	[kor'tʃina]
decoración (f)	cenário (m)	[se'narju]
bastidores (m pl)	bastidores (m pl)	[bastʃi'doris]
escena (f)	cena (f)	['sɛna]
acto (m)	ato (m)	['atu]
entreacto (m)	intervalo (m)	[ĩter'valu]

125. El cine

actor (m)	ator (m)	[a'tor]
actriz (f)	atriz (f)	[a'triz]

cine (m) (industria)	cinema (m)	[si'nɛma]
película (f)	filme (m)	['fiwmi]
episodio (m)	episódio (m)	[epi'zɔdʒu]

película (f) policíaca	filme (m) policial	['fiwmi poli'sjaw]
película (f) de acción	filme (m) de ação	['fiwmi de a'sãw]
película (f) de aventura	filme (m) de aventuras	['fiwmi de avẽ'turas]
película (f) de ciencia ficción	filme (m) de ficção científica	['fiwmi de fik'sãw sjẽ'tʃifika]
película (f) de horror	filme (m) de horror	['fiwmi de o'hor]

película (f) cómica	comédia (f)	[ko'mɛdʒja]
melodrama (m)	melodrama (m)	[melo'drama]
drama (m)	drama (m)	['drama]

película (f) de ficción	filme (m) de ficção	['fiwmi de fik'sãw]
documental (m)	documentário (m)	[dokumẽ'tarju]
dibujos (m pl) animados	desenho (m) animado	[de'zɛɲu ani'madu]
cine (m) mudo	cinema (m) mudo	[si'nɛma 'mudu]

papel (m)	papel (m)	[pa'pɛw]
papel (m) principal	papel (m) principal	[pa'pɛw prĩsi'paw]
interpretar (vt)	representar (vt)	[heprezẽ'tar]

estrella (f) de cine	estrela (f) de cinema	[is'trela de si'nɛma]
conocido (adj)	conhecido	[koɲe'sidu]
famoso (adj)	famoso	[fa'mozu]
popular (adj)	popular	[popu'lar]

guión (m) de cine	roteiro (m)	[ho'tejru]
guionista (m)	roteirista (m)	[hotej'rista]
director (m) de cine	diretor (m) de cinema	[dʒire'tor de si'nɛma]
productor (m)	produtor (m)	[produ'tor]
asistente (m)	assistente (m)	[asis'tẽtʃi]
operador (m) de cámara	diretor (m) de fotografia	[dʒire'tor de fotogra'fia]
doble (m) de riesgo	dublê (m)	[du'ble]
doble (m)	dublê (m) de corpo	[du'ble de korpu]

filmar una película	filmar (vt)	[fiw'mar]
audición (f)	audição (f)	[awdʒi'sãw]
rodaje (m)	filmagem (f)	[fiw'maʒẽ]
equipo (m) de rodaje	equipe (f) de filmagem	[e'kipi de fiw'maʒẽ]
plató (m) de rodaje	set (m) de filmagem	['sɛtʃi de fiw'maʒẽ]
cámara (f)	câmera (f)	['kamera]

cine (m) (iremos al ~)	cinema (m)	[si'nɛma]
pantalla (f)	tela (f)	['tɛla]
mostrar la película	exibir um filme	[ezi'bir ũ 'fiwmi]

pista (f) sonora	trilha (f) sonora	['triʎa so'nɔra]
efectos (m pl) especiales	efeitos (m pl) especiais	[e'fejtus ispe'sjajs]

subtítulos (m pl)	legendas (f pl)	[le'ʒẽdas]
créditos (m pl)	crédito (m)	['krɛdʒitu]
traducción (f)	tradução (f)	[tradu'sãw]

126. La pintura

arte (m)	arte (f)	['artʃi]
bellas artes (f pl)	belas-artes (f pl)	[bɛlaz 'artʃis]
galería (f) de arte	galeria (f) de arte	[gale'ria de 'artʃi]
exposición (f) de arte	exibição (f) de arte	[ezibi'sãw de 'artʃi]

pintura (f) (tipo de arte)	pintura (f)	[pĩ'tura]
gráfica (f)	arte (f) gráfica	['artʃis 'grafikas]
abstraccionismo (m)	arte (f) abstrata	['artʃi abs'trata]
impresionismo (m)	impressionismo (m)	[ĩpresjo'nizmu]

pintura (f) (cuadro)	pintura (f), quadro (m)	[pĩ'tura], ['kwadru]
dibujo (m)	desenho (m)	[de'zɛɲu]
pancarta (f)	pôster (m)	['poster]

ilustración (f)	ilustração (f)	[ilustra'sãw]
miniatura (f)	miniatura (f)	[minja'tura]
copia (f)	cópia (f)	['kɔpja]
reproducción (f)	reprodução (f)	[heprodu'sãw]

mosaico (m)	mosaico (m)	[mo'zajku]
vitral (m)	vitral (m)	[vi'traw]
fresco (m)	afresco (m)	[a'fresku]
grabado (m)	gravura (f)	[gra'vura]

busto (m)	busto (m)	['bustu]
escultura (f)	escultura (f)	[iskuw'tura]
estatua (f)	estátua (f)	[is'tatwa]
yeso (m)	gesso (m)	['ʒesu]
en yeso (adj)	em gesso	[ẽ 'ʒesu]

retrato (m)	retrato (m)	[he'tratu]
autorretrato (m)	autorretrato (m)	[awtohe'tratu]
paisaje (m)	paisagem (f)	[paj'zaʒẽ]
naturaleza (f) muerta	natureza (f) morta	[natu'reza 'mɔrta]
caricatura (f)	caricatura (f)	[karika'tura]
boceto (m)	esboço (m)	[iz'bosu]

pintura (f) (material)	tinta (f)	[tʃĩta]
acuarela (f)	aquarela (f)	[akwa'rɛla]
óleo (m)	tinta (f) a óleo	[tʃĩta a 'ɔlju]
lápiz (m)	lápis (m)	['lapis]
tinta (f) china	tinta (f) nanquim	[tʃĩta nã'kĩ]
carboncillo (m)	carvão (m)	[kar'vãw]

dibujar (vi, vt)	desenhar (vt)	[deze'ɲar]
pintar (vi, vt)	pintar (vt)	[pĩ'tar]
posar (vi)	posar (vi)	[po'zar]
modelo (m)	modelo (m)	[mo'delu]

modelo (f)	modelo (f)	[mo'delu]
pintor (m)	pintor (m)	[pĩ'tor]
obra (f) de arte	obra (f)	['ɔbra]
obra (f) maestra	obra-prima (f)	['ɔbra 'prima]
estudio (m) (de un artista)	estúdio (m)	[is'tudʒu]

lienzo (m)	tela (f)	['tɛla]
caballete (m)	cavalete (m)	[kava'letʃi]
paleta (f)	paleta (f)	[pa'leta]

marco (m)	moldura (f)	[mow'dura]
restauración (f)	restauração (f)	[hestawra'sãw]
restaurar (vt)	restaurar (vt)	[hestaw'rar]

127. La literatura y la poesía

literatura (f)	literatura (f)	[litera'tura]
autor (m) (escritor)	autor (m)	[aw'tor]
seudónimo (m)	pseudônimo (m)	[psew'donimu]

libro (m)	livro (m)	['livru]
tomo (m)	volume (m)	[vo'lumi]
tabla (f) de contenidos	índice (m)	['indʒisi]
página (f)	página (f)	['paʒina]
héroe (m) principal	protagonista (m)	[protago'nista]
autógrafo (m)	autógrafo (m)	[aw'tɔgrafu]

relato (m) corto	conto (m)	['kõtu]
cuento (m)	novela (f)	[no'vɛla]
novela (f)	romance (m)	[ho'mãsi]
obra (f) literaria	obra (f)	['ɔbra]
fábula (f)	fábula (m)	['fabula]
novela (f) policíaca	romance (m) policial	[ho'mãsi poli'sjaw]

verso (m)	verso (m)	['vɛrsu]
poesía (f)	poesia (f)	[poe'zia]
poema (m)	poema (m)	['pwema]
poeta (m)	poeta (m)	['pwɛta]

bellas letras (f pl)	ficção (f)	[fik'sãw]
ciencia ficción (f)	ficção (f) científica	[fik'sãw sjë'tʃifika]
aventuras (f pl)	aventuras (f pl)	[avë'turas]
literatura (f) didáctica	literatura (f) didática	[litera'tura dʒi'datʃika]
literatura (f) infantil	literatura (f) infantil	[litera'tura ĩfã'tʃiw]

128. El circo

circo (m)	circo (m)	['sirku]
circo (m) ambulante	circo (m) ambulante	['sirku ãbu'lãtʃi]
programa (m)	programa (m)	[pro'grama]
representación (f)	apresentação (f)	[aprezëta'sãw]
número (m)	número (m)	['numeru]

arena (f)	picadeiro (f)	[pika'dejru]
pantomima (f)	pantomima (f)	[pãto'mima]
payaso (m)	palhaço (m)	[pa'ʎasu]

acróbata (m)	acrobata (m)	[akro'bata]
acrobacia (f)	acrobacia (f)	[akroba'sia]
gimnasta (m)	ginasta (m)	[ʒi'nasta]
gimnasia (f) acrobática	ginástica (f)	[ʒi'nastʃika]
salto (m)	salto (m) mortal	['sawtu mor'taw]

forzudo (m)	homem (m) forte	['omẽ 'fortʃi]
domador (m)	domador (m)	[doma'dor]
caballista (m)	cavaleiro (m) equilibrista	[kava'lejru ekili'brista]
asistente (m)	assistente (m)	[asis'tẽtʃi]

truco (m)	truque (m)	['truki]
truco (m) de magia	truque (m) de mágica	['truki de 'maʒika]
ilusionista (m)	ilusionista (m)	[iluzjo'nista]

malabarista (m)	malabarista (m)	[malaba'rista]
malabarear (vt)	fazer malabarismos	[fa'zer malaba'rizmus]
amaestrador (m)	adestrador (m)	[adestra'dɔr]
amaestramiento (m)	adestramento (m)	[adestra'mẽtu]
amaestrar (vt)	adestrar (vt)	[ades'trar]

129. La música. La música popular

música (f)	música (f)	['muzika]
músico (m)	músico (m)	['muziku]
instrumento (m) musical	instrumento (m) musical	[ĩstru'mẽtu muzi'kaw]
tocar ...	tocar ...	[to'kar]

guitarra (f)	guitarra (f)	[gi'taha]
violín (m)	violino (m)	[vjo'linu]
violonchelo (m)	violoncelo (m)	[vjolõ'sɛlu]
contrabajo (m)	contrabaixo (m)	[kõtra'baɪʃu]
arpa (f)	harpa (f)	['arpa]

piano (m)	piano (m)	['pjanu]
piano (m) de cola	piano (m) de cauda	['pjanu de 'kawda]
órgano (m)	órgão (m)	['ɔrgãw]

instrumentos (m pl) de viento	instrumentos (m pl) de sopro	[ĩstru'mẽtus de 'sopru]
oboe (m)	oboé (m)	[o'bwɛ]
saxofón (m)	saxofone (m)	[sakso'fɔni]
clarinete (m)	clarinete (m)	[klari'netʃi]
flauta (f)	flauta (f)	['flawta]
trompeta (f)	trompete (m)	[trõ'pɛte]

acordeón (m)	acordeão (m)	[akor'dʒjãw]
tambor (m)	tambor (m)	[tã'bor]

dúo (m)	dueto (m)	['dwetu]
trío (m)	trio (m)	['triu]

cuarteto (m)	quarteto (m)	[kwar'tetu]
coro (m)	coro (m)	['koru]
orquesta (f)	orquestra (f)	[or'kɛstra]
música (f) pop	música (f) pop	['muzika 'pɔpi]
música (f) rock	música (f) rock	['muzika 'hɔki]
grupo (m) de rock	grupo (m) de rock	['grupu de 'hɔki]
jazz (m)	jazz (m)	[dʒɛz]
ídolo (m)	ídolo (m)	['idolu]
admirador (m)	fã, admirador (m)	[fã], [adʒimira'dor]
concierto (m)	concerto (m)	[kõ'sertu]
sinfonía (f)	sinfonia (f)	[sĩfo'nia]
composición (f)	composição (f)	[kõpozi'sãw]
escribir (vt)	compor (vt)	[kõ'por]
canto (m)	canto (m)	['kãtu]
canción (f)	canção (f)	[kã'sãw]
melodía (f)	melodia (f)	[melo'dʒia]
ritmo (m)	ritmo (m)	['hitʃmu]
blues (m)	blues (m)	[bluz]
notas (f pl)	notas (f pl)	['nɔtas]
batuta (f)	batuta (f)	[ba'tuta]
arco (m)	arco (m)	['arku]
cuerda (f)	corda (f)	['kɔrda]
estuche (m)	estojo (m)	[is'toʒu]

El descanso. El entretenimiento. El viaje

130. Las vacaciones. El viaje

turismo (m)	**turismo** (m)	[tu'rizmu]
turista (m)	**turista** (m)	[tu'rista]
viaje (m)	**viagem** (f)	['vjaʒẽ]
aventura (f)	**aventura** (f)	[avẽ'tura]
viaje (m) (p.ej. ~ en coche)	**viagem** (f)	['vjaʒẽ]
vacaciones (f pl)	**férias** (f pl)	['fɛrjas]
estar de vacaciones	**estar de férias**	[is'tar de 'fɛrjas]
descanso (m)	**descanso** (m)	[dʒis'kãsu]
tren (m)	**trem** (m)	[trẽj]
en tren	**de trem**	[de trẽj]
avión (m)	**avião** (m)	[a'vjãw]
en avión	**de avião**	[de a'vjãw]
en coche	**de carro**	[de 'kaho]
en barco	**de navio**	[de na'viu]
equipaje (m)	**bagagem** (f)	[ba'gaʒẽ]
maleta (f)	**mala** (f)	['mala]
carrito (m) de equipaje	**carrinho** (m)	[ka'hiɲu]
pasaporte (m)	**passaporte** (m)	[pasa'pɔrtʃi]
visado (m)	**visto** (m)	['vistu]
billete (m)	**passagem** (f)	[pa'saʒẽ]
billete (m) de avión	**passagem** (f) **aérea**	[pa'saʒẽ a'erja]
guía (f) (libro)	**guia** (m) **de viagem**	['gia de vi'aʒẽ]
mapa (m)	**mapa** (m)	['mapa]
área (f) (~ rural)	**área** (f)	['arja]
lugar (m)	**lugar** (m)	[lu'gar]
exotismo (m)	**exotismo** (m)	[ezo'tʃizmu]
exótico (adj)	**exótico**	[e'zɔtʃiku]
asombroso (adj)	**surpreendente**	[surprjẽ'dẽtʃi]
grupo (m)	**grupo** (m)	['grupu]
excursión (f)	**excursão** (f)	[iskur'sãw]
guía (m) (persona)	**guia** (m)	['gia]

131. El hotel

hotel (m)	**hotel** (m)	[o'tɛw]
motel (m)	**motel** (m)	[mo'tɛw]
de tres estrellas	**três estrelas**	['tres is'trelas]

| de cinco estrellas | cinco estrelas | ['sĩku is'trelas] |
| hospedarse (vr) | ficar (vi, vt) | [fi'kar] |

habitación (f)	quarto (m)	['kwartu]
habitación (f) individual	quarto (m) individual	['kwartu ĩdʒivi'dwaw]
habitación (f) doble	quarto (m) duplo	['kwartu 'duplu]
reservar una habitación	reservar um quarto	[hezer'var ũ 'kwartu]

| media pensión (f) | meia pensão (f) | ['meja pẽ'sãw] |
| pensión (f) completa | pensão (f) completa | [pẽ'sãw kõ'plɛta] |

con baño	com banheira	[kõ ba'ɲejra]
con ducha	com chuveiro	[kõ ʃu'vejru]
televisión (f) satélite	televisão (m) por satélite	[televi'zãw por sa'tɛlitʃi]
climatizador (m)	ar (m) condicionado	[ar kõdʒisjo'nadu]
toalla (f)	toalha (f)	[to'aʎa]
llave (f)	chave (f)	['ʃavi]

administrador (m)	administrador (m)	[adʒiministra'dor]
camarera (f)	camareira (f)	[kama'rejra]
maletero (m)	bagageiro (m)	[baga'ʒejru]
portero (m)	porteiro (m)	[por'tejru]

restaurante (m)	restaurante (m)	[hestaw'rãtʃi]
bar (m)	bar (m)	[bar]
desayuno (m)	café (m) da manhã	[ka'fɛ da ma'ɲã]
cena (f)	jantar (m)	[ʒã'tar]
buffet (m) libre	bufê (m)	[bu'fe]

| vestíbulo (m) | saguão (m) | [sa'gwãw] |
| ascensor (m) | elevador (m) | [eleva'dor] |

| NO MOLESTAR | NÃO PERTURBE | ['nãw per'turbi] |
| PROHIBIDO FUMAR | PROIBIDO FUMAR! | [proi'bidu fu'mar] |

132. Los libros. La lectura

libro (m)	livro (m)	['livru]
autor (m)	autor (m)	[aw'tor]
escritor (m)	escritor (m)	[iskri'tor]
escribir (~ un libro)	escrever (vt)	[iskre'ver]

lector (m)	leitor (m)	[lej'tor]
leer (vi, vt)	ler (vt)	[ler]
lectura (f)	leitura (f)	[lej'tura]

| en silencio | para si | ['para si] |
| en voz alta | em voz alta | [ẽ vɔz 'awta] |

editar (vt)	publicar (vt)	[publi'kar]
edición (f) (~ de libros)	publicação (f)	[publika'sãw]
editor (m)	editor (m)	[edʒi'tor]
editorial (f)	editora (f)	[edʒi'tora]
salir (libro)	sair (vi)	[sa'ir]

salida (f) (de un libro)	lançamento (m)	[lãsa'mẽtu]
tirada (f)	tiragem (f)	[tʃi'raʒẽ]
librería (f)	livraria (f)	[livra'ria]
biblioteca (f)	biblioteca (f)	[bibljo'tɛka]
cuento (m)	novela (f)	[no'vɛla]
relato (m) corto	conto (m)	['kõtu]
novela (f)	romance (m)	[ho'mãsi]
novela (f) policíaca	romance (m) policial	[ho'mãsi poli'sjaw]
memorias (f pl)	memórias (f pl)	[me'mɔrias]
leyenda (f)	lenda (f)	['lẽda]
mito (m)	mito (m)	['mitu]
versos (m pl)	poesia (f)	[poe'zia]
autobiografía (f)	autobiografia (f)	[awtobjogra'fia]
obras (f pl) escogidas	obras (f pl) escolhidas	['ɔbraʃ isko'ʎidas]
ciencia ficción (f)	ficção (f) científica	[fik'sãw sjẽ'tʃifika]
título (m)	título (m)	['tʃitulu]
introducción (f)	introdução (f)	[ĩtrodu'sãw]
portada (f)	folha (f) de rosto	['foʎa de 'hostu]
capítulo (m)	capítulo (m)	[ka'pitulu]
extracto (m)	excerto (m)	[e'sɛrtu]
episodio (m)	episódio (m)	[epi'zɔdʒu]
sujeto (m)	enredo (m)	[ẽ'hedu]
contenido (m)	conteúdo (m)	[kõte'udu]
tabla (f) de contenidos	índice (m)	['ĩdʒisi]
héroe (m) principal	protagonista (m)	[protago'nista]
tomo (m)	volume (m)	[vo'lumi]
cubierta (f)	capa (f)	['kapa]
encuadernado (m)	encadernação (f)	[ẽkaderna'sãw]
marcador (m) de libro	marcador (m) de página	[marka'dor de 'paʒina]
página (f)	página (f)	['paʒina]
hojear (vt)	folhear (vt)	[fo'ʎjar]
márgenes (m pl)	margem (f)	['marʒẽ]
anotación (f)	anotação (f)	[anota'sãw]
nota (f) a pie de página	nota (f) de rodapé	['nɔta de hoda'pɛ]
texto (m)	texto (m)	['testu]
fuente (f)	fonte (f)	['fõtʃi]
errata (f)	falha (f) de impressão	['faʎa de impre'sãw]
traducción (f)	tradução (f)	[tradu'sãw]
traducir (vt)	traduzir (vt)	[tradu'zir]
original (m)	original (m)	[oriʒi'naw]
famoso (adj)	famoso	[fa'mozu]
desconocido (adj)	desconhecido	[dʒiskoɲe'sidu]
interesante (adj)	interessante	[ĩtere'sãtʃi]
best-seller (m)	best-seller (m)	[bɛst'sɛler]

diccionario (m)	dicionário (m)	[dʒisjo'narju]
manual (m)	livro (m) didático	['livru dʒi'datʃiku]
enciclopedia (f)	enciclopédia (f)	[ẽsiklo'pɛdʒja]

133. La caza. La pesca

caza (f)	caça (f)	['kasa]
cazar (vi, vt)	caçar (vi)	[ka'sar]
cazador (m)	caçador (m)	[kasa'dor]

tirar (vi)	disparar, atirar (vi)	[dʒispa'rar], [atʃi'rar]
fusil (m)	rifle (m)	['hifli]
cartucho (m)	cartucho (m)	[kar'tuʃu]
perdigón (m)	chumbo (m) de caça	['ʃũbu de 'kasa]

cepo (m)	armadilha (f)	arma'dʒiʎa]
trampa (f)	armadilha (f)	arma'dʒiʎa]
caer en el cepo	cair na armadilha	[ka'ir na arma'dʒiʎa]
poner un cepo	pôr a armadilha	['por a arma'dʒiʎa]

cazador (m) furtivo	caçador (m) furtivo	[kasa'dor fur'tʃivu]
caza (f) menor	caça (f)	['kasa]
perro (m) de caza	cão (m) de caça	['kãw de 'kasa]
safari (m)	safári (m)	[sa'fari]
animal (m) disecado	animal (m) empalhado	[ani'maw ẽpa'ʎadu]

pescador (m)	pescador (m)	[peska'dor]
pesca (f)	pesca (f)	['pɛska]
pescar (vi)	pescar (vt)	[pes'kar]

caña (f) de pescar	vara (f) de pesca	['vara de 'pɛska]
sedal (m)	linha (f) de pesca	['liɲa de 'pɛska]
anzuelo (m)	anzol (m)	[ã'zɔw]

| flotador (m) | boia (f), flutuador (m) | ['bɔja], [flutwa'dor] |
| cebo (m) | isca (f) | ['iska] |

| lanzar el anzuelo | lançar a linha | [lã'sar a 'liɲa] |
| picar (vt) | morder (vt) | [mor'der] |

| pesca (f) (lo pescado) | pesca (f) | ['pɛska] |
| agujero (m) en el hielo | buraco (m) no gelo | [bu'raku nu 'ʒelu] |

red (f)	rede (f)	['hedʒi]
barca (f)	barco (m)	['barku]
pescar con la red	pescar com rede	[pes'kar kõ 'hedʒi]
tirar la red	lançar a rede	[lã'sar a 'hedʒi]

| sacar la red | puxar a rede | [pu'ʃar a 'hedʒi] |
| caer en la red | cair na rede | [ka'ir na 'hedʒi] |

ballenero (m) (persona)	baleeiro (m)	[bale'ejro]
ballenero (m) (barco)	baleeira (f)	[bale'ejra]
arpón (m)	arpão (m)	[ar'pãw]

134. Los juegos. El billar

billar (m)	bilhar (m)	[bi'ʎar]
sala (f) de billar	sala (f) de bilhar	['sala de bi'ʎar]
bola (f) de billar	bola (f) de bilhar	['bɔla de bi'ʎar]
entronerar la bola	embolsar uma bola	[ẽbow'sar 'uma 'bɔla]
taco (m)	taco (m)	['taku]
tronera (f)	caçapa (f)	[ka'sapa]

135. Los juegos. Las cartas

carta (f)	carta (f) de jogar	['karta de ʒo'gar]
cartas (f pl)	cartas (f pl)	['kartas]
baraja (f)	baralho (m)	[ba'raʎu]
triunfo (m)	trunfo (m)	['trũfu]
cuadrados (m pl)	ouros (m pl)	['orus]
picas (f pl)	espadas (f pl)	[is'padas]
corazones (m pl)	copas (f pl)	['kɔpas]
tréboles (m pl)	paus (m pl)	['paws]
as (m)	ás (m)	[ajs]
rey (m)	rei (m)	[hej]
dama (f)	dama (f), rainha (f)	['dama], [ha'iɲa]
sota (f)	valete (m)	[va'lɛtʃi]
dar, distribuir (repartidor)	dar, distribuir (vt)	[dar], [dʒistri'bwir]
barajar (vt) (mezclar las cartas)	embaralhar (vt)	[ẽbara'ʎar]
jugada (f) (turno)	vez, jogada (f)	[vez], [ʒo'gada]
punto (m)	ponto (m)	['põtu]
fullero (m)	trapaceiro (m)	[trapa'sejru]

136. El descanso. Los juegos. Miscelánea

pasear (vi)	passear (vi)	[pa'sjar]
paseo (m) (caminata)	passeio (m)	[pa'seju]
paseo (m) (en coche)	viagem (f) de carro	['vjaʒẽ de 'kaho]
aventura (f)	aventura (f)	[avẽ'tura]
picnic (m)	piquenique (m)	[piki'niki]
juego (m)	jogo (m)	['ʒogu]
jugador (m)	jogador (m)	[ʒoga'dor]
partido (m)	partida (f)	[par'tʃida]
coleccionista (m)	colecionador (m)	[kolesjona'dor]
coleccionar (vt)	colecionar (vt)	[kolesjo'nar]
colección (f)	coleção (f)	[kole'sãw]
crucigrama (m)	palavras (f pl) cruzadas	[pa'lavras kru'zadas]
hipódromo (m)	hipódromo (m)	[i'pɔdromu]

discoteca (f)	discoteca (f)	[dʒisko'tɛka]
sauna (f)	sauna (f)	['sawna]
lotería (f)	loteria (f)	[lote'ria]

marcha (f)	campismo (m)	[kã'pizmu]
campo (m)	acampamento (m)	[akãpa'mẽtu]
campista (m)	campista (m)	[kã'pista]
tienda (f) de campaña	barraca (f)	[ba'haka]
brújula (f)	bússola (f)	['busola]

ver (la televisión)	ver (vt), assistir à ...	[ver], [asis'tʃir a]
telespectador (m)	telespectador (m)	[telespekta'dor]
programa (m) de televisión	programa (m) de TV	[pro'grama de te've]

137. La fotografía

| cámara (f) fotográfica | máquina (f) fotográfica | ['makina foto'grafika] |
| fotografía (f) (una foto) | foto, fotografia (f) | ['fɔtu], [fotogra'fia] |

fotógrafo (m)	fotógrafo (m)	[fo'tografu]
estudio (m) fotográfico	estúdio (m) fotográfico	[is'tudʒu foto'grafiku]
álbum (m) de fotos	álbum (m) de fotografias	['awbũ de fotogra'fias]

objetivo (m)	lente (f) fotográfica	['lẽtʃi foto'grafika]
teleobjetivo (m)	lente (f) teleobjetiva	['lẽtʃi teleobʒe'tʃiva]
filtro (m)	filtro (m)	['fiwtru]
lente (m)	lente (f)	['lẽtʃi]

óptica (f)	ótica (f)	['ɔtʃika]
diafragma (m)	abertura (f)	[aber'tura]
tiempo (m) de exposición	exposição (f)	[ispozi'sãw]
visor (m)	visor (m)	[vi'zor]

cámara (f) digital	câmera (f) digital	['kamera dʒiʒi'taw]
trípode (m)	tripé (m)	[tri'pɛ]
flash (m)	flash (m)	[flaʃ]

fotografiar (vt)	fotografar (vt)	[fotogra'far]
hacer fotos	tirar fotos	[tʃi'rar 'fotus]
fotografiarse (vr)	fotografar-se (vr)	[fotogra'farse]

foco (m)	foco (m)	['fɔku]
enfocar (vt)	focar (vt)	[fo'kar]
nítido (adj)	nítido	['nitʃidu]
nitidez (f)	nitidez (f)	[nitʃi'dez]

| contraste (m) | contraste (m) | [kõ'trastʃi] |
| de alto contraste (adj) | contrastante | [kõtras'tãtʃi] |

foto (f)	retrato (m)	[he'tratu]
negativo (m)	negativo (m)	[nega'tʃivu]
película (f) fotográfica	filme (m)	['fiwmi]
fotograma (m)	fotograma (m)	[foto'grama]
imprimir (vt)	imprimir (vt)	[ĩpri'mir]

138. La playa. La natación

playa (f)	praia (f)	['praja]
arena (f)	areia (f)	[a'reja]
desierto (playa ~a)	deserto	[de'zɛrtu]
bronceado (m)	bronzeado (m)	[brõ'zjadu]
broncearse (vr)	bronzear-se (vr)	[brõ'zjarsi]
bronceado (adj)	bronzeado	[brõ'zjadu]
protector (m) solar	protetor (m) solar	[prute'tor so'lar]
bikini (m)	biquíni (m)	[bi'kini]
traje (m) de baño	maiô (m)	[ma'jo]
bañador (m)	calção (m) de banho	[kaw'sãw de 'baɲu]
piscina (f)	piscina (f)	[pi'sina]
nadar (vi)	nadar (vi)	[na'dar]
ducha (f)	chuveiro (m), ducha (f)	[ʃu'vejru], ['duʃa]
cambiarse (vr)	mudar, trocar (vt)	[mu'dar], [tro'kar]
toalla (f)	toalha (f)	[to'aʎa]
barca (f)	barco (m)	['barku]
lancha (f) motora	lancha (f)	['lãʃa]
esquís (m pl) acuáticos	esqui (m) aquático	[is'ki a'kwatʃiku]
bicicleta (f) acuática	barco (m) de pedais	['barku de pe'dajs]
surf (m)	surfe (m)	['surfi]
surfista (m)	surfista (m)	[sur'fista]
equipo (m) de buceo	equipamento (m) de mergulho	[ekipa'mẽtu de mer'guʎu]
aletas (f pl)	pé (m pl) de pato	[pɛ de 'patu]
máscara (f) de buceo	máscara (f)	['maskara]
buceador (m)	mergulhador (m)	[merguʎa'dor]
bucear (vi)	mergulhar (vi)	[mergu'ʎar]
bajo el agua (adv)	debaixo d'água	[de'baɪʃu 'dagwa]
sombrilla (f)	guarda-sol (m)	['gwarda 'sɔw]
tumbona (f)	espreguiçadeira (f)	[ispregisa'dejra]
gafas (f pl) de sol	óculos (m pl) de sol	['ɔkulus de 'sɔw]
colchoneta (f) inflable	colchão (m) de ar	[kow'ʃãw de 'ar]
jugar (divertirse)	brincar (vi)	[brĩ'kar]
bañarse (vr)	ir nadar	[ir na'dar]
pelota (f) de playa	bola (f) de praia	['bɔla de 'praja]
inflar (vt)	encher (vt)	[ẽ'ʃer]
inflable (colchoneta ~)	inflável	[ĩ'flavew]
ola (f)	onda (f)	['õda]
boya (f)	boia (f)	['bɔja]
ahogarse (vr)	afogar-se (vr)	[afo'garse]
salvar (vt)	salvar (vt)	[saw'var]
chaleco (m) salvavidas	colete (m) salva-vidas	[ko'letʃi 'sawva 'vidas]

observar (vt)	**observar** (vt)	[obser'var]
socorrista (m)	**salva-vidas** (m)	[sawva-'vidas]

EL EQUIPO TÉCNICO. EL TRANSPORTE

El equipo técnico

139. El computador

ordenador (m)	computador (m)	[kõputa'dor]
ordenador (m) portátil	computador (m) portátil	[kõputa'dor por'tatʃiw]
encender (vt)	ligar (vt)	[li'gar]
apagar (vt)	desligar (vt)	[dʒizli'gar]
teclado (m)	teclado (m)	[tɛk'ladu]
tecla (f)	tecla (f)	['tɛkla]
ratón (m)	mouse (m)	['mawz]
alfombrilla (f) para ratón	tapete (m) para mouse	[ta'petʃi 'para 'mawz]
botón (m)	botão (m)	[bo'tãw]
cursor (m)	cursor (m)	[kur'sor]
monitor (m)	monitor (m)	[moni'tor]
pantalla (f)	tela (f)	['tɛla]
disco (m) duro	disco (m) rígido	['dʒisku 'hiʒidu]
volumen (m) de disco duro	capacidade (f)	[kapasi'dadʒi
	do disco rígido	du 'dʒisku 'hiʒidu]
memoria (f)	memória (f)	[me'mɔrja]
memoria (f) operativa	memória RAM (f)	[me'mɔrja ram]
archivo, fichero (m)	arquivo (m)	[ar'kivu]
carpeta (f)	pasta (f)	['pasta]
abrir (vt)	abrir (vt)	[a'brir]
cerrar (vt)	fechar (vt)	[fe'ʃar]
guardar (un archivo)	salvar (vt)	[saw'var]
borrar (vt)	deletar (vt)	[dele'tar]
copiar (vt)	copiar (vt)	[ko'pjar]
ordenar (vt) (~ de A a Z, etc.)	ordenar (vt)	[orde'nar]
transferir (vt)	copiar (vt)	[ko'pjar]
programa (m)	programa (m)	[pro'grama]
software (m)	software (m)	[sof'twer]
programador (m)	programador (m)	[programa'dor]
programar (vt)	programar (vt)	[progra'mar]
hacker (m)	hacker (m)	['haker]
contraseña (f)	senha (f)	['sɛɲa]
virus (m)	vírus (m)	['virus]
detectar (vt)	detectar (vt)	[detek'tar]

octeto, byte (m)	byte (m)	['bajtʃi]
megaocteto (m)	megabyte (m)	[mega'bajtʃi]

datos (m pl)	dados (m pl)	['dadus]
base (f) de datos	base (f) de dados	['bazi de 'dadus]

cable (m)	cabo (m)	['kabu]
desconectar (vt)	desconectar (vt)	[dezkonek'tar]
conectar (vt)	conectar (vt)	[konek'tar]

140. El internet. El correo electrónico

internet (m), red (f)	internet (f)	[ĩter'nɛtʃi]
navegador (m)	browser (m)	['brawzer]
buscador (m)	motor (m) de busca	[mo'tor de 'buska]
proveedor (m)	provedor (m)	[prove'dor]

webmaster (m)	webmaster (m)	[web'master]
sitio (m) web	website (m)	[websajt]
página (f) web	página web (f)	['paʒina webi]

dirección (f)	endereço (m)	[ẽde'resu]
libro (m) de direcciones	livro (m) de endereços	['livru de ẽde'resus]

buzón (m)	caixa (f) de correio	['kaɪʃa de ko'heju]
correo (m)	correio (m)	[ko'heju]
lleno (adj)	cheia	['ʃeja]

mensaje (m)	mensagem (f)	[mẽ'saʒẽ]
correo (m) entrante	mensagens (f pl) recebidas	[mẽ'saʒẽs hese'bidas]
correo (m) saliente	mensagens (f pl) enviadas	[mẽ'saʒẽs ẽ'vjadas]
expedidor (m)	remetente (m)	[heme'tẽtʃi]
enviar (vt)	enviar (vt)	[ẽ'vjar]
envío (m)	envio (m)	[ẽ'viu]

destinatario (m)	destinatário (m)	[destʃina'tarju]
recibir (vt)	receber (vt)	[hese'ber]

correspondencia (f)	correspondência (f)	[kohespõ'dẽsja]
escribirse con ...	corresponder-se (vr)	[kohespõ'dersi]

archivo, fichero (m)	arquivo (m)	[ar'kivu]
descargar (vt)	fazer o download, baixar (vt)	[fa'zer u dawn'load], [baj'ʃar]
crear (vt)	criar (vt)	[krjar]
borrar (vt)	deletar (vt)	[dele'tar]
borrado (adj)	deletado	[dele'tadu]

conexión (f) (ADSL, etc.)	conexão (f)	[konek'sãw]
velocidad (f)	velocidade (f)	[velosi'dadʒi]
módem (m)	modem (m)	['modẽ]
acceso (m)	acesso (m)	[a'sɛsu]
puerto (m)	porta (f)	['porta]
conexión (f) (establecer la ~)	conexão (f)	[konek'sãw]
conectarse a ...	conectar (vi)	[konek'tar]

| seleccionar (vt) | **escolher** (vt) | [isko'ʎer] |
| buscar (vt) | **buscar** (vt) | [bus'kar] |

El transporte

avión (m)	avião (m)	[a'vjãw]
billete (m) de avión	passagem (f) aérea	[pa'saʒẽ a'erja]
compañía (f) aérea	companhia (f) aérea	[kõpa'ɲia a'erja]
aeropuerto (m)	aeroporto (m)	[aero'portu]
supersónico (adj)	supersônico	[super'soniku]
comandante (m)	comandante (m) do avião	[komã'dãtʃi du a'vjãw]
tripulación (f)	tripulação (f)	[tripula'sãw]
piloto (m)	piloto (m)	[pi'lotu]
azafata (f)	aeromoça (f)	[aero'mosa]
navegador (m)	copiloto (m)	[kopi'lotu]
alas (f pl)	asas (f pl)	['azas]
cola (f)	cauda (f)	['kawda]
cabina (f)	cabine (f)	[ka'bini]
motor (m)	motor (m)	[mo'tor]
tren (m) de aterrizaje	trem (m) de pouso	[trẽj de 'pozu]
turbina (f)	turbina (f)	[tur'bina]
hélice (f)	hélice (f)	['ɛlisi]
caja (f) negra	caixa-preta (f)	['kaɪʃa 'preta]
timón (m)	coluna (f) de controle	[ko'luna de kõ'troli]
combustible (m)	combustível (m)	[kõbus'tʃivew]
instructivo (m) de seguridad	instruções (f pl) de segurança	[ĩstru'sõjs de segu'rãsa]
respirador (m) de oxígeno	máscara (f) de oxigênio	['maskara de oksi'ʒenju]
uniforme (m)	uniforme (m)	[uni'fɔrmi]
chaleco (m) salvavidas	colete (m) salva-vidas	[ko'letʃi 'sawva 'vidas]
paracaídas (m)	paraquedas (m)	[para'kɛdas]
despegue (m)	decolagem (f)	[deko'laʒẽ]
despegar (vi)	descolar (vi)	[dʒisko'lar]
pista (f) de despegue	pista (f) de decolagem	['pista de deko'laʒẽ]
visibilidad (f)	visibilidade (f)	[vizibili'dadʒi]
vuelo (m)	voo (m)	['vou]
altura (f)	altura (f)	[aw'tura]
pozo (m) de aire	poço (m) de ar	['posu de 'ar]
asiento (m)	assento (m)	[a'sẽtu]
auriculares (m pl)	fone (m) de ouvido	['foni de o'vidu]
mesita (f) plegable	mesa (f) retrátil	['meza he'tratʃiw]
ventana (f)	janela (f)	[ʒa'nɛla]
pasillo (m)	corredor (m)	[kohe'dor]

142. El tren

tren (m)	trem (m)	[trẽj]
tren (m) de cercanías	trem (m) elétrico	[trẽj e'lɛtriku]
tren (m) rápido	trem (m)	[trẽj]
locomotora (f) diésel	locomotiva (f) diesel	[lokomo'tʃiva 'dʒizew]
tren (m) de vapor	locomotiva (f) a vapor	[lokomo'tʃiva a va'por]
coche (m)	vagão (f) de passageiros	[va'gãw de pasa'ʒejrus]
coche (m) restaurante	vagão-restaurante (m)	[va'gãw-hestaw'rãtʃi]
rieles (m pl)	carris (m pl)	[ka'his]
ferrocarril (m)	estrada (f) de ferro	[is'trada de 'fɛhu]
traviesa (f)	travessa (f)	[tra'vɛsa]
plataforma (f)	plataforma (f)	[plata'fɔrma]
vía (f)	linha (f)	['liɲa]
semáforo (m)	semáforo (m)	[se'maforu]
estación (f)	estação (f)	[ista'sãw]
maquinista (m)	maquinista (m)	[maki'nista]
maletero (m)	bagageiro (m)	[baga'ʒejru]
mozo (m) del vagón	hospedeiro, -a (m, f)	[ospe'dejru, -a]
pasajero (m)	passageiro (m)	[pasa'ʒejru]
revisor (m)	revisor (m)	[hevi'zor]
corredor (m)	corredor (m)	[kohe'dor]
freno (m) de urgencia	freio (m) de emergência	['freju de imer'ʒẽsja]
compartimiento (m)	compartimento (m)	[kõpartʃi'mẽtu]
litera (f)	cama (f)	['kama]
litera (f) de arriba	cama (f) de cima	['kama de 'sima]
litera (f) de abajo	cama (f) de baixo	['kama de 'baɪʃu]
ropa (f) de cama	roupa (f) de cama	['hopa de 'kama]
billete (m)	passagem (f)	[pa'saʒẽ]
horario (m)	horário (m)	[o'rarju]
pantalla (f) de información	painel (m) de informação	[paj'nɛw de ĩforma'sãw]
partir (vi)	partir (vt)	[par'tʃir]
partida (f) (del tren)	partida (f)	[par'tʃida]
llegar (tren)	chegar (vi)	[ʃe'gar]
llegada (f)	chegada (f)	[ʃe'gada]
llegar en tren	chegar de trem	[ʃe'gar de trẽj]
tomar el tren	pegar o trem	[pe'gar u trẽj]
bajar del tren	descer de trem	[de'ser de trẽj]
descarrilamiento (m)	acidente (m) ferroviário	[asi'dẽtʃi feho'vjarju]
descarrilarse (vr)	descarrilar (vi)	[dʒiskahi'ʎar]
tren (m) de vapor	locomotiva (f) a vapor	[lokomo'tʃiva a va'por]
fogonero (m)	foguista (m)	[fo'gista]
hogar (m)	fornalha (f)	[for'naʎa]
carbón (m)	carvão (m)	[kar'vãw]

143. El barco

| barco, buque (m) | navio (m) | [na'viu] |
| navío (m) | embarcação (f) | [ēbarka'sãw] |

buque (m) de vapor	barco (m) a vapor	['barku a va'por]
motonave (f)	barco (m) fluvial	['barku flu'vjaw]
trasatlántico (m)	transatlântico (m)	[trãzat'lãtʃiku]
crucero (m)	cruzeiro (m)	[kru'zejru]

yate (m)	iate (m)	['jatʃi]
remolcador (m)	rebocador (m)	[heboka'dor]
barcaza (f)	barcaça (f)	[bar'kasa]
ferry (m)	ferry (m), balsa (f)	['fɛRi], ['balsa]

| velero (m) | veleiro (m) | [ve'lejru] |
| bergantín (m) | bergantim (m) | [behgã'tʃĩ] |

| rompehielos (m) | quebra-gelo (m) | ['kɛbra 'ʒelu] |
| submarino (m) | submarino (m) | [subma'rinu] |

bote (m) de remo	bote, barco (m)	['bɔtʃi], ['barku]
bote (m)	baleeira (f)	[bale'ejra]
bote (m) salvavidas	bote (m) salva-vidas	['bɔtʃi 'sawva 'vidas]
lancha (f) motora	lancha (f)	['lãʃa]

capitán (m)	capitão (m)	[kapi'tãw]
marinero (m)	marinheiro (m)	[mari'ɲejru]
marino (m)	marujo (m)	[ma'ruʒu]
tripulación (f)	tripulação (f)	[tripula'sãw]

contramaestre (m)	contramestre (m)	[kõtra'mɛstri]
grumete (m)	grumete (m)	[gru'mɛtʃi]
cocinero (m) de abordo	cozinheiro (m) de bordo	[kozi'ɲejru de 'bordu]
médico (m) del buque	médico (m) de bordo	['mɛdʒiku de 'bordu]

cubierta (f)	convés (m)	[kõ'vɛs]
mástil (m)	mastro (m)	['mastru]
vela (f)	vela (f)	['vɛla]

bodega (f)	porão (m)	[po'rãw]
proa (f)	proa (f)	['proa]
popa (f)	popa (f)	['popa]
remo (m)	remo (m)	['hɛmu]
hélice (f)	hélice (f)	['ɛlisi]

camarote (m)	cabine (m)	[ka'bini]
sala (f) de oficiales	sala (f) dos oficiais	['sala dus ofi'sjajs]
sala (f) de máquinas	sala (f) das máquinas	['sala das 'makinas]
puente (m) de mando	ponte (m) de comando	['põtʃi de ko'mãdu]
sala (f) de radio	sala (f) de comunicações	['sala de komunika'sõjs]
onda (f)	onda (f)	['õda]
cuaderno (m) de bitácora	diário (m) de bordo	['dʒjarju de 'bordu]
anteojo (m)	luneta (f)	[lu'neta]
campana (f)	sino (m)	['sinu]

bandera (f)	bandeira (f)	[bã'dejra]
cabo (m) (maroma)	cabo (m)	['kabu]
nudo (m)	nó (m)	[nɔ]

pasamano (m)	corrimão (m)	[kohi'mãw]
pasarela (f)	prancha (f) de embarque	['prãʃa de ẽ'barki]

ancla (f)	âncora (f)	['ãkora]
levar ancla	recolher a âncora	[heko'ʎer a 'ãkora]
echar ancla	jogar a âncora	[ʒo'gar a 'ãkora]
cadena (f) del ancla	amarra (f)	[a'maha]

puerto (m)	porto (m)	['portu]
embarcadero (m)	cais, amarradouro (m)	[kajs], [amaha'doru]
amarrar (vt)	atracar (vi)	[atra'kar]
desamarrar (vt)	desatracar (vi)	[dʒizatra'kar]

viaje (m)	viagem (f)	['vjaʒẽ]
crucero (m) (viaje)	cruzeiro (m)	[kru'zejru]
derrota (f) (rumbo)	rumo (m)	['humu]
itinerario (m)	itinerário (m)	[itʃine'rarju]

canal (m) navegable	canal (m) de navegação	[ka'naw de navega'sãw]
bajío (m)	banco (m) de areia	['bãku de a'reja]
encallar (vi)	encalhar (vt)	[ẽka'ʎar]

tempestad (f)	tempestade (f)	[tẽpes'tadʒi]
señal (f)	sinal (m)	[si'naw]
hundirse (vr)	afundar-se (vr)	[afũ'darse]
¡Hombre al agua!	Homem ao mar!	['ɔmẽ aw mah]
SOS	SOS	[ɛseo'ɛsi]
aro (m) salvavidas	boia (f) salva-vidas	['bɔja 'sawva 'vidas]

144. El aeropuerto

aeropuerto (m)	aeroporto (m)	[aero'portu]
avión (m)	avião (m)	[a'vjãw]
compañía (f) aérea	companhia (f) aérea	[kõpa'ɲia a'erja]
controlador (m) aéreo	controlador (m) de tráfego aéreo	[kõtrola'dor de 'trafegu a'erju]

despegue (m)	partida (f)	[par'tʃida]
llegada (f)	chegada (f)	[ʃe'gada]
llegar (en avión)	chegar (vi)	[ʃe'gar]

hora (f) de salida	hora (f) de partida	['ɔra de par'tʃida]
hora (f) de llegada	hora (f) de chegada	['ɔra de ʃe'gada]

retrasarse (vr)	estar atrasado	[is'tar atra'zadu]
retraso (m) de vuelo	atraso (m) de voo	[a'trazu de 'vou]

pantalla (f) de información	painel (m) de informação	[paj'nɛw de ĩforma'sãw]
información (f)	informação (f)	[ĩforma'sãw]
anunciar (vt)	anunciar (vt)	[anũ'sjar]

vuelo (m)	**voo** (m)	['vou]
aduana (f)	**alfândega** (f)	[aw'fãdʒiga]
aduanero (m)	**funcionário** (m) **da alfândega**	[fũsjo'narju da aw'fãdʒiga]

declaración (f) de aduana	**declaração** (f) **alfandegária**	[deklara'sãw awfãde'garja]
rellenar (vt)	**preencher** (vt)	[preẽ'ʃer]
rellenar la declaración	**preencher a declaração**	[preẽ'ʃer a deklara'sãw]
control (m) de pasaportes	**controle** (m) **de passaporte**	[kõ'troli de pasa'pɔrtʃi]

equipaje (m)	**bagagem** (f)	[ba'gaʒẽ]
equipaje (m) de mano	**bagagem** (f) **de mão**	[ba'gaʒẽ de 'mãw]
carrito (m) de equipaje	**carrinho** (m)	[ka'hiɲu]

aterrizaje (m)	**pouso** (m)	['pozu]
pista (f) de aterrizaje	**pista** (f) **de pouso**	['pista de 'pozu]
aterrizar (vi)	**aterrissar** (vi)	[atehi'sar]
escaleras (f pl) (de avión)	**escada** (f) **de avião**	[is'kada de a'vjãw]

facturación (f) (check-in)	**check-in** (m)	[ʃɛ'kin]
mostrador (m) de facturación	**balcão** (m) **do check-in**	[baw'kãw du ʃɛ'kin]
hacer el check-in	**fazer o check-in**	[fa'zer u ʃɛ'kin]
tarjeta (f) de embarque	**cartão** (m) **de embarque**	[kar'tãw de ẽ'barki]
puerta (f) de embarque	**portão** (m) **de embarque**	[por'tãw de ẽ'barki]

tránsito (m)	**trânsito** (m)	['trãzitu]
esperar (aguardar)	**esperar** (vt)	[ispe'rar]
zona (f) de preembarque	**sala** (f) **de espera**	['sala de is'pɛra]
despedir (vt)	**despedir-se de ...**	[dʒispe'dʒirsi de]
despedirse (vr)	**despedir-se** (vr)	[dʒispe'dʒirsi]

145. La bicicleta. La motocicleta

bicicleta (f)	**bicicleta** (f)	[bisi'klɛta]
scooter (m)	**lambreta** (f)	[lã'breta]
motocicleta (f)	**moto** (f)	['mɔtu]

ir en bicicleta	**ir de bicicleta**	[ir de bisi'klɛta]
manillar (m)	**guidão** (m)	[gi'dãw]
pedal (m)	**pedal** (m)	[pe'daw]
frenos (m pl)	**freios** (m pl)	['frejus]
sillín (m)	**banco, selim** (m)	['bãku], [se'lĩ]

bomba (f)	**bomba** (f)	['bõba]
portaequipajes (m)	**bagageiro** (m) **de teto**	[baga'ʒejru de tɛtu]
faro (m)	**lanterna** (f)	[lã'tɛrna]
casco (m)	**capacete** (m)	[kapa'setʃi]

rueda (f)	**roda** (f)	['hɔda]
guardabarros (m)	**para-choque** (m)	[para'ʃɔki]
llanta (f)	**aro** (m)	['aru]
rayo (m)	**raio** (m)	['haju]

Los coches

coche (m)	carro, automóvel (m)	['kaho], [awto'mɔvew]
coche (m) deportivo	carro (m) esportivo	['kaho ispor'tʃivu]
limusina (f)	limusine (f)	[limu'zini]
todoterreno (m)	todo o terreno (m)	['todu u te'hɛnu]
cabriolé (m)	conversível (m)	[kõver'sivew]
microbús (m)	minibus (m)	['minibus]
ambulancia (f)	ambulância (f)	[ãbu'lãsja]
quitanieves (m)	limpa-neve (m)	['lĩpa 'nɛvi]
camión (m)	caminhão (m)	[kami'ɲãw]
camión (m) cisterna	caminhão-tanque (m)	[kami'ɲãw-'tãki]
camioneta (f)	perua, van (f)	[pe'rua], [van]
cabeza (f) tractora	caminhão-trator (m)	[kami'ɲãw-tra'tor]
remolque (m)	reboque (m)	[he'bɔki]
confortable (adj)	confortável	[kõfor'tavew]
de ocasión (adj)	usado	[u'zadu]

capó (m)	capô (m)	[ka'po]
guardabarros (m)	para-choque (m)	[para'ʃɔki]
techo (m)	teto (m)	['tɛtu]
parabrisas (m)	para-brisa (m)	[para'briza]
espejo (m) retrovisor	retrovisor (m)	[hetrovi'zor]
limpiador (m)	esguicho (m)	[iʃ'giʃu]
limpiaparabrisas (m)	limpadores (m) de para-brisas	[lĩpa'dores de para'brizas]
ventana (f) lateral	vidro (m) lateral	['vidru late'raw]
elevalunas (m)	elevador (m) do vidro	[eleva'dor du 'vidru]
antena (f)	antena (f)	[ã'tɛna]
techo (m) solar	teto (m) solar	['tɛtu so'lar]
parachoques (m)	para-choque (m)	[para'ʃɔki]
maletero (m)	porta-malas (f)	[porta-'malas]
baca (f) (portaequipajes)	bagageira (f)	[baga'ʒejra]
puerta (f)	porta (f)	['pɔrta]
tirador (m) de puerta	maçaneta (f)	[masa'neta]
cerradura (f)	fechadura (f)	[feʃa'dura]
matrícula (f)	placa (f)	['plaka]

silenciador (m)	silenciador (m)	[silẽsja'dor]
tanque (m) de gasolina	tanque (m) de gasolina	['tãki de gazo'lina]
tubo (m) de escape	tubo (m) de exaustão	['tubu de ezaw'stãw]
acelerador (m)	acelerador (m)	[aselera'dor]
pedal (m)	pedal (m)	[pe'daw]
pedal (m) de acelerador	pedal (m) do acelerador	[pe'daw du aselera'dor]
freno (m)	freio (m)	['freju]
pedal (m) de freno	pedal (m) do freio	[pe'daw du 'freju]
frenar (vi)	frear (vt)	[fre'ar]
freno (m) de mano	freio (m) de mão	['freju de mãw]
embrague (m)	embreagem (f)	[ẽb'rjaʒẽ]
pedal (m) de embrague	pedal (m) da embreagem	[pe'daw da ẽb'rjaʒẽ]
disco (m) de embrague	disco (m) de embreagem	['dʒisku de ẽb'rjaʒẽ]
amortiguador (m)	amortecedor (m)	[amortese'dor]
rueda (f)	roda (f)	['hɔda]
rueda (f) de repuesto	pneu (m) estepe	['pnew is'tɛpi]
neumático (m)	pneu (m)	['pnew]
tapacubo (m)	calota (f)	[ka'lɔta]
ruedas (f pl) motrices	rodas (f pl) motrizes	['hɔdas muo'trizis]
de tracción delantera	de tração dianteira	[de tra'sãw dʒjã'tejra]
de tracción trasera	de tração traseira	[de tra'sãw tra'zejra]
de tracción integral	de tração às 4 rodas	[de tra'sãw as 'kwatru 'hɔdas]
caja (f) de cambios	caixa (f) de mudanças	['kaɪʃa de mu'dãsas]
automático (adj)	automático	[awto'matʃiku]
mecánico (adj)	mecânico	[me'kaniku]
palanca (f) de cambios	alavanca (f) de câmbio	[ala'vãka de 'kãbju]
faro (m) delantero	farol (m)	[fa'rɔw]
faros (m pl)	faróis (m pl)	[fa'rɔis]
luz (f) de cruce	farol (m) baixo	[fa'rɔw 'baɪʃu]
luz (f) de carretera	farol (m) alto	[fa'rɔw 'altu]
luz (f) de freno	luzes (f pl) de parada	['luzes de pa'rada]
luz (f) de posición	luzes (f pl) de posição	['luzes de pozi'sãw]
luces (f pl) de emergencia	luzes (f pl) de emergência	['luzes de emer'ʒẽsia]
luces (f pl) antiniebla	faróis (m pl) de neblina	[fa'rɔis de ne'blina]
intermitente (m)	pisca-pisca (m)	[piska-'piska]
luz (f) de marcha atrás	luz (f) de marcha ré	[luz de 'marʃa hɛ]

148. El coche. El compartimiento de pasajeros

habitáculo (m)	interior (m) do carro	[ĩte'rjor du 'kaho]
de cuero (adj)	de couro	[de 'koru]
de felpa (adj)	de veludo	[de ve'ludu]
tapizado (m)	estofamento (m)	[istofa'mẽtu]
instrumento (m)	indicador (m)	[ĩdʒika'dor]
salpicadero (m)	painel (m)	[paj'nɛw]

velocímetro (m)	velocímetro (m)	[velo'simetru]
aguja (f)	ponteiro (m)	[põ'tejru]

cuentakilómetros (m)	hodômetro, odômetro (m)	[o'dometru]
indicador (m)	indicador (m)	[ĩdʒika'dor]
nivel (m)	nível (m)	['nivew]
testigo (m) (~ luminoso)	luz (f) de aviso	[luz de a'vizu]

volante (m)	volante (m)	[vo'lãtʃi]
bocina (f)	buzina (f)	[bu'zina]
botón (m)	botão (m)	[bo'tãw]
interruptor (m)	interruptor (m)	[ĩtehup'tor]

asiento (m)	assento (m)	[a'sẽtu]
respaldo (m)	costas (f pl) do assento	['kɔstas du a'sẽtu]
reposacabezas (m)	cabeceira (f)	[kabe'sejra]
cinturón (m) de seguridad	cinto (m) de segurança	['sĩtu de segu'rãsa]
abrocharse el cinturón	apertar o cinto	[aper'tar u 'sĩtu]
reglaje (m)	ajuste (m)	[a'ʒustʃi]

bolsa (f) de aire (airbag)	airbag (m)	[ɛr'bɛgi]
climatizador (m)	ar (m) condicionado	[ar kõdʒisjo'nadu]

radio (m)	rádio (m)	['hadʒju]
reproductor (m) de CD	leitor (m) de CD	[lej'tor de 'sede]
encender (vt)	ligar (vt)	[li'gar]
antena (f)	antena (f)	[ã'tɛna]
guantera (f)	porta-luvas (m)	['porta-'luvas]
cenicero (m)	cinzeiro (m)	[sĩ'zejru]

149. El coche. El motor

motor (m)	motor (m)	[mo'tor]
diésel (adj)	a diesel	[a 'dʒizew]
a gasolina (adj)	a gasolina	[a gazo'lina]

volumen (m) del motor	cilindrada (f)	[silĩ'drada]
potencia (f)	potência (f)	[po'tẽsja]
caballo (m) de fuerza	cavalo (m) de potência	[ka'valu de po'tẽsja]
pistón (m)	pistão (m)	[pis'tãw]
cilindro (m)	cilindro (m)	[si'lĩdru]
válvula (f)	válvula (f)	['vawvula]

inyector (m)	injetor (m)	[ĩʒɛ'tor]
generador (m)	gerador (m)	[ʒera'dor]
carburador (m)	carburador (m)	[karbura'dor]
aceite (m) de motor	óleo (m) de motor	['ɔlju de mo'tor]

radiador (m)	radiador (m)	[hadʒja'dor]
liquido (m) refrigerante	líquido (m) de arrefecimento	['likidu de ahefesi'mẽtu]
ventilador (m)	ventilador (m)	[vẽtʃila'dor]

estárter (m)	dispositivo (m) de arranque	[dʒispozi'tʃivu de a'hãki]
encendido (m)	ignição (f)	[igni'sãw]

bujía (f)	vela (f) de ignição	['vɛla de igni'sãw]
fusible (m)	fusível (m)	[fu'zivew]

batería (f)	bateria (f)	[bate'ria]
terminal (m)	terminal (m)	[termi'naw]
terminal (m) positivo	terminal (m) positivo	[termi'naw pozi'tʃivu]
terminal (m) negativo	terminal (m) negativo	[termi'naw nega'tʃivu]

filtro (m) de aire	filtro (m) de ar	['fiwtru de ar]
filtro (m) de aceite	filtro (m) de óleo	['fiwtru de 'ɔlju]
filtro (m) de combustible	filtro (m) de combustível	['fiwtru de kõbus'tʃivew]

150. El coche. Accidente de tráfico. La reparación

accidente (m)	acidente (m) de carro	[asi'dẽtʃi de 'kaho]
accidente (m) de tráfico	acidente (m) rodoviário	[asi'dẽtʃi hodo'vjarju]
chocar contra …	bater …	[ba'ter]
tener un accidente	sofrer um acidente	[so'frer ũ asi'dẽtʃi]
daño (m)	dano (m)	['danu]
intacto (adj)	intato	[ĩ'tatu]

pana (f)	pane (f)	['pani]
averiarse (vr)	avariar (vi)	[ava'rjar]
remolque (m) (cuerda)	cabo (m) de reboque	['kabu de he'bɔki]

pinchazo (m)	furo (m)	['furu]
desinflarse (vr)	estar furado	[is'tar fu'radu]
inflar (vt)	encher (vt)	[ẽ'ʃer]
presión (f)	pressão (f)	[pre'sãw]
verificar (vt)	verificar (vt)	[verifi'kar]

reparación (f)	reparo (m)	[he'paru]
taller (m)	oficina (f) automotiva	[ɔfi'sina awtɔmo'tʃiva]
parte (f) de repuesto	peça (f) de reposição	['pɛsa de hepozi'sãw]
parte (f)	peça (f)	['pɛsa]

perno (m)	parafuso (m)	[para'fuzu]
tornillo (m)	parafuso (m)	[para'fuzu]
tuerca (f)	porca (f)	['pɔrka]
arandela (f)	arruela (f)	[a'hwɛla]
rodamiento (m)	rolamento (m)	[hola'mẽtu]

tubo (m)	tubo (m)	['tubu]
junta (f)	junta, gaxeta (f)	['ʒũta], [ga'ʃeta]
cable, hilo (m)	fio, cabo (m)	['fiu], ['kabu]

gato (m)	macaco (m)	[ma'kaku]
llave (f) de tuerca	chave (f) de boca	['ʃavi de 'boka]
martillo (m)	martelo (m)	[mar'tɛlu]
bomba (f)	bomba (f)	['bõba]
destornillador (m)	chave (f) de fenda	['ʃavi de 'fẽda]

extintor (m)	extintor (m)	[istĩ'tor]
triángulo (m) de avería	triângulo (m) de emergência	['trjãgulu de imer'ʒẽsja]

pararse, calarse (vr)	morrer (vi)	[mo'her]
parada (f) (del motor)	paragem (f)	[pa'raʒẽ]
estar averiado	estar quebrado	[is'tar ke'bradu]

recalentarse (vr)	superaquecer-se (vr)	[superake'sersi]
estar atascado	entupir-se (vr)	[ẽtu'pirsi]
congelarse (vr)	congelar-se (vr)	[kõʒe'larsi]
reventar (vi)	rebentar (vi)	[hebẽ'tar]

presión (f)	pressão (f)	[pre'sãw]
nivel (m)	nível (m)	['nivew]
flojo (correa ~a)	frouxo	['froʃu]

abolladura (f)	batida (f)	[ba'tʃida]
ruido (m) (en el motor)	ruído (m)	['hwidu]
grieta (f)	fissura (f)	[fi'sura]
rozadura (f)	arranhão (m)	[aha'ɲãw]

151. El coche. El camino

camino (m)	estrada (f)	[is'trada]
autovía (f)	autoestrada (f)	[awtois'trada]
carretera (f)	rodovia (f)	[hodo'via]
dirección (f)	direção (f)	[dʒire'sãw]
distancia (f)	distância (f)	[dʒis'tãsja]

puente (m)	ponte (f)	['põtʃi]
aparcamiento (m)	parque (m) de estacionamento	['parki de istasjona'mẽtu]
plaza (f)	praça (f)	['prasa]
intercambiador (m)	nó (m) rodoviário	[nɔ hodo'vjarju]
túnel (m)	túnel (m)	['tunew]

gasolinera (f)	posto (m) de gasolina	['postu de gazo'lina]
aparcamiento (m)	parque (m) de estacionamento	['parki de istasjona'mẽtu]
surtidor (m)	bomba (f) de gasolina	['bõba de gazo'lina]
taller (m)	oficina (f) automotiva	[ɔfi'sina awtomo'tʃiva]
cargar gasolina	abastecer (vt)	[abaste'ser]
combustible (m)	combustível (m)	[kõbus'tʃivew]
bidón (m) de gasolina	galão (m) de gasolina	[ga'lãw de gazo'lina]

asfalto (m)	asfalto (m)	[as'fawtu]
señalización (f) vial	marcação (f) de estradas	[marka'sãw de is'tradas]
bordillo (m)	meio-fio (m)	['meju-'fiu]
barrera (f) de seguridad	guard-rail (m)	[gward-'hejl]
cuneta (f)	valeta (f)	[va'leta]
borde (m) de la carretera	acostamento (m)	[akosta'mẽtu]
farola (f)	poste (m) de luz	['postʃi de luz]

conducir (vi, vt)	dirigir (vt)	[dʒiri'ʒir]
girar (~ a la izquierda)	virar (vi)	[vi'rar]
girar en U	dar retorno	[dar he'tornu]
marcha (f) atrás	ré (f)	[hɛ]

tocar la bocina	**buzinar** (vi)	[buzi'nar]
bocinazo (m)	**buzina** (f)	[bu'zina]
atascarse (vr)	**atolar-se** (vr)	[ato'larsi]
patinar (vi)	**patinar** (vi)	[patʃi'nar]
parar (el motor)	**desligar** (vt)	[dʒizli'gar]
velocidad (f)	**velocidade** (f)	[velosi'dadʒi]
exceder la velocidad	**exceder a velocidade**	[ese'der a velosi'dadʒi]
multar (vt)	**multar** (vt)	[muw'tar]
semáforo (m)	**semáforo** (m)	[se'maforu]
permiso (m) de conducir	**carteira** (f) **de motorista**	[kar'tejra de moto'rista]
paso (m) a nivel	**passagem** (f) **de nível**	[pa'saʒẽ de 'nivew]
cruce (m)	**cruzamento** (m)	[kruza'mẽtu]
paso (m) de peatones	**faixa** (f)	['fajʃa]
zona (f) de peatones	**zona** (f) **de pedestres**	['zɔna de pe'dɛstris]

LA GENTE. ACONTECIMIENTOS DE LA VIDA

152. Los días festivos. Los eventos

fiesta (f)	festa (f)	['fɛsta]
fiesta (f) nacional	feriado (m) nacional	[fe'rjadu nasjo'naw]
día (m) de fiesta	feriado (m)	[fe'rjadu]
celebrar (vt)	festejar (vt)	[feste'ʒar]
evento (m)	evento (m)	[e'vẽtu]
medida (f)	evento (m)	[e'vẽtu]
banquete (m)	banquete (m)	[bã'ketʃi]
recepción (f)	recepção (f)	[hesep'sãw]
festín (m)	festim (m)	[fes'tʃi]
aniversario (m)	aniversário (m)	[aniver'sarju]
jubileo (m)	jubileu (m)	[ʒubi'lew]
Año (m) Nuevo	Ano (m) Novo	['anu 'novu]
¡Feliz Año Nuevo!	Feliz Ano Novo!	[fe'liz 'anu 'novu]
Papá Noel (m)	Papai Noel (m)	[pa'paj nɔ'ɛl]
Navidad (f)	Natal (m)	[na'taw]
¡Feliz Navidad!	Feliz Natal!	[fe'liz na'taw]
árbol (m) de Navidad	árvore (f) de Natal	['arvori de na'taw]
fuegos (m pl) artificiales	fogos (m pl) de artifício	['fogus de artʃi'fisju]
boda (f)	casamento (m)	[kaza'mẽtu]
novio (m)	noivo (m)	['nojvu]
novia (f)	noiva (f)	['nojva]
invitar (vt)	convidar (vt)	[kõvi'dar]
tarjeta (f) de invitación	convite (m)	[kõ'vitʃi]
invitado (m)	convidado (m)	[kõvi'dadu]
visitar (vt) (a los amigos)	visitar (vt)	[vizi'tar]
recibir a los invitados	receber os convidados	[hese'ber us kõvi'dadus]
regalo (m)	presente (m)	[pre'zẽtʃi]
regalar (vt)	oferecer, dar (vt)	[ofere'ser], [dar]
recibir regalos	receber presentes	[hese'ber pre'zẽtʃis]
ramo (m) de flores	buquê (m) de flores	[bu'ke de 'floris]
felicitación (f)	felicitações (f pl)	[felisita'sõjs]
felicitar (vt)	felicitar (vt)	[felisi'tar]
tarjeta (f) de felicitación	cartão (m) de parabéns	[kar'tãw de para'bẽjs]
enviar una tarjeta	enviar um cartão postal	[ẽ'vjar ũ kart'ãw pos'taw]
recibir una tarjeta	receber um cartão postal	[hese'ber ũ kart'ãw pos'taw]
brindis (m)	brinde (m)	['brĩdʒi]

ofrecer (~ una copa)	oferecer (vt)	[ofere'ser]
champaña (f)	champanhe (m)	[ʃã'paɲi]

divertirse (vr)	divertir-se (vr)	[dʒiver'tʃirsi]
diversión (f)	diversão (f)	[dʒiver'sãw]
alegría (f) (emoción)	alegria (f)	[ale'gria]

baile (m)	dança (f)	['dãsa]
bailar (vi, vt)	dançar (vi)	[dã'sar]

vals (m)	valsa (f)	['vawsa]
tango (m)	tango (m)	['tãgu]

153. Los funerales. El entierro

cementerio (m)	cemitério (m)	[semi'tɛrju]
tumba (f)	sepultura (f), túmulo (m)	[sepuw'tura], ['tumulu]
cruz (f)	cruz (f)	[kruz]
lápida (f)	lápide (f)	['lapidʒi]
verja (f)	cerca (f)	['serka]
capilla (f)	capela (f)	[ka'pɛla]

muerte (f)	morte (f)	['mortʃi]
morir (vi)	morrer (vi)	[mo'her]
difunto (m)	defunto (m)	[de'fũtu]
luto (m)	luto (m)	['lutu]

enterrar (vt)	enterrar, sepultar (vt)	[ẽte'har], [sepuw'tar]
funeraria (f)	casa (f) funerária	['kaza fune'raria]
entierro (m)	funeral (m)	[fune'raw]

corona (f) funeraria	coroa (f) de flores	[ko'roa de 'floris]
ataúd (m)	caixão (m)	[kaɪ'ʃãw]
coche (m) fúnebre	carro (m) funerário	['kaho fune'rarju]
mortaja (f)	mortalha (f)	[mor'taʎa]

cortejo (m) fúnebre	procissão (f) funerária	[prosi'sãw fune'rarja]
urna (f) funeraria	urna (f) funerária	['urna fune'rarja]
crematorio (m)	crematório (m)	[krema'tɔrju]

necrología (f)	obituário (m), necrologia (f)	[obi'twarju], [nekrolo'ʒia]
llorar (vi)	chorar (vi)	[ʃo'rar]
sollozar (vi)	soluçar (vi)	[solu'sar]

154. La guerra. Los soldados

sección (f)	pelotão (m)	[pelo'tãw]
compañía (f)	companhia (f)	[kõpa'ɲia]
regimiento (m)	regimento (m)	[heʒi'mẽtu]
ejército (m)	exército (m)	[e'zɛrsitu]
división (f)	divisão (f)	[dʒivi'zãw]
destacamento (m)	esquadrão (m)	[iskwa'drãw]

hueste (f)	hoste (f)	['ɔste]
soldado (m)	soldado (m)	[sow'dadu]
oficial (m)	oficial (m)	[ofi'sjaw]

soldado (m) raso	soldado (m) raso	[sow'dadu 'hazu]
sargento (m)	sargento (m)	[sar'ʒẽtu]
teniente (m)	tenente (m)	[te'nẽtʃi]
capitán (m)	capitão (m)	[kapi'tãw]
mayor (m)	major (m)	[ma'ʒɔr]
coronel (m)	coronel (m)	[koro'nɛw]
general (m)	general (m)	[ʒene'raw]

marino (m)	marujo (m)	[ma'ruʒu]
capitán (m)	capitão (m)	[kapi'tãw]
contramaestre (m)	contramestre (m)	[kõtra'mɛstri]

artillero (m)	artilheiro (m)	[artʃi'ʎejru]
paracaidista (m)	soldado (m) paraquedista	[sow'dadu parake'dʒista]
piloto (m)	piloto (m)	[pi'lotu]
navegador (m)	navegador (m)	[navega'dor]
mecánico (m)	mecânico (m)	[me'kaniku]

zapador (m)	sapador-mineiro (m)	[sapa'dor-mi'nejru]
paracaidista (m)	paraquedista (m)	[parake'dʒista]
explorador (m)	explorador (m)	[isplora'dor]
francotirador (m)	atirador (m) de tocaia	[atʃira'dor de to'kaja]

patrulla (f)	patrulha (f)	[pa'truʎa]
patrullar (vi, vt)	patrulhar (vt)	[patru'ʎar]
centinela (m)	sentinela (f)	[sẽtʃi'nɛla]

guerrero (m)	guerreiro (m)	[ge'hejru]
patriota (m)	patriota (m)	[pa'trjota]
héroe (m)	herói (m)	[e'rɔj]
heroína (f)	heroína (f)	[ero'ina]

traidor (m)	traidor (m)	[traj'dor]
traicionar (vt)	trair (vt)	[tra'ir]

desertor (m)	desertor (m)	[dezer'tor]
desertar (vi)	desertar (vt)	[deser'tar]

mercenario (m)	mercenário (m)	[merse'narju]
recluta (m)	recruta (m)	[he'kruta]
voluntario (m)	voluntário (m)	[volũ'tarju]

muerto (m)	morto (m)	['mortu]
herido (m)	ferido (m)	[fe'ridu]
prisionero (m)	prisioneiro (m) de guerra	[prizjo'nejru de 'gɛha]

155. La guerra. El ámbito militar. Unidad 1

guerra (f)	guerra (f)	['gɛha]
estar en guerra	guerrear (vt)	[ge'hjar]

guerra (f) civil	guerra (f) civil	['gɛha si'viw]
pérfidamente (adv)	perfidamente	[perfida'mẽtʃi]
declaración (f) de guerra	declaração (f) de guerra	[deklara'sãw de 'gɛha]
declarar (~ la guerra)	declarar guerra	[dekla'rar 'gɛha]
agresión (f)	agressão (f)	[agre'sãw]
atacar (~ a un país)	atacar (vt)	[ata'kar]

invadir (vt)	invadir (vt)	[ĩva'dʒir]
invasor (m)	invasor (m)	[ĩva'zor]
conquistador (m)	conquistador (m)	[kõkista'dor]

defensa (f)	defesa (f)	[de'feza]
defender (vt)	defender (vt)	[defẽ'der]
defenderse (vr)	defender-se (vr)	[defẽ'dersi]

enemigo (m)	inimigo (m)	[ini'migu]
adversario (m)	adversário (m)	[adʒiver'sarju]
enemigo (adj)	inimigo	[ini'migu]

| estrategia (f) | estratégia (f) | [istra'tɛʒa] |
| táctica (f) | tática (f) | ['tatʃika] |

orden (f)	ordem (f)	['ordẽ]
comando (m)	comando (m)	[ko'mãdu]
ordenar (vt)	ordenar (vt)	[orde'nar]
misión (f)	missão (f)	[mi'sãw]
secreto (adj)	secreto	[se'krɛtu]

| batalla (f) | batalha (f) | [ba'taʎa] |
| combate (m) | combate (m) | [kõ'batʃi] |

ataque (m)	ataque (m)	[a'taki]
asalto (m)	assalto (m)	[a'sawtu]
tomar por asalto	assaltar (vt)	[asaw'tar]
asedio (m), sitio (m)	assédio, sítio (m)	[a'sɛdʒu], ['sitʃju]

| ofensiva (f) | ofensiva (f) | [ɔfẽ'siva] |
| tomar la ofensiva | tomar à ofensiva | [to'mar a ofẽ'siva] |

| retirada (f) | retirada (f) | [hetʃi'rada] |
| retirarse (vr) | retirar-se (vr) | [hetʃi'rarse] |

| envolvimiento (m) | cerco (m) | ['serku] |
| cercar (vt) | cercar (vt) | [ser'kar] |

bombardeo (m)	bombardeio (m)	[bõbar'deju]
lanzar una bomba	lançar uma bomba	[lã'sar 'uma 'bõba]
bombear (vt)	bombardear (vt)	[bõbar'dʒjar]
explosión (f)	explosão (f)	[isplo'zãw]

tiro (m), disparo (m)	tiro (m)	['tʃiru]
disparar (vi)	dar um tiro	[dar ũ 'tʃiru]
tiro (m) (de artillería)	tiroteio (m)	[tʃiro'teju]

| apuntar a ... | apontar para ... | [apõ'tar 'para] |
| encarar (apuntar) | apontar (vt) | [apõ'tar] |

alcanzar (el objetivo)	acertar (vt)	[aser'tar]
hundir (vt)	afundar (vt)	[afũ'dar]
brecha (f) (~ en el casco)	brecha (f)	['brɛʃa]
hundirse (vr)	afundar-se (vr)	[afũ'darse]
frente (m)	frente (m)	['frẽtʃi]
evacuación (f)	evacuação (f)	[evakwa'sãw]
evacuar (vt)	evacuar (vt)	[eva'kwar]
trinchera (f)	trincheira (f)	[trĩ'ʃejra]
alambre (m) de púas	arame (m) enfarpado	[a'rami ẽfar'padu]
barrera (f) (~ antitanque)	barreira (f) anti-tanque	[ba'hejra ãtʃi-'tãki]
torre (f) de vigilancia	torre (f) de vigia	['tohi de vi'ʒia]
hospital (m)	hospital (m) militar	[ospi'taw mili'tar]
herir (vt)	ferir (vt)	[fe'rir]
herida (f)	ferida (f)	[fe'rida]
herido (m)	ferido (m)	[fe'ridu]
recibir una herida	ficar ferido	[fi'kar fe'ridu]
grave (herida)	grave	['gravi]

156. Las armas

arma (f)	arma (f)	['arma]
arma (f) de fuego	arma (f) de fogo	['arma de 'fogu]
arma (f) blanca	arma (f) branca	['arma 'brãka]
arma (f) química	arma (f) química	['arma 'kimika]
nuclear (adj)	nuclear	[nu'kljar]
arma (f) nuclear	arma (f) nuclear	['arma nu'kljar]
bomba (f)	bomba (f)	['bõba]
bomba (f) atómica	bomba (f) atômica	['bõba a'tomika]
pistola (f)	pistola (f)	[pis'tɔla]
fusil (m)	rifle (m)	['hifli]
metralleta (f)	semi-automática (f)	[semi-awto'matʃika]
ametralladora (f)	metralhadora (f)	[metraʎa'dora]
boca (f)	boca (f)	['boka]
cañón (m) (del arma)	cano (m)	['kanu]
calibre (m)	calibre (m)	[ka'libri]
gatillo (m)	gatilho (m)	[ga'tʃiʎu]
alza (f)	mira (f)	['mira]
cargador (m)	carregador (m)	[kahega'dor]
culata (f)	coronha (f)	[ko'rɔɲa]
granada (f) de mano	granada (f) de mão	[gra'nada de mãw]
explosivo (m)	explosivo (m)	[isplo'zivu]
bala (f)	bala (f)	['bala]
cartucho (m)	cartucho (m)	[kar'tuʃu]
carga (f)	carga (f)	['karga]

pertrechos (m pl)	munições (f pl)	[muni'sõjs]
bombardero (m)	bombardeiro (m)	[bõbar'dejru]
avión (m) de caza	avião (m) de caça	[a'vjãw de 'kasa]
helicóptero (m)	helicóptero (m)	[eli'kɔpteru]

antiaéreo (m)	canhão (m) antiaéreo	[ka'ɲãw ãtʃa'ɛrju]
tanque (m)	tanque (m)	['tãki]
cañón (m) (de un tanque)	canhão (m)	[ka'ɲãw]

artillería (f)	artilharia (f)	[artʃiʎa'ria]
cañón (m) (arma)	canhão (m)	[ka'ɲãw]
dirigir (un misil, etc.)	fazer a pontaria	[fa'zer a põta'ria]

mortero (m)	morteiro (m)	[mor'tejru]
bomba (f) de mortero	granada (f) de morteiro	[gra'nada de mor'tejru]
obús (m)	projétil (m)	[pro'ʒɛtʃiw]
trozo (m) de obús	estilhaço (m)	[istʃi'ʎasu]

submarino (m)	submarino (m)	[subma'rinu]
torpedo (m)	torpedo (m)	[tor'pedu]
misil (m)	míssil (m)	['misiw]

cargar (pistola)	carregar (vt)	[kahe'gar]
tirar (vi)	disparar, atirar (vi)	[dʒispa'rar], [atʃi'rar]
apuntar a …	apontar para …	[apõ'tar 'para]
bayoneta (f)	baioneta (f)	[bajo'neta]

espada (f) (duelo a ~)	espada (f)	[is'pada]
sable (m)	sabre (m)	['sabri]
lanza (f)	lança (f)	['lãsa]
arco (m)	arco (m)	['arku]
flecha (f)	flecha (f)	['flɛʃa]
mosquete (m)	mosquete (m)	[mos'ketʃi]
ballesta (f)	besta (f)	['besta]

157. Los pueblos antiguos

primitivo (adj)	primitivo	[primi'tʃivu]
prehistórico (adj)	pré-histórico	[prɛ-is'tɔriku]
antiguo (adj)	antigo	[ã'tʃigu]

Edad (f) de Piedra	Idade (f) da Pedra	[i'dadʒi da 'pɛdra]
Edad (f) de Bronce	Idade (f) do Bronze	[i'dadʒi du 'brõzi]
Edad (f) de Hielo	Era (f) do Gelo	['ɛra du 'ʒelu]

tribu (f)	tribo (f)	['tribu]
caníbal (m)	canibal (m)	[kani'baw]
cazador (m)	caçador (m)	[kasa'dor]
cazar (vi, vt)	caçar (vi)	[ka'sar]
mamut (m)	mamute (m)	[ma'mutʃi]

caverna (f)	caverna (f)	[ka'vɛrna]
fuego (m)	fogo (m)	['fogu]
hoguera (f)	fogueira (f)	[fo'gejra]

pintura (f) rupestre	pintura (f) rupestre	[pĩ'tura hu'pɛstri]
herramienta (f), útil (m)	ferramenta (f)	[feha'mẽta]
lanza (f)	lança (f)	['lãsa]
hacha (f) de piedra	machado (m) de pedra	[ma'ʃadu de 'pɛdra]
estar en guerra	guerrear (vt)	[ge'hjar]
domesticar (vt)	domesticar (vt)	[domestʃi'kar]
ídolo (m)	ídolo (m)	['idolu]
adorar (vt)	adorar, venerar (vt)	[ado'rar], [vene'rar]
superstición (f)	superstição (f)	[superstʃi'sãw]
rito (m)	ritual (m)	[hi'twaw]
evolución (f)	evolução (f)	[evolu'sãw]
desarrollo (m)	desenvolvimento (m)	[dʒizẽvowvi'mẽtu]
desaparición (f)	extinção (f)	[istʃi'sãw]
adaptarse (vr)	adaptar-se (vr)	[adap'tarse]
arqueología (f)	arqueologia (f)	[arkjolo'ʒia]
arqueólogo (m)	arqueólogo (m)	[ar'kjɔlogu]
arqueológico (adj)	arqueológico	[arkjo'lɔʒiku]
sitio (m) de excavación	escavação (f)	[iskava'sãw]
excavaciones (f pl)	escavações (f pl)	[iskava'sõjs]
hallazgo (m)	achado (m)	[a'ʃadu]
fragmento (m)	fragmento (m)	[frag'mẽtu]

158. La Edad Media

pueblo (m)	povo (m)	['povu]
pueblos (m pl)	povos (m pl)	['pɔvus]
tribu (f)	tribo (f)	['tribu]
tribus (f pl)	tribos (f pl)	['tribus]
bárbaros (m pl)	bárbaros (pl)	['barbarus]
galos (m pl)	gauleses (pl)	[gaw'lezes]
godos (m pl)	godos (pl)	['godus]
eslavos (m pl)	eslavos (pl)	[iʃ'lavus]
vikingos (m pl)	viquingues (pl)	['vikĩgis]
romanos (m pl)	romanos (pl)	[ho'manus]
romano (adj)	romano	[ho'manu]
bizantinos (m pl)	bizantinos (pl)	[bizã'tʃinus]
Bizancio (m)	Bizâncio	[bi'zãsju]
bizantino (adj)	bizantino	[bizã'tʃinu]
emperador (m)	imperador (m)	[ĩpera'dor]
jefe (m)	líder (m)	['lider]
poderoso (adj)	poderoso	[pode'rozu]
rey (m)	rei (m)	[hej]
gobernador (m)	governante (m)	[gover'nãtʃi]
caballero (m)	cavaleiro (m)	[kava'lejru]
señor (m) feudal	senhor feudal (m)	[se'ɲor few'daw]

| feudal (adj) | feudal | [few'daw] |
| vasallo (m) | vassalo (m) | [va'salu] |

duque (m)	duque (m)	['duki]
conde (m)	conde (m)	['kõdʒi]
barón (m)	barão (m)	[ba'rãw]
obispo (m)	bispo (m)	['bispu]

armadura (f)	armadura (f)	[arma'dura]
escudo (m)	escudo (m)	[is'kudu]
espada (f) (danza de ~s)	espada (f)	[is'pada]
visera (f)	viseira (f)	[vi'zejra]
cota (f) de malla	cota (f) de malha	['kɔta de 'maʎa]

| cruzada (f) | cruzada (f) | [kru'zada] |
| cruzado (m) | cruzado (m) | [kru'zadu] |

territorio (m)	território (m)	[tehi'tɔrju]
atacar (~ a un país)	atacar (vt)	[ata'kar]
conquistar (vt)	conquistar (vt)	[kõkis'tar]
ocupar (invadir)	ocupar, invadir (vt)	[oku'parsi], [ĩva'dʒir]

asedio (m), sitio (m)	assédio, sítio (m)	[a'sɛdʒu], ['sitʃu]
sitiado (adj)	sitiado	[si'tʃjadu]
asediar, sitiar (vt)	assediar, sitiar (vt)	[ase'dʒjar], [si'tʃjar]

inquisición (f)	inquisição (f)	[ĩkizi'sãw]
inquisidor (m)	inquisidor (m)	[ĩkizi'dor]
tortura (f)	tortura (f)	[tor'tura]
cruel (adj)	cruel	[kru'ɛw]
hereje (m)	herege (m)	[e'reʒi]
herejía (f)	heresia (f)	[ere'zia]

navegación (f) marítima	navegação (f) marítima	[navega'sãu ma'ritʃima]
pirata (m)	pirata (m)	[pi'rata]
piratería (f)	pirataria (f)	[pirata'ria]
abordaje (m)	abordagem (f)	[abor'daʒẽ]
botín (m)	presa (f), butim (m)	['preza], [bu'tĩ]
tesoros (m pl)	tesouros (m pl)	[te'zorus]

descubrimiento (m)	descobrimento (m)	[dʒiskobri'mẽtu]
descubrir (tierras nuevas)	descobrir (vt)	[dʒisko'brir]
expedición (f)	expedição (f)	[ispedʒi'sãw]

mosquetero (m)	mosqueteiro (m)	[moske'tejru]
cardenal (m)	cardeal (m)	[kar'dʒjaw]
heráldica (f)	heráldica (f)	[e'rawdʒika]
heráldico (adj)	heráldico	[e'rawdʒiku]

159. El líder. El jefe. Las autoridades

rey (m)	rei (m)	[hej]
reina (f)	rainha (f)	[ha'iɲa]
real (adj)	real	[he'aw]

reino (m)	reino (m)	['hejnu]
príncipe (m)	príncipe (m)	['prĩsipi]
princesa (f)	princesa (f)	[prĩ'seza]
presidente (m)	presidente (m)	[prezi'dẽtʃi]
vicepresidente (m)	vice-presidente (m)	['visi-prezi'dẽtʃi]
senador (m)	senador (m)	[sena'dor]
monarca (m)	monarca (m)	[mo'narka]
gobernador (m)	governante (m)	[gover'nãtʃi]
dictador (m)	ditador (m)	[dʒita'dor]
tirano (m)	tirano (m)	[tʃi'ranu]
magnate (m)	magnata (m)	[mag'nata]
director (m)	diretor (m)	[dʒire'tor]
jefe (m)	chefe (m)	['ʃɛfi]
gerente (m)	gerente (m)	[ʒe'rẽtʃi]
amo (m)	patrão (m)	[pa'trãw]
dueño (m)	dono (m)	['donu]
jefe (m) (~ de delegación)	chefe (m)	['ʃɛfi]
autoridades (f pl)	autoridades (f pl)	[awtori'dadʒis]
superiores (m pl)	superiores (m pl)	[supe'rjores]
gobernador (m)	governador (m)	[governa'dor]
cónsul (m)	cônsul (m)	['kõsuw]
diplomático (m)	diplomata (m)	[dʒiplo'mata]
alcalde (m)	Presidente (m) da Câmara	[prezi'dẽtʃi da 'kamara]
sheriff (m)	xerife (m)	[ʃe'rifi]
emperador (m)	imperador (m)	[ĩpera'dor]
zar (m)	czar (m)	['kzar]
faraón (m)	faraó (m)	[fara'ɔ]
jan (m), kan (m)	cã, khan (m)	[kã]

160. Violar la ley. Los criminales. Unidad 1

bandido (m)	bandido (m)	[bã'dʒidu]
crimen (m)	crime (m)	['krimi]
criminal (m)	criminoso (m)	[krimi'nozu]
ladrón (m)	ladrão (m)	[la'drãw]
robar (vt)	roubar (vt)	[ho'bar]
robo (m) (actividad)	furto (m)	['furtu]
robo (m) (hurto)	furto (m)	['furtu]
secuestrar (vt)	raptar, sequestrar (vt)	[hap'tar], [sekwes'trar]
secuestro (m)	sequestro (m)	[se'kwɛstru]
secuestrador (m)	sequestrador (m)	[sekwestra'dor]
rescate (m)	resgate (m)	[hez'gatʃi]
exigir un rescate	pedir resgate	[pe'dʒir hez'gatʃi]
robar (vt)	roubar (vt)	[ho'bar]
robo (m)	assalto, roubo (m)	[a'sawtu], ['hobu]

atracador (m)	assaltante (m)	[asaw'tãtʃi]
extorsionar (vt)	extorquir (vt)	[istor'kir]
extorsionista (m)	extorsionário (m)	[istorsjo'narju]
extorsión (f)	extorsão (f)	[istor'sãw]

matar, asesinar (vt)	matar, assassinar (vt)	[ma'tar], [asasi'nar]
asesinato (m)	homicídio (m)	[omi'sidʒju]
asesino (m)	homicida, assassino (m)	[ɔmi'sida], [asa'sinu]

tiro (m), disparo (m)	tiro (m)	['tʃiru]
disparar (vi)	dar um tiro	[dar ũ 'tʃiru]
matar (a tiros)	matar a tiro	[ma'tar a 'tʃiru]
tirar (vi)	disparar, atirar (vi)	[dʒispa'rar], [atʃi'rar]
tiroteo (m)	tiroteio (m)	[tʃiro'teju]

incidente (m)	incidente (m)	[ĩsi'dẽtʃi]
pelea (f)	briga (f)	['briga]
¡Socorro!	Socorro!	[so'kohu]
víctima (f)	vítima (f)	['vitʃima]
perjudicar (vt)	danificar (vt)	[danifi'kar]
daño (m)	dano (m)	['danu]
cadáver (m)	cadáver (m)	[ka'daver]
grave (un delito ~)	grave	['gravi]

atacar (vt)	atacar (vt)	[ata'kar]
pegar (golpear)	bater (vt)	[ba'ter]
apporear (vt)	espancar (vt)	[ispã'kar]
quitar (robar)	tirar (vt)	[tʃi'rar]
acuchillar (vt)	esfaquear (vt)	[isfaki'ar]
mutilar (vt)	mutilar (vt)	[mutʃi'lar]
herir (vt)	ferir (vt)	[fe'rir]

chantaje (m)	chantagem (f)	[ʃã'taʒẽ]
hacer chantaje	chantagear (vt)	[ʃãta'ʒjar]
chantajista (m)	chantagista (m)	[ʃãta'ʒista]

extorsión (f)	extorsão (f)	[istor'sãw]
extorsionador (m)	extorsionário (m)	[istorsjo'narju]
gángster (m)	gângster (m)	['gãŋster]
mafia (f)	máfia (f)	['mafja]

carterista (m)	punguista (m)	[pũ'gista]
ladrón (m) de viviendas	assaltante, ladrão (m)	[asaw'tãtʃi], [la'drãw]
contrabandismo (m)	contrabando (m)	[kõtra'bãdu]
contrabandista (m)	contrabandista (m)	[kõtrabã'dʒista]

falsificación (f)	falsificação (f)	[fawsifika'sãw]
falsificar (vt)	falsificar (vt)	[fawsifi'kar]
falso (falsificado)	falsificado	[fawsifi'kadu]

161. Violar la ley. Los criminales. Unidad 2

violación (f)	estupro (m)	[is'tupru]
violar (vt)	estuprar (vt)	[istu'prar]

violador (m)	estuprador (m)	[istupra'dor]
maniaco (m)	maníaco (m)	[ma'niaku]
prostituta (f)	prostituta (f)	[prostʃi'tuta]
prostitución (f)	prostituição (f)	[prostʃitwi'sãw]
chulo (m), proxeneta (m)	cafetão (m)	[kafe'tãw]
drogadicto (m)	drogado (m)	[dro'gadu]
narcotraficante (m)	traficante (m)	[trafi'kãtʃi]
hacer explotar	explodir (vt)	[isplo'dʒir]
explosión (f)	explosão (f)	[isplo'zãw]
incendiar (vt)	incendiar (vt)	[ĩsẽ'dʒjar]
incendiario (m)	incendiário (m)	[ĩsẽ'dʒjarju]
terrorismo (m)	terrorismo (m)	[teho'rizmu]
terrorista (m)	terrorista (m)	[teho'rista]
rehén (m)	refém (m)	[he'fẽ]
estafar (vt)	enganar (vt)	[ẽga'nar]
estafa (f)	engano (m)	[ẽ'gãnu]
estafador (m)	vigarista (m)	[viga'rista]
sobornar (vt)	subornar (vt)	[subor'nar]
soborno (m) (delito)	suborno (m)	[su'bornu]
soborno (m) (dinero, etc.)	suborno (m)	[su'bornu]
veneno (m)	veneno (m)	[ve'nɛnu]
envenenar (vt)	envenenar (vt)	[ẽvene'nar]
envenenarse (vr)	envenenar-se (vr)	[ẽvene'narsi]
suicidio (m)	suicídio (m)	[swi'sidʒju]
suicida (m, f)	suicida (m)	[swi'sida]
amenazar (vt)	ameaçar (vt)	[amea'sar]
amenaza (f)	ameaça (f)	[ame'asa]
atentar (vi)	atentar contra a vida de ...	[atẽ'tar 'kõtra a 'vida de]
atentado (m)	atentado (m)	[atẽ'tadu]
robar (un coche)	roubar (vt)	[ho'bar]
secuestrar (un avión)	sequestrar (vt)	[sekwes'trar]
venganza (f)	vingança (f)	[vĩ'gãsa]
vengar (vt)	vingar (vt)	[vĩ'gar]
torturar (vt)	torturar (vt)	[tortu'rar]
tortura (f)	tortura (f)	[tor'tura]
atormentar (vt)	atormentar (vt)	[atormẽ'tar]
pirata (m)	pirata (m)	[pi'rata]
gamberro (m)	desordeiro (m)	[dʒizor'dejru]
armado (adj)	armado	[ar'madu]
violencia (f)	violência (f)	[vjo'lẽsja]
ilegal (adj)	ilegal	[ile'gaw]
espionaje (m)	espionagem (f)	[ispio'naʒẽ]
espiar (vi, vt)	espionar (vi)	[ispjo'nar]

162. La policía. La ley. Unidad 1

justicia (f)	justiça (f)	[ʒus'tʃisa]
tribunal (m)	tribunal (m)	[tribu'naw]
juez (m)	juiz (m)	[ʒwiz]
jurados (m pl)	jurados (m pl)	[ʒu'radus]
tribunal (m) de jurados	tribunal (m) do júri	[tribu'naw du 'ʒuri]
juzgar (vt)	julgar (vt)	[ʒuw'gar]
abogado (m)	advogado (m)	[adʒivo'gadu]
acusado (m)	réu (m)	['hɛw]
banquillo (m) de los acusados	banco (m) dos réus	['bãku dus hɛws]
inculpación (f)	acusação (f)	[akuza'sãw]
inculpado (m)	acusado (m)	[aku'zadu]
sentencia (f)	sentença (f)	[sẽ'tẽsa]
sentenciar (vt)	sentenciar (vt)	[sẽtẽ'sjar]
culpable (m)	culpado (m)	[kuw'padu]
castigar (vt)	punir (vt)	[pu'nir]
castigo (m)	punição (f)	[puni'sãw]
multa (f)	multa (f)	['muwta]
cadena (f) perpetua	prisão (f) perpétua	[pri'zãw per'pɛtwa]
pena (f) de muerte	pena (f) de morte	['pena de 'mortʃi]
silla (f) eléctrica	cadeira (f) elétrica	[ka'dejra e'lɛtrika]
horca (f)	forca (f)	['forka]
ejecutar (vt)	executar (vt)	[ezeku'tar]
ejecución (f)	execução (f)	[ezeku'sãw]
prisión (f)	prisão (f)	[pri'zãw]
celda (f)	cela (f) de prisão	['sɛla de pri'zãw]
escolta (f)	escolta (f)	[is'kowta]
guardia (m) de prisiones	guarda (m) prisional	['gwarda prizjo'naw]
prisionero (m)	preso (m)	['prezu]
esposas (f pl)	algemas (f pl)	[aw'ʒɛmas]
esposar (vt)	algemar (vt)	[awʒe'mar]
escape (m)	fuga, evasão (f)	['fuga], [eva'zãw]
escaparse (vr)	fugir (vi)	[fu'ʒir]
desaparecer (vi)	desaparecer (vi)	[dʒizapare'ser]
liberar (vt)	soltar, libertar (vt)	[sow'tar], [liber'tar]
amnistía (f)	anistia (f)	[anis'tʃia]
policía (f) (~ nacional)	polícia (f)	[po'lisja]
policía (m)	polícia (m)	[po'lisja]
comisaría (f) de policía	delegacia (f) de polícia	[delega'sia de po'lisja]
porra (f)	cassetete (m)	[kase'tɛtʃi]
megáfono (m)	megafone (m)	[mega'foni]
coche (m) patrulla	carro (m) de patrulha	['kaho de pa'truʎa]

sirena (f)	sirene (f)	[si'rɛni]
poner la sirena	ligar a sirene	[li'gar a si'rɛni]
sonido (m) de sirena	toque (m) da sirene	['tɔki da si'rɛni]

escena (f) del delito	cena (f) do crime	['sɛna du 'krimi]
testigo (m)	testemunha (f)	[teste'muɲa]
libertad (f)	liberdade (f)	[liber'dadʒi]
cómplice (m)	cúmplice (m)	['kũplisi]
escapar de …	escapar (vi)	[iska'par]
rastro (m)	traço (m)	['trasu]

163. La policía. La ley. Unidad 2

búsqueda (f)	procura (f)	[pro'kura]
buscar (~ el criminal)	procurar (vt)	[proku'rar]
sospecha (f)	suspeita (f)	[sus'pejta]
sospechoso (adj)	suspeito	[sus'pejtu]
parar (~ en la calle)	parar (vt)	[pa'rar]
retener (vt)	deter (vt)	[de'ter]

causa (f) (~ penal)	caso (m)	['kazu]
investigación (f)	investigação (f)	[ĩvestʃiga'sãw]
detective (m)	detetive (m)	[dete'tʃivi]
investigador (m)	investigador (m)	[ĩvestʃiga'dor]
versión (f)	versão (f)	[ver'sãw]

motivo (m)	motivo (m)	[mo'tʃivu]
interrogatorio (m)	interrogatório (m)	[ĩtehoga'tɔrju]
interrogar (vt)	interrogar (vt)	[ĩteho'gar]
interrogar (al testigo)	questionar (vt)	[kestʃjo'nar]
control (m) (de vehículos, etc.)	verificação (f)	[verifika'sãw]

redada (f)	batida (f) policial	[ba'tʃida poli'sjaw]
registro (m) (~ de la casa)	busca (f)	['buska]
persecución (f)	perseguição (f)	[persegi'sãw]
perseguir (vt)	perseguir (vt)	[perse'gir]
rastrear (~ al criminal)	seguir, rastrear (vt)	[se'gir], [has'trjar]

arresto (m)	prisão (f)	[pri'zãw]
arrestar (vt)	prender (vt)	[prẽ'der]
capturar (vt)	pegar, capturar (vt)	[pe'gar], [kaptu'rar]
captura (f)	captura (f)	[kap'tura]

documento (m)	documento (m)	[doku'mẽtu]
prueba (f)	prova (f)	['prɔva]
probar (vt)	provar (vt)	[pro'var]
huella (f) (pisada)	pegada (f)	[pe'gada]
huellas (f pl) digitales	impressões (f pl) digitais	[impre'sõjs dʒiʒi'tajs]
elemento (m) de prueba	prova (f)	['prɔva]

coartada (f)	álibi (m)	['alibi]
inocente (no culpable)	inocente	[ino'sẽtʃi]
injusticia (f)	injustiça (f)	[ĩʒus'tʃisa]
injusto (adj)	injusto	[ĩ'ʒustu]

criminal (adj)	**criminal**	[krimi'naw]
confiscar (vt)	**confiscar** (vt)	[kõfis'kar]
narcótico (m)	**droga** (f)	['drɔga]
arma (f)	**arma** (f)	['arma]
desarmar (vt)	**desarmar** (vt)	[dʒizar'mar]
ordenar (vt)	**ordenar** (vt)	[orde'nar]
desaparecer (vi)	**desaparecer** (vi)	[dʒizapare'ser]
ley (f)	**lei** (f)	[lej]
legal (adj)	**legal**	[le'gaw]
ilegal (adj)	**ilegal**	[ile'gaw]
responsabilidad (f)	**responsabilidade** (f)	[hespõsabili'dadʒi]
responsable (adj)	**responsável**	[hespõ'savew]

LA NATURALEZA

La tierra. Unidad 1

cosmos (m)	espaço, cosmo (m)	[is'pasu], ['kɔzmu]
espacial, cósmico (adj)	espacial, cósmico	[ispa'sjaw], ['kɔzmiku]
espacio (m) cósmico	espaço (m) cósmico	[is'pasu 'kɔzmiku]
mundo (m)	mundo (m)	['mũdu]
universo (m)	universo (m)	[uni'vɛrsu]
galáxia (f)	galáxia (f)	[ga'laksja]
estrella (f)	estrela (f)	[is'trela]
constelación (f)	constelação (f)	[kõstela'sãw]
planeta (m)	planeta (m)	[pla'neta]
satélite (m)	satélite (m)	[sa'tɛlitʃi]
meteorito (m)	meteorito (m)	[meteo'ritu]
cometa (m)	cometa (m)	[ko'meta]
asteroide (m)	asteroide (m)	[aste'rɔjdʒi]
órbita (f)	órbita (f)	['ɔrbita]
girar (vi)	girar (vi)	[ʒi'rar]
atmósfera (f)	atmosfera (f)	[atmos'fɛra]
Sol (m)	Sol (m)	[sɔw]
sistema (m) solar	Sistema (m) Solar	[sis'tɛma so'lar]
eclipse (m) de Sol	eclipse (m) solar	[e'klipsi so'lar]
Tierra (f)	Terra (f)	['tɛha]
Luna (f)	Lua (f)	['lua]
Marte (m)	Marte (m)	['martʃi]
Venus (f)	Vênus (f)	['venus]
Júpiter (m)	Júpiter (m)	['ʒupiter]
Saturno (m)	Saturno (m)	[sa'turnu]
Mercurio (m)	Mercúrio (m)	[mer'kurju]
Urano (m)	Urano (m)	[u'ranu]
Neptuno (m)	Netuno (m)	[ne'tunu]
Plutón (m)	Plutão (m)	[plu'tãw]
la Vía Láctea	Via Láctea (f)	['via 'laktja]
la Osa Mayor	Ursa Maior (f)	[ursa ma'jɔr]
la Estrella Polar	Estrela Polar (f)	[is'trela po'lar]
marciano (m)	marciano (m)	[mar'sjanu]
extraterrestre (m)	extraterrestre (m)	[estrate'hɛstri]

planetícola (m)	alienígena (m)	[alje'niʒena]
platillo (m) volante	disco (m) voador	['dʒisku vwa'dor]

nave (f) espacial	nave (f) espacial	['navi ispa'sjaw]
estación (f) orbital	estação (f) orbital	[eʃta'sãw orbi'taw]
despegue (m)	lançamento (m)	[lãsa'mẽtu]

motor (m)	motor (m)	[mo'tor]
tobera (f)	bocal (m)	[bo'kaw]
combustible (m)	combustível (m)	[kõbus'tʃivew]

carlinga (f)	cabine (f)	[ka'bini]
antena (f)	antena (f)	[ã'tɛna]
ventana (f)	vigia (f)	[vi'ʒia]
batería (f) solar	bateria (f) solar	[bate'ria so'lar]
escafandra (f)	traje (m) espacial	['traʒi ispa'sjaw]

ingravidez (f)	imponderabilidade (f)	[ĩpõderabili'dadʒi]
oxígeno (m)	oxigênio (m)	[oksi'ʒenju]

atraque (m)	acoplagem (f)	[ako'plaʒẽ]
realizar el atraque	fazer uma acoplagem	[fa'zer 'uma ako'plaʒẽ]

observatorio (m)	observatório (m)	[observa'tɔrju]
telescopio (m)	telescópio (m)	[tele'skɔpju]
observar (vt)	observar (vt)	[obser'var]
explorar (~ el universo)	explorar (vt)	[isplo'rar]

165. La tierra

Tierra (f)	Terra (f)	['tɛha]
globo (m) terrestre	globo (m) terrestre	['globu te'hɛstri]
planeta (m)	planeta (m)	[pla'neta]

atmósfera (f)	atmosfera (f)	[atmos'fɛra]
geografía (f)	geografia (f)	[ʒeogra'fia]
naturaleza (f)	natureza (f)	[natu'reza]

globo (m) terráqueo	globo (m)	['globu]
mapa (m)	mapa (m)	['mapa]
atlas (m)	atlas (m)	['atlas]

Europa (f)	Europa (f)	[ew'rɔpa]
Asia (f)	Ásia (f)	['azja]

África (f)	África (f)	['afrika]
Australia (f)	Austrália (f)	[aws'tralja]

América (f)	América (f)	[a'mɛrika]
América (f) del Norte	América (f) do Norte	[a'mɛrika du 'nɔrtʃi]
América (f) del Sur	América (f) do Sul	[a'mɛrika du suw]

Antártida (f)	Antártida (f)	[ã'tartʃida]
Ártico (m)	Ártico (m)	['artʃiku]

166. Los puntos cardinales

norte (m)	norte (m)	['nɔrtʃi]
al norte	para norte	['para 'nɔrtʃi]
en el norte	no norte	[nu 'nɔrtʃi]
del norte (adj)	do norte	[du 'nɔrtʃi]
sur (m)	sul (m)	[suw]
al sur	para sul	['para suw]
en el sur	no sul	[nu suw]
del sur (adj)	do sul	[du suw]
oeste (m)	oeste, ocidente (m)	['wɛstʃi], [osi'dẽtʃi]
al oeste	para oeste	['para 'wɛstʃi]
en el oeste	no oeste	[nu 'wɛstʃi]
del oeste (adj)	ocidental	[osidẽ'taw]
este (m)	leste, oriente (m)	['lɛstʃi], [o'rjẽtʃi]
al este	para leste	['para 'lɛstʃi]
en el este	no leste	[nu 'lɛstʃi]
del este (adj)	oriental	[orjẽ'taw]

167. El mar. El océano

mar (m)	mar (m)	[mah]
océano (m)	oceano (m)	[o'sjanu]
golfo (m)	golfo (m)	['gowfu]
estrecho (m)	estreito (m)	[is'trejtu]
tierra (f) firme	terra (f) firme	['tɛha 'firmi]
continente (m)	continente (m)	[kõtʃi'nẽtʃi]
isla (f)	ilha (f)	['iʎa]
península (f)	península (f)	[pe'nĩsula]
archipiélago (m)	arquipélago (m)	[arki'pɛlagu]
bahía (f)	baía (f)	[ba'ia]
ensenada, bahía (f)	porto (m)	['portu]
laguna (f)	lagoa (f)	[la'goa]
cabo (m)	cabo (m)	['kabu]
atolón (m)	atol (m)	[a'tɔw]
arrecife (m)	recife (m)	[he'sifi]
coral (m)	coral (m)	[ko'raw]
arrecife (m) de coral	recife (m) de coral	[he'sifi de ko'raw]
profundo (adj)	profundo	[pro'fũdu]
profundidad (f)	profundidade (f)	[profũdʒi'dadʒi]
abismo (m)	abismo (m)	[a'bizmu]
fosa (f) oceánica	fossa (f) oceânica	['fɔsa o'sjanika]
corriente (f)	corrente (f)	[ko'hẽtʃi]
bañar (rodear)	banhar (vt)	[ba'ɲar]
orilla (f)	litoral (m)	lito'raw]

costa (f)	costa (f)	['kɔsta]
flujo (m)	maré (f) alta	[ma'rɛ 'awta]
reflujo (m)	refluxo (m)	[he'fluksu]
banco (m) de arena	restinga (f)	[hes'tʃiga]
fondo (m)	fundo (m)	['fũdu]
ola (f)	onda (f)	['õda]
cresta (f) de la ola	crista (f) da onda	['krista da 'õda]
espuma (f)	espuma (f)	[is'puma]
tempestad (f)	tempestade (f)	[tẽpes'tadʒi]
huracán (m)	furacão (m)	[fura'kãw]
tsunami (m)	tsunami (m)	[tsu'nami]
bonanza (f)	calmaria (f)	[kawma'ria]
calmo, tranquilo	calmo	['kawmu]
polo (m)	polo (m)	['pɔlu]
polar (adj)	polar	[po'lar]
latitud (f)	latitude (f)	[latʃi'tudʒi]
longitud (f)	longitude (f)	[lõʒi'tudʒi]
paralelo (m)	paralela (f)	[para'lɛla]
ecuador (m)	equador (m)	[ekwa'dor]
cielo (m)	céu (m)	[sɛw]
horizonte (m)	horizonte (m)	[ori'zõtʃi]
aire (m)	ar (m)	[ar]
faro (m)	farol (m)	[fa'rɔw]
bucear (vi)	mergulhar (vi)	[mergu'ʎar]
hundirse (vr)	afundar-se (vr)	[afũ'darse]
tesoros (m pl)	tesouros (m pl)	[te'zorus]

168. Las montañas

montaña (f)	montanha (f)	[mõ'taɲa]
cadena (f) de montañas	cordilheira (f)	[kordʒi'ʎejra]
cresta (f) de montañas	serra (f)	['sɛha]
cima (f)	cume (m)	['kumi]
pico (m)	pico (m)	['piku]
pie (m)	pé (m)	[pɛ]
cuesta (f)	declive (m)	[de'klivi]
volcán (m)	vulcão (m)	[vuw'kãw]
volcán (m) activo	vulcão (m) ativo	[vuw'kãw a'tʃivu]
volcán (m) apagado	vulcão (m) extinto	[vuw'kãw is'tʃĩtu]
erupción (f)	erupção (f)	[erup'sãw]
cráter (m)	cratera (f)	[kra'tɛra]
magma (m)	magma (m)	['magma]
lava (f)	lava (f)	['lava]
fundido (lava ~a)	fundido	[fũ'dʒidu]
cañón (m)	cânion, desfiladeiro (m)	['kanjon], [dʒisfila'dejru]

desfiladero (m)	garganta (f)	[gar'gãta]
grieta (f)	fenda (f)	['fẽda]
precipicio (m)	precipício (m)	[presi'pisju]
puerto (m) (paso)	passo, colo (m)	['pasu], ['kɔlu]
meseta (f)	planalto (m)	[pla'nawtu]
roca (f)	falésia (f)	[fa'lɛzja]
colina (f)	colina (f)	[ko'lina]
glaciar (m)	geleira (f)	[ʒe'lejra]
cascada (f)	cachoeira (f)	[kaʃ'wejra]
geiser (m)	gêiser (m)	['ʒɛjzer]
lago (m)	lago (m)	['lagu]
llanura (f)	planície (f)	[pla'nisi]
paisaje (m)	paisagem (f)	[paj'zaʒẽ]
eco (m)	eco (m)	['ɛku]
alpinista (m)	alpinista (m)	[awpi'nista]
escalador (m)	escalador (m)	[iskala'dor]
conquistar (vt)	conquistar (vt)	[kõkis'tar]
ascensión (f)	subida, escalada (f)	[su'bida], [iska'lada]

169. Los ríos

río (m)	rio (m)	['hiu]
manantial (m)	fonte, nascente (f)	['fõtʃi], [na'sẽtʃi]
lecho (m) (curso de agua)	leito (m) de rio	['lejtu de 'hiu]
cuenca (f) fluvial	bacia (f)	[ba'sia]
desembocar en …	desaguar no …	[dʒiza'gwar nu]
afluente (m)	afluente (m)	[a'flwẽtʃi]
ribera (f)	margem (f)	['marʒẽ]
corriente (f)	corrente (f)	[ko'hẽtʃi]
río abajo (adv)	rio abaixo	['hiu a'baɪʃu]
río arriba (adv)	rio acima	['hiu a'sima]
inundación (f)	inundação (f)	[ĩtrodu'sãw]
riada (f)	cheia (f)	['ʃeja]
desbordarse (vr)	transbordar (vi)	[trãzbor'dar]
inundar (vt)	inundar (vt)	[inũ'dar]
bajo (m) arenoso	banco (m) de areia	['bãku de a'reja]
rápido (m)	corredeira (f)	[kohe'dejra]
presa (f)	barragem (f)	[ba'haʒẽ]
canal (m)	canal (m)	[ka'naw]
lago (m) artificiale	reservatório (m) de água	[hezerva'tɔrju de 'agwa]
esclusa (f)	eclusa (f)	[e'kluza]
cuerpo (m) de agua	corpo (m) de água	['korpu de 'agwa]
pantano (m)	pântano (m)	['pãtanu]
ciénaga (f)	lamaçal (m)	[lama'saw]

remolino (m)	rodamoinho (m)	[hodamo'iɲu]
arroyo (m)	riacho (m)	['hjaʃu]
potable (adj)	potável	[po'tavew]
dulce (agua ~)	doce	['dosi]

| hielo (m) | gelo (m) | ['ʒelu] |
| helarse (el lago, etc.) | congelar-se (vr) | [kõʒe'larsi] |

170. El bosque

| bosque (m) | floresta (f), bosque (m) | [flo'rɛsta], ['bɔski] |
| de bosque (adj) | florestal | [flores'taw] |

espesura (f)	mata (f) fechada	['mata fe'ʃada]
bosquecillo (m)	arvoredo (m)	[arvo'redu]
claro (m)	clareira (f)	[kla'rejra]

| maleza (f) | matagal (m) | [mata'gaw] |
| matorral (m) | mato (m), caatinga (f) | ['matu], [ka'tʃĩga] |

| senda (f) | trilha, vereda (f) | ['triʎa], [ve'reda] |
| barranco (m) | ravina (f) | [ha'vina] |

árbol (m)	árvore (f)	['arvori]
hoja (f)	folha (f)	['foʎa]
follaje (m)	folhagem (f)	[fo'ʎaʒẽ]

caída (f) de hojas	queda (f) das folhas	['kɛda das 'foʎas]
caer (las hojas)	cair (vi)	[ka'ir]
cima (f)	topo (m)	['topu]

rama (f)	ramo (m)	['hamu]
rama (f) (gruesa)	galho (m)	['gaʎu]
brote (m)	botão (m)	[bo'tãw]
aguja (f)	agulha (f)	[a'guʎa]
piña (f)	pinha (f)	['piɲa]

| agujero (m) | buraco (m) de árvore | [bu'raku de 'arvori] |
| nido (m) | ninho (m) | ['niɲu] |

tronco (m)	tronco (m)	['trõku]
raíz (f)	raiz (f)	[ha'iz]
corteza (f)	casca (f) de árvore	['kaska de 'arvori]
musgo (m)	musgo (m)	['muzgu]

extirpar (vt)	arrancar pela raiz	[ahã'kar 'pɛla ha'iz]
talar (vt)	cortar (vt)	[kor'tar]
deforestar (vt)	desflorestar (vt)	[dʒisflores'tar]
tocón (m)	toco, cepo (m)	['toku], ['sepu]

hoguera (f)	fogueira (f)	[fo'gejra]
incendio (m) forestal	incêndio (m) florestal	[ĩ'sẽdʒju flores'taw]
apagar (~ el incendio)	apagar (vt)	[apa'gar]
guarda (m) forestal	guarda-parque (m)	['gwarda 'parki]

protección (f)	proteção (f)	[prote'sãw]
proteger (vt)	proteger (vt)	[prote'ʒer]
cazador (m) furtivo	caçador (m) furtivo	[kasa'dor fur'tʃivu]
cepo (m)	armadilha (f)	arma'dʒiʎa]
recoger (setas, bayas)	colher (vt)	[ko'ʎer]
perderse (vr)	perder-se (vr)	[per'dersi]

171. Los recursos naturales

recursos (m pl) naturales	recursos (m pl) naturais	[he'kursus natu'rajs]
recursos (m pl) subterráneos	minerais (m pl)	[mine'rajs]
depósitos (m pl)	depósitos (m pl)	[de'pɔzitus]
yacimiento (m)	jazida (f)	[ʒa'zida]
extraer (vt)	extrair (vt)	[istra'jir]
extracción (f)	extração (f)	[istra'sãw]
mena (f)	minério (m)	[mi'nɛrju]
mina (f)	mina (f)	['mina]
pozo (m) de mina	poço (m) de mina	['posu de 'mina]
minero (m)	mineiro (m)	[mi'nejru]
gas (m)	gás (m)	[gajs]
gasoducto (m)	gasoduto (m)	[gazo'dutu]
petróleo (m)	petróleo (m)	[pe'trɔlju]
oleoducto (m)	oleoduto (m)	[oljo'dutu]
pozo (m) de petróleo	poço (m) de petróleo	['posu de pe'trɔlju]
torre (f) de sondeo	torre (f) petrolífera	['tohi petro'lifera]
petrolero (m)	petroleiro (m)	[petro'lejru]
arena (f)	areia (f)	[a'reja]
caliza (f)	calcário (m)	[kaw'karju]
grava (f)	cascalho (m)	[kas'kaʎu]
turba (f)	turfa (f)	['turfa]
arcilla (f)	argila (f)	[ar'ʒila]
carbón (m)	carvão (m)	[kar'vãw]
hierro (m)	ferro (m)	['fɛhu]
oro (m)	ouro (m)	['oru]
plata (f)	prata (f)	['prata]
níquel (m)	níquel (m)	['nikew]
cobre (m)	cobre (m)	['kɔbri]
zinc (m)	zinco (m)	['zĩku]
manganeso (m)	manganês (m)	[mãga'nes]
mercurio (m)	mercúrio (m)	[mer'kurju]
plomo (m)	chumbo (m)	['ʃũbu]
mineral (m)	mineral (m)	[mine'raw]
cristal (m)	cristal (m)	[kris'taw]
mármol (m)	mármore (m)	['marmori]
uranio (m)	urânio (m)	[u'ranju]

La tierra. Unidad 2

tiempo (m)	**tempo** (m)	['tẽpu]
previsión (f) del tiempo	**previsão** (f) **do tempo**	[previ'zãw du 'tẽpu]
temperatura (f)	**temperatura** (f)	[tẽpera'tura]
termómetro (m)	**termômetro** (m)	[ter'mometru]
barómetro (m)	**barômetro** (m)	[ba'rometru]
húmedo (adj)	**úmido**	['umidu]
humedad (f)	**umidade** (f)	[umi'dadʒi]
bochorno (m)	**calor** (m)	[ka'lor]
tórrido (adj)	**tórrido**	['tɔhidu]
hace mucho calor	**está muito calor**	[is'ta 'mwĩtu ka'lor]
hace calor (templado)	**está calor**	[is'ta ka'lor]
templado (adj)	**quente**	['kẽtʃi]
hace frío	**está frio**	[is'ta 'friu]
frío (adj)	**frio**	['friu]
sol (m)	**sol** (m)	[sɔw]
brillar (vi)	**brilhar** (vi)	[bri'ʎar]
soleado (un día ~)	**de sol, ensolarado**	[de sɔw], [ẽsola'radu]
elevarse (el sol)	**nascer** (vi)	[na'ser]
ponerse (vr)	**pôr-se** (vr)	['porsi]
nube (f)	**nuvem** (f)	['nuvẽj]
nuboso (adj)	**nublado**	[nu'bladu]
nubarrón (m)	**nuvem** (f) **preta**	['nuvẽj 'preta]
nublado (adj)	**escuro**	[is'kuru]
lluvia (f)	**chuva** (f)	['ʃuva]
está lloviendo	**está a chover**	[is'ta a ʃo'ver]
lluvioso (adj)	**chuvoso**	[ʃu'vozu]
lloviznar (vi)	**chuviscar** (vi)	[ʃuvis'kar]
aguacero (m)	**chuva** (f) **torrencial**	['ʃuva tohẽ'sjaw]
chaparrón (m)	**aguaceiro** (m)	[agwa'sejru]
fuerte (la lluvia ~)	**forte**	['fɔrtʃi]
charco (m)	**poça** (f)	['posa]
mojarse (vr)	**molhar-se** (vr)	[mo'ʎarsi]
niebla (f)	**nevoeiro** (m)	[nevo'ejru]
nebuloso (adj)	**de nevoeiro**	[de nevu'ejru]
nieve (f)	**neve** (f)	['nɛvi]
está nevando	**está nevando**	[is'ta ne'vãdu]

173. Los eventos climáticos severos. Los desastres naturales

tormenta (f)	**trovoada** (f)	[tro'vwada]
relámpago (m)	**relâmpago** (m)	[he'lãpagu]
relampaguear (vi)	**relampejar** (vi)	[helãpe'ʒar]
trueno (m)	**trovão** (m)	[tro'vãw]
tronar (vi)	**trovejar** (vi)	[trove'ʒar]
está tronando	**está trovejando**	[is'ta trove'ʒãdu]
granizo (m)	**granizo** (m)	[gra'nizu]
está granizando	**está caindo granizo**	[is'ta ka'ĩdu gra'nizu]
inundar (vt)	**inundar** (vt)	[inũ'dar]
inundación (f)	**inundação** (f)	[ĩtrodu'sãw]
terremoto (m)	**terremoto** (m)	[tehe'mɔtu]
sacudida (f)	**abalo, tremor** (m)	[a'balu], [tre'mor]
epicentro (m)	**epicentro** (m)	[epi'sẽtru]
erupción (f)	**erupção** (f)	[erup'sãw]
lava (f)	**lava** (f)	['lava]
torbellino (m)	**tornado** (m)	[tor'nadu]
tornado (m)	**tornado** (m)	[tor'nadu]
tifón (m)	**tufão** (m)	[tu'fãw]
huracán (m)	**furacão** (m)	[fura'kãw]
tempestad (f)	**tempestade** (f)	[tẽpes'tadʒi]
tsunami (m)	**tsunami** (m)	[tsu'nami]
ciclón (m)	**ciclone** (m)	[si'klɔni]
mal tiempo (m)	**mau tempo** (m)	[maw 'tẽpu]
incendio (m)	**incêndio** (m)	[ĩ'sẽdʒju]
catástrofe (f)	**catástrofe** (f)	[ka'tastrofi]
meteorito (m)	**meteorito** (m)	[meteo'ritu]
avalancha (f)	**avalanche** (f)	[ava'lãʃi]
alud (m) de nieve	**deslizamento** (m) **de neve**	[dʒizliza'mẽtu de 'nɛvi]
ventisca (f)	**nevasca** (f)	[ne'vaska]
nevasca (f)	**tempestade** (f) **de neve**	[tẽpes'tadʒi de 'nɛvi]

La fauna

174. Los mamíferos. Los predadores

carnívoro (m)	**predador** (m)	[preda'dor]
tigre (m)	**tigre** (m)	['tʃigri]
león (m)	**leão** (m)	[le'ãw]
lobo (m)	**lobo** (m)	['lobu]
zorro (m)	**raposa** (f)	[ha'pozu]
jaguar (m)	**jaguar** (m)	[ʒa'gwar]
leopardo (m)	**leopardo** (m)	[ljo'pardu]
guepardo (m)	**chita** (f)	['ʃita]
pantera (f)	**pantera** (f)	[pã'tɛra]
puma (f)	**puma** (m)	['puma]
leopardo (m) de las nieves	**leopardo-das-neves** (m)	[ljo'pardu das 'nɛvis]
lince (m)	**lince** (m)	['lĩsi]
coyote (m)	**coiote** (m)	[ko'jɔtʃi]
chacal (m)	**chacal** (m)	[ʃa'kaw]
hiena (f)	**hiena** (f)	['jena]

175. Los animales salvajes

animal (m)	**animal** (m)	[ani'maw]
bestia (f)	**besta** (f)	['besta]
ardilla (f)	**esquilo** (m)	[is'kilu]
erizo (m)	**ouriço** (m)	[o'risu]
liebre (f)	**lebre** (f)	['lɛbri]
conejo (m)	**coelho** (m)	[ko'eʎu]
tejón (m)	**texugo** (m)	[te'ʃugu]
mapache (m)	**guaxinim** (m)	[gwaʃi'nĩ]
hámster (m)	**hamster** (m)	['amster]
marmota (f)	**marmota** (f)	[mah'mɔta]
topo (m)	**toupeira** (f)	[to'pejra]
ratón (m)	**rato** (m)	['hatu]
rata (f)	**ratazana** (f)	[hata'zana]
murciélago (m)	**morcego** (m)	[mor'segu]
armiño (m)	**arminho** (m)	[ar'miɲu]
cebellina (f)	**zibelina** (f)	[zibe'lina]
marta (f)	**marta** (f)	['mahta]
comadreja (f)	**doninha** (f)	[dɔ'niɲa]
visón (m)	**visom** (m)	[vi'zõ]

| castor (m) | castor (m) | [kas'tor] |
| nutria (f) | lontra (f) | ['lõtra] |

caballo (m)	cavalo (m)	[ka'valu]
alce (m)	alce (m)	['awsi]
ciervo (m)	veado (m)	['vjadu]
camello (m)	camelo (m)	[ka'melu]

bisonte (m)	bisão (m)	[bi'zãw]
uro (m)	auroque (m)	[aw'rɔki]
búfalo (m)	búfalo (m)	['bufalu]

cebra (f)	zebra (f)	['zebra]
antílope (m)	antílope (m)	[ã'tʃilopi]
corzo (m)	corça (f)	['korsa]
gamo (m)	gamo (m)	['gamu]
gamuza (f)	camurça (f)	[ka'mursa]
jabalí (m)	javali (m)	[ʒava'li]

ballena (f)	baleia (f)	[ba'leja]
foca (f)	foca (f)	['fɔka]
morsa (f)	morsa (f)	['mɔhsa]
oso (m) marino	urso-marinho (m)	['ursu ma'riɲu]
delfín (m)	golfinho (m)	[gow'fiɲu]

oso (m)	urso (m)	['ursu]
oso (m) blanco	urso (m) polar	['ursu po'lar]
panda (f)	panda (m)	['pãda]

mono (m)	macaco (m)	[ma'kaku]
chimpancé (m)	chimpanzé (m)	[ʃĩpã'zɛ]
orangután (m)	orangotango (m)	[orãgu'tãgu]
gorila (m)	gorila (m)	[go'rila]
macaco (m)	macaco (m)	[ma'kaku]
gibón (m)	gibão (m)	[ʒi'bãw]

elefante (m)	elefante (m)	[ele'fãtʃi]
rinoceronte (m)	rinoceronte (m)	[hinose'rõtʃi]
jirafa (f)	girafa (f)	[ʒi'rafa]
hipopótamo (m)	hipopótamo (m)	[ipo'pɔtamu]

| canguro (m) | canguru (m) | [kãgu'ru] |
| koala (f) | coala (m) | ['kwala] |

mangosta (f)	mangusto (m)	[mã'gustu]
chinchilla (f)	chinchila (f)	[ʃĩ'ʃila]
mofeta (f)	cangambá (f)	[kã'gãba]
espín (m)	porco-espinho (m)	['pɔrku is'piɲu]

176. Los animales domésticos

gata (f)	gata (f)	['gata]
gato (m)	gato (m) macho	['gatu 'maʃu]
perro (m)	cão (m)	['kãw]

caballo (m)	cavalo (m)	[ka'valu]
garañón (m)	garanhão (m)	[gara'ɲãw]
yegua (f)	égua (f)	['ɛgwa]

vaca (f)	vaca (f)	['vaka]
toro (m)	touro (m)	['toru]
buey (m)	boi (m)	[boj]

oveja (f)	ovelha (f)	[o'veʎa]
carnero (m)	carneiro (m)	[kar'nejru]
cabra (f)	cabra (f)	['kabra]
cabrón (m)	bode (m)	['bɔdʒi]

| asno (m) | burro (m) | ['buhu] |
| mulo (m) | mula (f) | ['mula] |

cerdo (m)	porco (m)	['porku]
cerdito (m)	leitão (m)	[lej'tãw]
conejo (m)	coelho (m)	[ko'eʎu]

| gallina (f) | galinha (f) | [ga'liɲa] |
| gallo (m) | galo (m) | ['galu] |

pato (m)	pata (f)	['pata]
ánade (m)	pato (m)	['patu]
ganso (m)	ganso (m)	['gãsu]

| pavo (m) | peru (m) | [pe'ru] |
| pava (f) | perua (f) | [pe'rua] |

animales (m pl) domésticos	animais (m pl) domésticos	[ani'majs do'mɛstʃikus]
domesticado (adj)	domesticado	[domestʃi'kadu]
domesticar (vt)	domesticar (vt)	[domestʃi'kar]
criar (vt)	criar (vt)	[krjar]

granja (f)	fazenda (f)	[fa'zẽda]
aves (f pl) de corral	aves (f pl) domésticas	['avis do'mɛstʃikas]
ganado (m)	gado (m)	['gadu]
rebaño (m)	rebanho (m), manada (f)	[he'baɲu], [ma'nada]

caballeriza (f)	estábulo (m)	[is'tabulu]
porqueriza (f)	chiqueiro (m)	[ʃi'kejru]
vaquería (f)	estábulo (m)	[is'tabulu]
conejal (m)	coelheira (f)	[kue'ʎejra]
gallinero (m)	galinheiro (m)	[gali'nejru]

177. Los perros. Las razas de perros

perro (m)	cão (m)	['kãw]
perro (m) pastor	cão pastor (m)	['kãw pas'tor]
pastor (m) alemán	pastor-alemão (m)	[pas'tor ale'mãw]
caniche (m)	poodle (m)	['pudw]
teckel (m)	linguicinha (m)	[lĩgwi'siɲa]
bulldog (m)	buldogue (m)	[buw'dɔgi]

bóxer (m)	boxer (m)	['bɔkser]
mastín (m) inglés	mastim (m)	[mas'tʃi]
rottweiler (m)	rottweiler (m)	[hɔt'vejler]
doberman (m)	dóberman (m)	['dɔberman]

basset hound (m)	basset (m)	[ba'sɛt]
bobtail (m)	pastor inglês (m)	[pas'tor ĩ'gles]
dálmata (m)	dálmata (m)	['dalmata]
cocker spaniel (m)	cocker spaniel (m)	['kɔker spa'njel]

terranova (m)	terra-nova (m)	['tɛha-'nɔva]
san bernardo (m)	são-bernardo (m)	[sãw-ber'nardu]

husky (m)	husky (m) siberiano	['aski sibe'rjanu]
chow chow (m)	Chow-chow (m)	[ʃou'ʃou]
pomerania (m)	spitz alemão (m)	['spits ale'mãw]
pug (m), carlino (m)	pug (m)	[pug]

178. Los sonidos de los animales

ladrido (m)	latido (m)	[la'tʃidu]
ladrar (vi)	latir (vi)	[la'tʃir]
maullar (vi)	miar (vi)	[mjar]
ronronear (vi)	ronronar (vi)	[hõho'nar]

mugir (vi)	mugir (vi)	[mu'ʒir]
bramar (toro)	bramir (vi)	[bra'mir]
rugir (vi)	rosnar (vi)	[hoz'nar]

aullido (m)	uivo (m)	['wivu]
aullar (vi)	uivar (vi)	[wi'var]
gañir (vi)	ganir (vi)	[ga'nir]

balar (vi)	balir (vi)	[ba'lih]
gruñir (cerdo)	grunhir (vi)	[gru'ɲir]
chillar (vi)	guinchar (vi)	[gĩ'ʃar]

croar (vi)	coaxar (vi)	[koa'ʃar]
zumbar (vi)	zumbir (vi)	[zũ'bir]
chirriar (vi)	ziziar (vi)	[zi'zjar]

179. Los pájaros

pájaro (m)	pássaro (m), ave (f)	['pasaru], ['avi]
paloma (f)	pombo (m)	['põbu]
gorrión (m)	pardal (m)	[par'daw]
carbonero (m)	chapim-real (m)	[ʃa'pĩ-he'aw]
urraca (f)	pega-rabuda (f)	['pega-ha'buda]

cuervo (m)	corvo (m)	['korvu]
corneja (f)	gralha-cinzenta (f)	['graʎa sĩ'zẽta]
chova (f)	gralha-de-nuca-cinzenta (f)	['graʎa de 'nuka sĩ'zẽta]

grajo (m)	gralha-calva (f)	['graʎa 'kawvu]
pato (m)	pato (m)	['patu]
ganso (m)	ganso (m)	['gãsu]
faisán (m)	faisão (m)	[faj'zãw]

águila (f)	águia (f)	['agja]
azor (m)	açor (m)	[a'sor]
halcón (m)	falcão (m)	[faw'kãw]

| buitre (m) | abutre (m) | [a'butri] |
| cóndor (m) | condor (m) | [kõ'dor] |

cisne (m)	cisne (m)	['sizni]
grulla (f)	grou (m)	[grow]
cigüeña (f)	cegonha (f)	[se'gɔɲa]

loro (m), papagayo (m)	papagaio (m)	[papa'gaju]
colibrí (m)	beija-flor (m)	[bejʒa'flɔr]
pavo (m) real	pavão (m)	[pa'vãw]

| avestruz (m) | avestruz (m) | [aves'truz] |
| garza (f) | garça (f) | ['garsa] |

| flamenco (m) | flamingo (m) | [fla'mĩgu] |
| pelícano (m) | pelicano (m) | [peli'kanu] |

| ruiseñor (m) | rouxinol (m) | [hoʃi'nɔw] |
| golondrina (f) | andorinha (f) | [ãdo'riɲa] |

tordo (m)	tordo-zornal (m)	['tɔrdu-zor'nal]
zorzal (m)	tordo-músico (m)	['tɔrdu-'muziku]
mirlo (m)	melro-preto (m)	['mɛwhu 'pretu]

vencejo (m)	andorinhão (m)	[ãdori'ɲãw]
alondra (f)	laverca, cotovia (f)	[la'verka], [kutu'via]
codorniz (f)	codorna (f)	[ko'dɔrna]

pájaro carpintero (m)	pica-pau (m)	['pika 'paw]
cuco (m)	cuco (m)	['kuku]
lechuza (f)	coruja (f)	[ko'ruʒa]
búho (m)	bufo-real (m)	['bufu-he'aw]
urogallo (m)	tetraz-grande (m)	[tɛ'tras-'grãdʒi]

| gallo lira (m) | tetraz-lira (m) | [tɛ'tras-'lira] |
| perdiz (f) | perdiz-cinzenta (f) | [per'dis sĩ'zẽta] |

estornino (m)	estorninho (m)	[istor'niɲu]
canario (m)	canário (m)	[ka'narju]
ortega (f)	galinha-do-mato (f)	[ga'liɲa du 'matu]

| pinzón (m) | tentilhão (m) | [tẽtʃi'ʎãw] |
| camachuelo (m) | dom-fafe (m) | [dõ'fafi] |

gaviota (f)	gaivota (f)	[gaj'vota]
albatros (m)	albatroz (m)	[alba'trɔs]
pingüino (m)	pinguim (m)	[pĩ'gwĩ]

180. Los pájaros. El canto y los sonidos

cantar (vi)	**cantar** (vi)	[kã'tar]
gritar, llamar (vi)	**gritar, chamar** (vi)	[gri'tar], [ʃa'mar]
cantar (el gallo)	**cantar** (vi)	[kã'tar]
quiquiriquí (m)	**cocorocó** (m)	[kɔkuru'kɔ]
cloquear (vi)	**cacarejar** (vi)	[kakare'ʒar]
graznar (vi)	**crocitar, grasnar** (vi)	[krosi'tar], [graz'nar]
graznar, parpar (vi)	**grasnar** (vi)	[graz'nar]
piar (vi)	**piar** (vi)	[pjar]
gorjear (vi)	**chilrear, gorjear** (vi)	[ʃiw'hjar], [gor'ʒjar]

181. Los peces. Los animales marinos

brema (f)	**brema** (f)	['brema]
carpa (f)	**carpa** (f)	['karpa]
perca (f)	**perca** (f)	['pehka]
siluro (m)	**siluro** (m)	[si'luru]
lucio (m)	**lúcio** (m)	['lusju]
salmón (m)	**salmão** (m)	[saw'mãw]
esturión (m)	**esturjão** (m)	[istur'ʒãw]
arenque (m)	**arenque** (m)	[a'rẽki]
salmón (m) del Atlántico	**salmão** (m) **do Atlântico**	[saw'mãw du at'lãtʃiku]
caballa (f)	**cavala, sarda** (f)	[ka'vala], ['sarda]
lenguado (m)	**solha** (f), **linguado** (m)	['soʎa], [lĩ'gwadu]
lucioperca (f)	**lúcio perca** (m)	['lusju 'perka]
bacalao (m)	**bacalhau** (m)	[baka'ʎaw]
atún (m)	**atum** (m)	[a'tũ]
trucha (f)	**truta** (f)	['truta]
anguila (f)	**enguia** (f)	[ẽ'gia]
raya (f) eléctrica	**raia** (f) **elétrica**	['haja e'lɛtrika]
morena (f)	**moreia** (f)	[mo'reja]
piraña (f)	**piranha** (f)	[pi'raɲa]
tiburón (m)	**tubarão** (m)	[tuba'rãw]
delfín (m)	**golfinho** (m)	[gow'fiɲu]
ballena (f)	**baleia** (f)	[ba'leja]
centolla (f)	**caranguejo** (m)	[karã'geʒu]
medusa (f)	**água-viva** (f)	['agwa 'viva]
pulpo (m)	**polvo** (m)	['powvu]
estrella (f) de mar	**estrela-do-mar** (f)	[is'trela du 'mar]
erizo (m) de mar	**ouriço-do-mar** (m)	[o'risu du 'mar]
caballito (m) de mar	**cavalo-marinho** (m)	[ka'valu ma'riɲu]
ostra (f)	**ostra** (f)	['ostra]
camarón (m)	**camarão** (m)	[kama'rãw]

bogavante (m)	**lagosta** (f)	[la'gosta]
langosta (f)	**lagosta** (f)	[la'gosta]

182. Los anfibios. Los reptiles

serpiente (f)	**cobra** (f)	['kɔbra]
venenoso (adj)	**venenoso**	[vene'nozu]
víbora (f)	**víbora** (f)	['vibora]
cobra (f)	**naja** (f)	['naʒa]
pitón (m)	**píton** (m)	['pitɔn]
boa (f)	**jiboia** (f)	[ʒi'bɔja]
culebra (f)	**cobra-de-água** (f)	[kɔbra de 'agwa]
serpiente (m) de cascabel	**cascavel** (f)	[kaska'vɛw]
anaconda (f)	**anaconda, sucuri** (f)	[ana'kõda], [sukuri]
lagarto (m)	**lagarto** (m)	[la'gartu]
iguana (f)	**iguana** (f)	[i'gwana]
varano (m)	**varano** (m)	[va'ranu]
salamandra (f)	**salamandra** (f)	[sala'mãdra]
camaleón (m)	**camaleão** (m)	[kamale'ãu]
escorpión (m)	**escorpião** (m)	[iskorpi'ãw]
tortuga (f)	**tartaruga** (f)	[tarta'ruga]
rana (f)	**rã** (f)	[hã]
sapo (m)	**sapo** (m)	['sapu]
cocodrilo (m)	**crocodilo** (m)	[kroko'dʒilu]

183. Los insectos

insecto (m)	**inseto** (m)	[ĩ'sɛtu]
mariposa (f)	**borboleta** (f)	[borbo'leta]
hormiga (f)	**formiga** (f)	[for'miga]
mosca (f)	**mosca** (f)	['moska]
mosquito (m) (picadura de ~)	**mosquito** (m)	[mos'kitu]
escarabajo (m)	**escaravelho** (m)	[iskara'veʎu]
avispa (f)	**vespa** (f)	['vespa]
abeja (f)	**abelha** (f)	[a'beʎa]
abejorro (m)	**mamangaba** (f)	[mamã'gaba]
moscardón (m)	**moscardo** (m)	[mos'kardu]
araña (f)	**aranha** (f)	[a'raɲa]
telaraña (f)	**teia** (f) **de aranha**	['teja de a'raɲa]
libélula (f)	**libélula** (f)	[li'bɛlula]
saltamontes (m)	**gafanhoto** (m)	[gafa'ɲotu]
mariposa (f) nocturna	**traça** (f)	['trasa]
cucaracha (f)	**barata** (f)	[ba'rata]
garrapata (f)	**carrapato** (m)	[kaha'patu]

| pulga (f) | pulga (f) | ['puwga] |
| mosca (f) negra | borrachudo (m) | [boha'ʃudu] |

langosta (f)	gafanhoto-migratório (m)	[gafa'ɲotu-migra'tɔrju]
caracol (m)	caracol (m)	[kara'kɔw]
grillo (m)	grilo (m)	['grilu]
luciérnaga (f)	pirilampo, vaga-lume (m)	[piri'lãpu], [vaga-'lumi]
mariquita (f)	joaninha (f)	[ʒwa'niɲa]
sanjuanero (m)	besouro (m)	[be'zoru]

sanguijuela (f)	sanguessuga (f)	[sãgi'suga]
oruga (f)	lagarta (f)	[la'garta]
lombriz (m) de tierra	minhoca (f)	[mi'ɲɔka]
larva (f)	larva (f)	['larva]

184. Los animales. Las partes del cuerpo

pico (m)	bico (m)	['biku]
alas (f pl)	asas (f pl)	['azas]
pata (f)	pata (f)	['pata]
plumaje (m)	plumagem (f)	[plu'maʒẽ]
pluma (f)	pena, pluma (f)	['pena], ['pluma]
penacho (m)	crista (f)	['krista]

branquias (f pl)	guelras (f pl)	['gɛwhas]
huevas (f pl)	ovas (f pl)	['ɔvas]
larva (f)	larva (f)	['larva]
aleta (f)	barbatana (f)	[barba'tana]
escamas (f pl)	escama (f)	[is'kama]

colmillo (m)	presa (f)	['preza]
garra (f), pata (f)	pata (f)	['pata]
hocico (m)	focinho (m)	[fo'siɲu]
boca (f)	boca (f)	['boka]
cola (f)	cauda (f), rabo (m)	['kawda], ['habu]
bigotes (m pl)	bigodes (m pl)	[bi'gɔdʒis]

| casco (m) (pezuña) | casco (m) | ['kasku] |
| cuerno (m) | corno (m) | ['kornu] |

caparazón (m)	carapaça (f)	[kara'pasa]
concha (f) (de moluscos)	concha (f)	['kõʃa]
cáscara (f) (de huevo)	casca (f) de ovo	['kaska de 'ovu]

| pelo (m) (de perro) | pelo (m) | ['pelu] |
| piel (f) (de vaca, etc.) | pele (f), couro (m) | ['pɛli], ['koru] |

185. Los animales. El hábitat

hábitat (m)	hábitat (m)	['abitatʃi]
migración (f)	migração (f)	[migra'sãw]
montaña (f)	montanha (f)	[mõ'taɲa]

| arrecife (m) | recife (m) | [he'sifi] |
| roca (f) | falésia (f) | [fa'lɛzja] |

bosque (m)	floresta (f)	[flo'rɛsta]
jungla (f)	selva (f)	['sɛwva]
sabana (f)	savana (f)	[sa'vana]
tundra (f)	tundra (f)	['tũdra]

estepa (f)	estepe (f)	[is'tɛpi]
desierto (m)	deserto (m)	[de'zɛrtu]
oasis (m)	oásis (m)	[o'asis]

mar (m)	mar (m)	[mah]
lago (m)	lago (m)	['lagu]
océano (m)	oceano (m)	[o'sjanu]

pantano (m)	pântano (m)	['pãtanu]
de agua dulce (adj)	de água doce	[de 'agwa 'dosi]
estanque (m)	lagoa (f)	[la'goa]
río (m)	rio (m)	['hiu]

cubil (m)	toca (f) do urso	['tɔka du 'ursu]
nido (m)	ninho (m)	['niɲu]
agujero (m)	buraco (m) de árvore	[bu'raku de 'arvori]
madriguera (f)	toca (f)	['tɔka]
hormiguero (m)	formigueiro (m)	[formi'gejru]

La flora

árbol (m)	árvore (f)	['arvori]
foliáceo (adj)	decídua	[de'sidwa]
conífero (adj)	conífera	[ko'nifera]
de hoja perenne	perene	[pe'rɛni]
manzano (m)	macieira (f)	[ma'sjejra]
peral (m)	pereira (f)	[pe'rejra]
cerezo (m)	cerejeira (f)	[sere'ʒejra]
guindo (m)	ginjeira (f)	[ʒĩ'ʒejra]
ciruelo (m)	ameixeira (f)	[amej'ʃejra]
abedul (m)	bétula (f)	['bɛtula]
roble (m)	carvalho (m)	[kar'vaʎu]
tilo (m)	tília (f)	['tʃilja]
pobo (m)	choupo-tremedor (m)	['ʃopu-treme'dor]
arce (m)	bordo (m)	['bɔrdu]
pícea (f)	espruce (m)	[is'pruse]
pino (m)	pinheiro (m)	[pi'ɲejru]
alerce (m)	alerce, lariço (m)	[a'lɛrse], [la'risu]
abeto (m)	abeto (m)	[a'bɛtu]
cedro (m)	cedro (m)	['sɛdru]
álamo (m)	choupo, álamo (m)	['ʃopu], ['alamu]
serbal (m)	tramazeira (f)	[trama'zejra]
sauce (m)	salgueiro (m)	[saw'gejru]
aliso (m)	amieiro (m)	[a'mjejru]
haya (f)	faia (f)	['faja]
olmo (m)	ulmeiro, olmo (m)	[ul'mejru], ['ɔwmu]
fresno (m)	freixo (m)	['frejʃu]
castaño (m)	castanheiro (m)	[kasta'ɲejru]
magnolia (f)	magnólia (f)	[mag'nɔlja]
palmera (f)	palmeira (f)	[paw'mejra]
ciprés (m)	cipreste (m)	[si'prɛstʃi]
mangle (m)	mangue (m)	['mãgi]
baobab (m)	embondeiro, baobá (m)	[ẽbõ'dejru], [bao'ba]
eucalipto (m)	eucalipto (m)	[ewka'liptu]
secoya (f)	sequoia (f)	[se'kwɔja]

mata (f)	arbusto (m)	[ar'bustu]
arbusto (m)	arbusto (m), moita (f)	[ar'bustu], ['mɔjta]

| vid (f) | videira (f) | [vi'dejra] |
| viñedo (m) | vinhedo (m) | [vi'ɲedu] |

frambueso (m)	framboeseira (f)	[frãboe'zejra]
grosellero (m) negro	groselheira-negra (f)	[groze'ʎejra 'negra]
grosellero (m) rojo	groselheira-vermelha (f)	[grozɛ'ʎejra ver'meʎa]
grosellero (m) espinoso	groselheira (f) espinhosa	[groze'ʎejra ispi'ɲoza]

acacia (f)	acácia (f)	[a'kasja]
berberís (m)	bérberis (f)	['bɛrberis]
jazmín (m)	jasmim (m)	[ʒaz'mĩ]

enebro (m)	junípero (m)	[ʒu'niperu]
rosal (m)	roseira (f)	[ho'zejra]
escaramujo (m)	roseira (f) brava	[ho'zejra 'brava]

188. Los hongos

seta (f)	cogumelo (m)	[kogu'mɛlu]
seta (f) comestible	cogumelo (m) comestível	[kogu'mɛlu komes'tʃivew]
seta (f) venenosa	cogumelo (m) venenoso	[kogu'mɛlu vene'nozu]
sombrerete (m)	chapéu (m)	[ʃa'pɛw]
estipe (m)	pé, caule (m)	[pɛ], ['kauli]

seta calabaza (f)	boleto, porcino (m)	[bu'letu], [pɔrsinu]
boleto (m) castaño	boleto (m) alaranjado	[bu'letu alarã'ʒadu]
boleto (m) áspero	boleto (m) de bétula	[bu'letu de 'bɛtula]
rebozuelo (m)	cantarelo (m)	[kãta'rɛlu]
rúsula (f)	rússula (f)	['rusula]

colmenilla (f)	morchella (f)	[mor'ʃɛla]
matamoscas (m)	agário-das-moscas (m)	[a'garju das 'moskas]
oronja (f) verde	cicuta (f) verde	[si'kuta 'verdʒi]

189. Las frutas. Las bayas

fruto (m)	fruta (f)	['fruta]
frutos (m pl)	frutas (f pl)	['frutas]
manzana (f)	maçã (f)	[ma'sã]
pera (f)	pera (f)	['pera]
ciruela (f)	ameixa (f)	[a'mejʃa]

fresa (f)	morango (m)	[mo'rãgu]
guinda (f)	ginja (f)	['ʒĩʒa]
cereza (f)	cereja (f)	[se'reʒa]
uva (f)	uva (f)	['uva]

frambuesa (f)	framboesa (f)	[frãbo'eza]
grosella (f) negra	groselha (f) negra	[gro'zɛʎa 'negra]
grosella (f) roja	groselha (f) vermelha	[[gro'zɛʎa ver'meʎa]
grosella (f) espinosa	groselha (f) espinhosa	[gro'zɛʎa ispi'ɲoza]
arándano (m) agrio	oxicoco (m)	[oksi'koku]

naranja (f)	laranja (f)	[la'rãʒa]
mandarina (f)	tangerina (f)	[tãʒe'rina]
piña (f)	abacaxi (m)	[abaka'ʃi]
banana (f)	banana (f)	[ba'nana]
dátil (m)	tâmara (f)	['tamara]

limón (m)	limão (m)	[li'mãw]
albaricoque (m)	damasco (m)	[da'masku]
melocotón (m)	pêssego (m)	['pesegu]
kiwi (m)	quiuí (m)	[ki'vi]
toronja (f)	toranja (f)	[to'rãʒa]

baya (f)	baga (f)	['baga]
bayas (f pl)	bagas (f pl)	['bagas]
arándano (m) rojo	arando (m) vermelho	[a'rãdu ver'meʎu]
fresa (f) silvestre	morango-silvestre (m)	[mo'rãgu siw'vɛstri]
arándano (m)	mirtilo (m)	[mih'tʃilu]

190. Las flores. Las plantas

| flor (f) | flor (f) | [flɔr] |
| ramo (m) de flores | buquê (m) de flores | [bu'ke de 'floris] |

rosa (f)	rosa (f)	['hɔza]
tulipán (m)	tulipa (f)	[tu'lipa]
clavel (m)	cravo (m)	['kravu]
gladiolo (m)	gladíolo (m)	[gla'dʒiolu]

aciano (m)	escovinha (f)	[isko'viɲa]
campanilla (f)	campainha (f)	[kampa'iɲa]
diente (m) de león	dente-de-leão (m)	['dẽtʃi] de le'ãw]
manzanilla (f)	camomila (f)	[kamo'mila]

áloe (m)	aloé (m)	[alo'ɛ]
cacto (m)	cacto (m)	['kaktu]
ficus (m)	fícus (m)	['fikus]

azucena (f)	lírio (m)	['lirju]
geranio (m)	gerânio (m)	[ʒe'ranju]
jacinto (m)	jacinto (m)	[ʒa'sĩtu]

mimosa (f)	mimosa (f)	[mi'mɔza]
narciso (m)	narciso (m)	[nar'sizu]
capuchina (f)	capuchinha (f)	[kapu'ʃiɲa]

orquídea (f)	orquídea (f)	[or'kidʒja]
peonía (f)	peônia (f)	[pi'onia]
violeta (f)	violeta (f)	[vjo'leta]

trinitaria (f)	amor-perfeito (m)	[a'mor per'fejtu]
nomeolvides (f)	não-me-esqueças (m)	['nãw mi is'kesas]
margarita (f)	margarida (f)	[marga'rida]
amapola (f)	papoula (f)	[pa'pola]
cáñamo (m)	cânhamo (m)	['kaɲamu]

menta (f)	hortelã, menta (f)	[orte'lã], ['mẽta]
muguete (m)	lírio-do-vale (m)	['lirju du 'vali]
campanilla (f) de las nieves	campânula-branca (f)	[kã'panula-'brãka]
ortiga (f)	urtiga (f)	[ur'tʃiga]
acedera (f)	azedinha (f)	[aze'dʒinha]
nenúfar (m)	nenúfar (m)	[ne'nufar]
helecho (m)	samambaia (f)	[samã'baja]
liquen (m)	líquen (m)	['likẽ]
invernadero (m) tropical	estufa (f)	[is'tufa]
césped (m)	gramado (m)	[gra'madu]
macizo (m) de flores	canteiro (m) de flores	[kã'tejru de 'floris]
planta (f)	planta (f)	['plãta]
hierba (f)	grama (f)	['grama]
hoja (f) de hierba	folha (f) de grama	['foʎa de 'grama]
hoja (f)	folha (f)	['foʎa]
pétalo (m)	pétala (f)	['pɛtala]
tallo (m)	talo (m)	['talu]
tubérculo (m)	tubérculo (m)	[tu'berkulu]
retoño (m)	broto, rebento (m)	['brotu], [he'bẽtu]
espina (f)	espinho (m)	[is'piɲu]
florecer (vi)	florescer (vi)	[flore'ser]
marchitarse (vr)	murchar (vi)	[mur'ʃar]
olor (m)	cheiro (m)	['ʃejru]
cortar (vt)	cortar (vt)	[kor'tar]
coger (una flor)	colher (vt)	[ko'ʎer]

191. Los cereales, los granos

grano (m)	grão (m)	['grãw]
cereales (m pl) (plantas)	cereais (m pl)	[se'rjajs]
espiga (f)	espiga (f)	[is'piga]
trigo (m)	trigo (m)	['trigu]
centeno (m)	centeio (m)	[sẽ'teju]
avena (f)	aveia (f)	[a'veja]
mijo (m)	painço (m)	[pa'ĩsu]
cebada (f)	cevada (f)	[se'vada]
maíz (m)	milho (m)	['miʎu]
arroz (m)	arroz (m)	[a'hoz]
alforfón (m)	trigo-sarraceno (m)	['trigu-saha'sẽnu]
guisante (m)	ervilha (f)	[er'viʎa]
fréjol (m)	feijão (m) roxo	[fej'ʒãw 'hoʃu]
soya (f)	soja (f)	['sɔʒa]
lenteja (f)	lentilha (f)	[lẽ'tʃiʎa]
habas (f pl)	feijão (m)	[fej'ʒãw]

GEOGRAFÍA REGIONAL

192. La política. El gobierno. Unidad 1

política (f)	política (f)	[po'litʃika]
política (adj)	político	[po'litʃiku]
político (m)	político (m)	[po'litʃiku]

estado (m)	estado (m)	[i'stadu]
ciudadano (m)	cidadão (m)	[sida'dãw]
ciudadanía (f)	cidadania (f)	[sidada'nia]

| escudo (m) nacional | brasão (m) de armas | [bra'zãw de 'armas] |
| himno (m) nacional | hino (m) nacional | ['inu nasjo'naw] |

gobierno (m)	governo (m)	[go'vernu]
jefe (m) de estado	Chefe (m) de Estado	['ʃɛfi de i'stadu]
parlamento (m)	parlamento (m)	[parla'mẽtu]
partido (m)	partido (m)	[par'tʃidu]

| capitalismo (m) | capitalismo (m) | [kapita'lizmu] |
| capitalista (adj) | capitalista | [kapita'lista] |

| socialismo (m) | socialismo (m) | [sosja'lizmu] |
| socialista (adj) | socialista | [sosja'lista] |

comunismo (m)	comunismo (m)	[komu'nizmu]
comunista (adj)	comunista	[komu'nista]
comunista (m)	comunista (m)	[komu'nista]

democracia (f)	democracia (f)	[demokra'sia]
demócrata (m)	democrata (m)	[demo'krata]
democrático (adj)	democrático	[demo'kratʃiku]
Partido (m) Democrático	Partido (m) Democrático	[par'tʃidu demo'kratʃiku]

| liberal (m) | liberal (m) | [libe'raw] |
| liberal (adj) | liberal | [libe'raw] |

| conservador (m) | conservador (m) | [kõserva'dor] |
| conservador (adj) | conservador | [kõserva'dor] |

república (f)	república (f)	[he'publika]
republicano (m)	republicano (m)	hepubli'kanu]
Partido (m) Republicano	Partido (m) Republicano	[par'tʃidu hepubli'kanu]

elecciones (f pl)	eleições (f pl)	[elej'sõjs]
elegir (vi)	eleger (vt)	[ele'ʒer]
elector (m)	eleitor (m)	[elej'tor]
campaña (f) electoral	campanha (f) eleitoral	[kã'paɲa elejto'raw]
votación (f)	votação (f)	[vota'sãw]

votar (vi)	votar (vi)	[vo'tar]
derecho (m) a voto	sufrágio (m)	[su'fraʒu]
candidato (m)	candidato (m)	[kãdʒi'datu]
presentarse como candidato	candidatar-se (vi)	[kãdʒida'tarsi]
campaña (f)	campanha (f)	[kã'paɲa]
de oposición (adj)	da oposição	[da opozi'sãw]
oposición (f)	oposição (f)	[opozi'sãw]
visita (f)	visita (f)	[vi'zita]
visita (f) oficial	visita (f) oficial	[vi'zita ofi'sjaw]
internacional (adj)	internacional	[ĩternasjo'naw]
negociaciones (f pl)	negociações (f pl)	[negosja'sõjs]
negociar (vi)	negociar (vi)	[nego'sjar]

193. La política. El gobierno. Unidad 2

sociedad (f)	sociedade (f)	[sosje'dadʒi]
constitución (f)	constituição (f)	[kõstʃitwi'sãw]
poder (m)	poder (m)	[po'der]
corrupción (f)	corrupção (f)	[kohup'sãw]
ley (f)	lei (f)	[lej]
legal (adj)	legal	[le'gaw]
justicia (f)	justeza (f)	[ʒus'teza]
justo (adj)	justo	['ʒustu]
comité (m)	comitê (m)	[komi'te]
proyecto (m) de ley	projeto-lei (m)	[pro'ʒɛtu-'lej]
presupuesto (m)	orçamento (m)	[orsa'mẽtu]
política (f)	política (f)	[po'litʃika]
reforma (f)	reforma (f)	[he'fɔrma]
radical (adj)	radical	[hadʒi'kaw]
potencia (f) (~ militar, etc.)	força (f)	['fɔrsa]
poderoso (adj)	poderoso	[pode'rozu]
partidario (m)	partidário (m)	[partʃi'darju]
influencia (f)	influência (f)	[ĩ'flwẽsja]
régimen (m)	regime (m)	[he'ʒimi]
conflicto (m)	conflito (m)	[kõ'flitu]
complot (m)	conspiração (f)	[kõspira'sãw]
provocación (f)	provocação (f)	[provoka'sãw]
derrocar (al régimen)	derrubar (vt)	[dehu'bar]
derrocamiento (m)	derrube (m), queda (f)	[de'rube], ['kɛda]
revolución (f)	revolução (f)	[hevolu'sãw]
golpe (m) de estado	golpe (m) de Estado	['gɔwpi de i'stadu]
golpe (m) militar	golpe (m) militar	['gɔwpi mili'tar]
crisis (f)	crise (f)	['krizi]

recesión (f) económica	recessão (f) econômica	[hesep'sãw eko'nomika]
manifestante (m)	manifestante (m)	[manifes'tãtʃi]
manifestación (f)	manifestação (f)	[manifesta'sãw]
ley (f) marcial	lei (f) marcial	[lej mar'sjaw]
base (f) militar	base (f) militar	['bazi mili'tar]

estabilidad (f)	estabilidade (f)	[istabili'dadʒi]
estable (adj)	estável	[is'tavew]

explotación (f)	exploração (f)	[isplora'sãw]
explotar (vt)	explorar (vt)	[isplo'rar]

racismo (m)	racismo (m)	[ha'sizmu]
racista (m)	racista (m)	[ha'sista]
fascismo (m)	fascismo (m)	[fa'sizmu]
fascista (m)	fascista (m)	[fa'sista]

194. Los países. Miscelánea

extranjero (m)	estrangeiro (m)	[istrã'ʒejru]
extranjero (adj)	estrangeiro	[istrã'ʒejru]
en el extranjero	no estrangeiro	[no istrã'ʒejru]

emigrante (m)	emigrante (m)	[emi'grãtʃi]
emigración (f)	emigração (f)	[emigra'sãw]
emigrar (vi)	emigrar (vi)	[emi'grar]

Oeste (m)	Ocidente (m)	[osi'dẽtʃi]
Oriente (m)	Oriente (m)	[o'rjẽtʃi]
Extremo Oriente (m)	Extremo Oriente (m)	[is'trɛmu o'rjẽtʃi]

civilización (f)	civilização (f)	[siviliza'sãw]
humanidad (f)	humanidade (f)	[umani'dadʒi]
mundo (m)	mundo (m)	['mũdu]
paz (f)	paz (f)	[pajz]
mundial (adj)	mundial	[mũ'dʒjaw]

patria (f)	pátria (f)	['patrja]
pueblo (m)	povo (m)	['povu]
población (f)	população (f)	[popula'sãw]
gente (f)	gente (f)	['ʒẽtʃi]
nación (f)	nação (f)	[na'sãw]
generación (f)	geração (f)	[ʒera'sãw]

territorio (m)	território (m)	[tehi'tɔrju]
región (f)	região (f)	[he'ʒjãw]
estado (m) (parte de un país)	estado (m)	[i'stadu]

tradición (f)	tradição (f)	[tradʒi'sãw]
costumbre (f)	costume (m)	[kos'tumi]
ecología (f)	ecologia (f)	[ekolo'ʒia]

indio (m)	índio (m)	['ĩdʒju]
gitano (m)	cigano (m)	[si'ganu]

| gitana (f) | cigana (f) | [si'gana] |
| gitano (adj) | cigano | [si'ganu] |

imperio (m)	império (m)	[i'pɛrju]
colonia (f)	colônia (f)	[ko'lonja]
esclavitud (f)	escravidão (f)	[iskravi'dãw]
invasión (f)	invasão (f)	[ĩva'zãw]
hambruna (f)	fome (f)	['fɔmi]

195. Grupos religiosos principales. Las confesiones

| religión (f) | religião (f) | [heli'ʒãw] |
| religioso (adj) | religioso | [heli'ʒozu] |

creencia (f)	crença (f)	['krẽsa]
creer (en Dios)	crer (vt)	[krer]
creyente (m)	crente (m)	['krẽtʃi]

| ateísmo (m) | ateísmo (m) | [ate'izmu] |
| ateo (m) | ateu (m) | [a'tew] |

cristianismo (m)	cristianismo (m)	[kristʃja'nizmu]
cristiano (m)	cristão (m)	[kris'tãw]
cristiano (adj)	cristão	[kris'tãw]

catolicismo (m)	catolicismo (m)	[katoli'sizmu]
católico (m)	católico (m)	[ka'tɔliku]
católico (adj)	católico	[ka'tɔliku]

protestantismo (m)	protestantismo (m)	[protestã'tʃizmu]
Iglesia (f) protestante	Igreja (f) Protestante	[i'greʒa protes'tãtʃi]
protestante (m)	protestante (m)	[protes'tãtʃi]

ortodoxia (f)	ortodoxia (f)	[ortodok'sia]
Iglesia (f) ortodoxa	Igreja (f) Ortodoxa	[i'greʒa orto'dɔksa]
ortodoxo (m)	ortodoxo (m)	[orto'dɔksu]

presbiterianismo (m)	presbiterianismo (m)	[prezbiterja'nizmu]
Iglesia (f) presbiteriana	Igreja (f) Presbiteriana	[i'greʒa prezbite'rjana]
presbiteriano (m)	presbiteriano (m)	[prezbite'rjanu]

| Iglesia (f) luterana | luteranismo (m) | [lutera'nizmu] |
| luterano (m) | luterano (m) | [lute'ranu] |

| Iglesia (f) bautista | Igreja (f) Batista | [i'greʒa ba'tʃista] |
| bautista (m) | batista (m) | [ba'tʃista] |

| Iglesia (f) anglicana | Igreja (f) Anglicana | [i'greʒa ãgli'kana] |
| anglicano (m) | anglicano (m) | [ãgli'kanu] |

mormonismo (m)	mormonismo (m)	[mormo'nizmu]
mormón (m)	mórmon (m)	['mɔrmõ]
judaísmo (m)	Judaísmo (m)	[ʒuda'izmu]
judío (m)	judeu (m)	[ʒu'dew]

budismo (m)	**budismo** (m)	[bu'dʒizmu]
budista (m)	**budista** (m)	[bu'dʒista]
hinduismo (m)	**hinduísmo** (m)	[ĩ'dwizmu]
hinduista (m)	**hindu** (m)	[ĩ'du]
Islam (m)	**Islã** (m)	[iz'lã]
musulmán (m)	**muçulmano** (m)	[musuw'manu]
musulmán (adj)	**muçulmano**	[musuw'manu]
chiísmo (m)	**xiismo** (m)	[ʃi'iʒmu]
chiita (m)	**xiita** (m)	[ʃi'ita]
sunismo (m)	**sunismo** (m)	[su'nismu]
suní (m, f)	**sunita** (m)	[su'nita]

196. Las religiones. Los sacerdotes

sacerdote (m)	**padre** (m)	['padri]
Papa (m)	**Papa** (m)	['papa]
monje (m)	**monge** (m)	['mõʒi]
monja (f)	**freira** (f)	['frejra]
pastor (m)	**pastor** (m)	[pas'tor]
abad (m)	**abade** (m)	[a'badʒi]
vicario (m)	**vigário** (m)	[vi'garju]
obispo (m)	**bispo** (m)	['bispu]
cardenal (m)	**cardeal** (m)	[kar'dʒjaw]
predicador (m)	**pregador** (m)	[prega'dor]
prédica (f)	**sermão** (m)	[ser'mãw]
parroquianos (pl)	**paroquianos** (pl)	[paro'kjanus]
creyente (m)	**crente** (m)	['krẽtʃi]
ateo (m)	**ateu** (m)	[a'tew]

197. La fe. El cristianismo. El islamismo

Adán	**Adão**	[a'dãw]
Eva	**Eva**	['ɛva]
Dios (m)	**Deus** (m)	['dews]
Señor (m)	**Senhor** (m)	[se'ɲor]
el Todopoderoso	**Todo Poderoso** (m)	['todu pode'rozu]
pecado (m)	**pecado** (m)	[pe'kadu]
pecar (vi)	**pecar** (vi)	[pe'kar]
pecador (m)	**pecador** (m)	[peka'dor]
pecadora (f)	**pecadora** (f)	[peka'dora]
infierno (m)	**inferno** (m)	[ĩ'fɛrnu]
paraíso (m)	**paraíso** (m)	[para'izu]

| Jesús | Jesus | [ʒe'zus] |
| Jesucristo (m) | Jesus Cristo | [ʒe'zus 'kristu] |

el Espíritu Santo	Espírito (m) Santo	[is'piritu 'sãtu]
el Salvador	Salvador (m)	[sawva'dor]
la Virgen María	Virgem Maria (f)	['virʒẽ ma'ria]

el Diablo	Diabo (m)	['dʒjabu]
diabólico (adj)	diabólico	[dʒja'bɔliku]
Satán (m)	Satanás (m)	[sata'nas]
satánico (adj)	satânico	[sa'taniku]

ángel (m)	anjo (m)	['ãʒu]
ángel (m) custodio	anjo (m) da guarda	['ãʒu da 'gwarda]
angelical (adj)	angelical	[ãʒeli'kaw]

apóstol (m)	apóstolo (m)	[a'pɔstolu]
arcángel (m)	arcanjo (m)	[ar'kãʒu]
anticristo (m)	anticristo (m)	[ãtʃi'kristu]

Iglesia (f)	Igreja (f)	[i'greʒa]
Biblia (f)	Bíblia (f)	['biblja]
bíblico (adj)	bíblico	['bibliku]

Antiguo Testamento (m)	Velho Testamento (m)	['vɛʎu testa'mẽtu]
Nuevo Testamento (m)	Novo Testamento (m)	['novu testa'mẽtu]
Evangelio (m)	Evangelho (m)	[evã'ʒɛʎu]
Sagrada Escritura (f)	Sagradas Escrituras (f pl)	[sa'gradas iskri'turas]
cielo (m)	Céu (m)	[sɛw]

mandamiento (m)	mandamento (m)	[mãda'mẽtu]
profeta (m)	profeta (m)	[pro'fɛta]
profecía (f)	profecia (f)	[profe'sia]

Alá	Alá (m)	[a'la]
Mahoma	Maomé (m)	[mao'mɛ]
Corán, Korán (m)	Alcorão (m)	[awko'rãw]

mezquita (f)	mesquita (f)	[mes'kita]
mulá (m), mullah (m)	mulá (m)	[mu'la]
oración (f)	oração (f)	[ora'sãw]
orar, rezar (vi)	rezar, orar (vi)	[he'zar], [o'rar]

peregrinación (f)	peregrinação (f)	[peregrina'sãw]
peregrino (m)	peregrino (m)	[pere'grinu]
La Meca	Meca (f)	['mɛka]

iglesia (f)	igreja (f)	[i'greʒa]
templo (m)	templo (m)	['tẽplu]
catedral (f)	catedral (f)	[kate'draw]
gótico (adj)	gótico	['gɔtʃiku]
sinagoga (f)	sinagoga (f)	[sina'gɔga]
mezquita (f)	mesquita (f)	[mes'kita]

| capilla (f) | capela (f) | [ka'pɛla] |
| abadía (f) | abadia (f) | [aba'dʒia] |

convento (m)	**convento** (m)	[kõ'vẽtu]
monasterio (m)	**mosteiro, monastério** (m)	[mos'tejru], [monas'tɛrju]
campana (f)	**sino** (m)	['sinu]
campanario (m)	**campanário** (m)	[kãpa'narju]
sonar (vi)	**repicar** (vi)	[hepi'kar]
cruz (f)	**cruz** (f)	[kruz]
cúpula (f)	**cúpula** (f)	['kupula]
icono (m)	**ícone** (m)	['ikoni]
alma (f)	**alma** (f)	['awma]
destino (m)	**destino** (m)	[des'tʃinu]
maldad (f)	**mal** (m)	[maw]
bien (m)	**bem** (m)	[bẽj]
vampiro (m)	**vampiro** (m)	[vã'piru]
bruja (f)	**bruxa** (f)	['bruʃa]
demonio (m)	**demônio** (m)	[de'monju]
espíritu (m)	**espírito** (m)	[is'piritu]
redención (f)	**redenção** (f)	[hedẽ'sãw]
redimir (vt)	**redimir** (vt)	[hedʒi'mir]
culto (m), misa (f)	**missa** (f)	['misa]
decir misa	**celebrar a missa**	[sele'brar a 'misa]
confesión (f)	**confissão** (f)	[kõfi'sãw]
confesarse (vr)	**confessar-se** (vr)	[kõfe'sarsi]
santo (m)	**santo** (m)	['sãtu]
sagrado (adj)	**sagrado**	[sa'gradu]
agua (f) santa	**água** (f) **benta**	['agwa 'bẽta]
rito (m)	**ritual** (m)	[hi'twaw]
ritual (adj)	**ritual**	[hi'twaw]
sacrificio (m)	**sacrifício** (m)	[sakri'fisju]
superstición (f)	**superstição** (f)	[superstʃi'sãw]
supersticioso (adj)	**supersticioso**	[superstʃi'sjozu]
vida (f) de ultratumba	**vida** (f) **após a morte**	['vida a'pɔjs a 'mɔrtʃi]
vida (f) eterna	**vida** (f) **eterna**	['vida e'terna]

MISCELÁNEA

198. Varias palabras útiles

alto (m) (parada temporal)	**paragem** (f)	[paˈraʒẽ]
ayuda (f)	**ajuda** (f)	[aˈʒuda]
balance (m)	**equilíbrio** (m)	[ekiˈlibrju]
barrera (f)	**barreira** (f)	[baˈhejra]
base (f) (~ científica)	**base** (f)	[ˈbazi]
categoría (f)	**categoria** (f)	[kategoˈria]
causa (f)	**causa** (f)	[ˈkawza]
coincidencia (f)	**coincidência** (f)	[koĩsiˈdẽsja]
comienzo (m) (principio)	**começo, início** (m)	[koˈmesu], [iˈnisju]
comparación (f)	**comparação** (f)	[kõparaˈsãw]
compensación (f)	**compensação** (f)	[kõpẽsaˈsãw]
confortable (adj)	**cômodo**	[ˈkomodu]
cosa (f) (objeto)	**coisa** (f)	[ˈkojza]
crecimiento (m)	**crescimento** (m)	[kresiˈmẽtu]
desarrollo (m)	**desenvolvimento** (m)	[dʒizẽvowviˈmẽtu]
diferencia (f)	**diferença** (f)	[dʒifeˈrẽsa]
efecto (m)	**efeito** (m)	[eˈfejtu]
ejemplo (m)	**exemplo** (m)	[eˈzẽplu]
variedad (f) (selección)	**variedade** (f)	[varjeˈdadʒi]
elemento (m)	**elemento** (m)	[eleˈmẽtu]
error (m)	**erro** (m)	[ˈehu]
esfuerzo (m)	**esforço** (m)	[isˈforsu]
estándar (adj)	**padrão**	[paˈdrãw]
estándar (m)	**padrão** (m)	[paˈdrãw]
estilo (m)	**estilo** (m)	[isˈtʃilu]
fin (m)	**fim** (m)	[fĩ]
fondo (m) (color de ~)	**fundo** (m)	[ˈfũdu]
forma (f) (contorno)	**forma** (f)	[ˈfɔrma]
frecuente (adj)	**frequente**	[freˈkwẽtʃi]
grado (m) (en mayor ~)	**grau** (m)	[graw]
hecho (m)	**fato** (m)	[ˈfatu]
ideal (m)	**ideal** (m)	[ideˈjaw]
laberinto (m)	**labirinto** (m)	[labiˈrĩtu]
modo (m) (de otro ~)	**modo** (m)	[ˈmɔdu]
momento (m)	**momento** (m)	[moˈmẽtu]
objeto (m)	**objeto** (m)	[ɔbˈʒɛtu]
obstáculo (m)	**obstáculo** (m)	[obˈstakulu]
original (m)	**original** (m)	[oriʒiˈnaw]
parte (f)	**parte** (f)	[ˈpartʃi]

partícula (f)	**partícula** (f)	[par'tʃikula]
pausa (f)	**pausa** (f)	['pawza]
posición (f)	**posição** (f)	[pozi'sãw]
principio (m) (tener por ~)	**princípio** (m)	[prĩ'sipju]
problema (m)	**problema** (m)	[prob'lɛma]
proceso (m)	**processo** (m)	[pru'sɛsu]
progreso (m)	**progresso** (m)	[pro'grɛsu]
propiedad (f) (cualidad)	**propriedade** (f)	[proprje'dadʒi]
reacción (f)	**reação** (f)	[hea'sãw]
riesgo (m)	**risco** (m)	['hisku]
secreto (m)	**segredo** (m)	[se'gredu]
serie (f)	**série** (f)	['sɛri]
sistema (m)	**sistema** (m)	[sis'tɛma]
situación (f)	**situação** (f)	[sitwa'sãw]
solución (f)	**solução** (f)	[solu'sãw]
tabla (f) (~ de multiplicar)	**tabela** (f)	[ta'bɛla]
tempo (m) (ritmo)	**ritmo** (m)	['hitʃmu]
término (m)	**termo** (m)	['termu]
tipo (m) (p.ej. ~ de deportes)	**tipo** (m)	['tʃipu]
tipo (m) (no es mi ~)	**tipo** (m)	['tʃipu]
turno (m) (esperar su ~)	**vez** (f)	[vez]
urgente (adj)	**urgente**	[ur'ʒetʃi]
urgentemente	**urgentemente**	[urʒete'metʃi]
utilidad (f)	**utilidade** (f)	[utʃili'dadʒi]
variante (f)	**variante** (f)	[va'rjätʃi]
verdad (f)	**verdade** (f)	[ver'dadʒi]
zona (f)	**zona** (f)	['zɔna]

.